SO SNACKT
HAMBURG

Daniel Tilgner

SO SNACKT HAMBURG

Ellert & Richter Verlag

In Hamburgs Bibliotheken finden sich ganze Reihen an Bänden mit Sammlungen von Worten und Ausdrücken, die in der Stadt gebräuchlich waren und sind. Somit steht dieses Bändchen aktuell am Ende einer langen, weitverzweigten Ahnenlinie. Und es hat darin einen direkten Vorläufer, das „Kleine Lexikon Hamburger Begriffe". Seine erste Auflage erschien 1999, die elfte, bis 2020 lieferbare, 2012. Umfassend überarbeitet und stark erweitert ist daraus „So snackt Hamburg" geworden. Der Autor ist geblieben, und damit die Tatsache, dass mehr allgemeines Interesse an Sprache und menschlichem Miteinander in Vergangenheit und Gegenwart den Inhalt bestimmt als sprachwissenschaftlicher Anspruch.

Die unbestrittene akademische Urmutter der auf Hamburg bezogenen Sprachforschung heißt Agathe Lasch (1879–1942). Als Frau wurde der gebürtigen Berlinerin der Zugang zu Lehrveranstaltungen in ihrer Heimatstadt 1908 noch verwehrt. Sie studierte mit herausragenden Leistungen in Halle und Heidelberg Germanistik, wurde mit einer Arbeit über die Berliner Schriftsprache bis ins 16. Jahrhundert promoviert und lehrte anschließend an einer Frauenuniversität in den USA. Seit 1917 arbeitete Lasch in Hamburg und erhielt einige Jahre nach ihrer Habilitation 1923 den eigens für ihre Person geschaffenen Lehrstuhl für niederdeutsche Philologie. Schon vor Gründung der Universität im Jahr 1919 hatte sie begonnen, den hamburgischen Wortschatz einer älteren Sammlung erstmals systematisch zu „verzetteln", also jedes einzelne Wort mitsamt seiner Bedeutung, Herkunft und Belegen seiner Verwendung aufzuschreiben. Nach ihren ersten 12.000 Karteikarten entwickelte Lasch den Fahrplan zur Entstehung des „Hamburgischen Wörterbucharchivs" (HWA). Durch die Jahrzehnte kamen knapp eine Million mit Quellenbelegen aus acht Jahrhunderten dokumentierte Worte zusammen. Mit der Herausgabe des fünften und letzten Bandes des Hamburgischen Wörterbuchs im Jahr 2006 bewahrt die Universität Hamburg einen geschlossenen Bestand hamburgischer Sprachgeschichte. Agathe Lasch erlebte die Veröffentlichung der ersten Lieferungen im

Heftdruck nicht. 1934 waren ihr wegen ihres jüdischen Glaubens die Lehr- und Publikationsbefugnis entzogen worden. Acht Jahre später wurde die bedeutende und um Hamburg so verdiente Germanistin am 15. August von Berlin aus nach Riga deportiert. Der Transport erreichte sein Ziel am 18. August 1942, dem Datum, das im NS-Vernichtungssystem als der Tag ihres Todes notiert wurde.

Das Hamburgische Wörterbuch

Im nunmehr vollständig vorliegenden Hamburgischen Wörterbuch finden sich eine große Anzahl von plattdeutschen Wörtern, die im Alltag längst vergessen sind. So hat z. B. das Spielen mit „Marmeln" seinen Reiz für Kinder verloren, während es in früheren Zeiten aus dem Freizeitangebot gar nicht wegzudenken war und einen eigenen Fachjargon mit unendlich vielen Begriffen hervorbrachte. Da dieser inzwischen fast ganz verschwunden ist, wurden nur einige Beispiele mit in dieses Buch aufgenommen, wie z. B. → *Basche* oder → *ditschen*. Vielleicht werden einige inzwischen hochbetagte Leserinnen und Leser sagen: „Wir haben aber immer ‚Bascher' und ‚ditschern' gesagt, und überhaupt: Dies und das wird soundso geschrieben, und jenes doch sowieso ganz anders!" Grundsätzlich zur niederdeutschen Rechtschreibung darf man zunächst getrost Günter Harte zitieren, der 1977 in seinem Lehr- und Lesebuch „Lebendiges Platt" zum Thema Orthografie „zugespitzt" feststellte: „Plattdeutsch kann man gar nicht verkehrt schreiben!" Es gibt halt weder ein verbindliches Wörterbuch noch klare Sprachregeln. Doch das ist kein Freifahrtschein zur Beliebigkeit. Von Johannes Saß erschien 1935 ein seinerzeit fast wie der „Duden" für das Hochdeutsche gehandeltes Wörterverzeichnis des Plattdeutschen. Es wurde „Der kleine Saß" genannt und ist in weiten Teilen unverändert bis heute „gültig". Dennoch gibt es vor allem im Klang keinerlei Einheitlichkeit – schließlich schaudert der Südoldenburger beim Hören von Mecklenburger Platt und umgekehrt, während in Dithmarschen vermutlich über beide Dialekte der Kopf geschüttelt wird. Nicht einmal das Gebiet der Freien und

Hansestadt Hamburg bildet einen geschlossenen plattdeutschen Sprachraum. Wenn jemand in einer Finkenwerder Kneipe zwei Abende hintereinander den „Daddelautomaten" (= Glückspielautomat) leert, dann ist er dort der „Daddelkeunich" (= Spielkönig). Gelingt einem anderen Glückspilz dasselbe fernab der Marsch hoch auf Hamburgs Geest, z. B. in einem der Walddörfer, dann wird er dort eher „Daddelkönich" genannt! Im Hamburger Ohnsorg-Theater hat man sich übrigens für das Holsteiner Plattdeutsch entschieden. Worte wie „fuchtig" oder „gnadderig" sind in diesem Bändchen bis auf wenige Ausnahmen in der heute gebräuchlichen hochdeutschen Schreibweise genannt, während sie im Hamburgischen Wörterbuch einheitlich mit der Endung „-ich" statt „-ig" verzeichnet sind.

Das Missingsch

Mit dem Platt als allgemeiner Verkehrssprache ging unweigerlich auch das „Missingsch" verloren. Was sich hinter dem Begriff verbirgt, ist am schönsten mit einem Zitat aus Kurt Tucholskys 1931 erschienener Erzählung „Schloß Gripsholm. Eine Sommergeschichte": „Missingsch ist das, was herauskommt, wenn ein Plattdeutscher Hochdeutsch sprechen will. Er krabbelt auf der glatt gebohnerten Treppe der deutschen Grammatik empor und rutscht alle Nase lang wieder in sein geliebtes Platt zurück." Dass aber Missingsch vielen bis heute ein Begriff ist, liegt an zahlreichen sehr populären Veröffentlichungen der 1950er bis 1970er Jahre. Allen voran sind die von Vera Mohr-Möller (1911–98) mit ihren selbst illustrierten Klein-Erna-Geschichten zu nennen und später die von Dirks Paulun (1903–76). Der Journalist und Kabarettist galt als „Missingschprofessor" des „Hamburger Abendblatts" und hat mit seinen unzähligen kleinen Geschichten Hamburger Sprachgut, wie es auf den Straßen in täglichem Gebrauch war, konserviert. Diverse Zitate aus Mohr-Möllers und Pauluns Werk bereichern auch dieses Buch. Dazu kommen eigene Passagen im „Hochdeutsch Hamburger Prägung", gut zu erkennen durch *kursive Schrift – Kannsu mir folgn?* Der Text wechselt somit immer mal wieder *(aso appunzu)* vom Hochdeutschen in einen nachlässigen, gemütlich-breit nachempfundenen Hamburger Straßenjargon. Letzterer ist natürlich noch viel weniger einheitlich als das Platt. Auch der Titel „So snackt Hamburg" ist somit beliebig und könnte ebenso „So schnackt Hamburg" lauten oder „… Hamborch" oder „… Hambuich" usw. Die Stadt hört sich ausgesprochen unterschiedlich an – aber alle ihre Fans von nah und fern wissen: In Hamburg klingt es häufig vor allem schön breit, also *scheun breut* oder *brait* usw.

Wie Hamburger Jargon klingt, erfährt man am besten auf Streifzügen durch die Stadt. Auf Wochen- und Flohmärkten, in Cafés und Kneipen gibt es viel zu lauschen. Oft erweisen sich mit Bussen, U- und S-Bahnen auch die „Öffis" als wahre Schatzkisten. Manches von dem, was unten in den Stichworten steht, wurde in Zügen gehört und gelangte direkt von der Schiene in die Sammlung. Premiumbeispiele für erfolgreiches Zugabhören finden sich im Stichwort → *daran, darauf, darüber, darum, davon, da(d)rin*.

Das Hamburg-Gefühl

Ob am Rhein entlang mit Blick auf die Loreley oder tief im Gotthard-Basistunnel, Ihr Zug kann rollen, wo er will – wenn Sie in Hamburg zu Hause oder der Stadt eng verbunden sind, fühlen Sie sich sofort wie auf der Mönckebergstraße, sobald es „hamburgisch" durch die Lücken der Sitzlehnen dringt. Sehr viel von dem, was Hamburg ausmacht, liegt auf der Zunge, und das Ohr kann mehr zu Herzen gehen als der Blick auf die Binnenalster. Heimatliche Rührung ist zuerst Gefühlssache und hat mit Verstand nicht viel zu tun.

Ziemlich klug ausgetüftelt sind allerdings viele der Umfragen, die alle Jahre wieder zum Ergebnis kommen: „Hamburg ist die schönste Stadt Deutschlands!" Eingerechnet werden dabei verschiedene Fragebereiche wie Erholungsmöglichkeiten, Kultur, Architektur, Umwelt und weitere sinnreich ausgewählte Kategorien. Wer dann aber für sich selbst Reaktionen auf diesen ersten Preis erfragt, wird wieder auf unterschiedliche Gefühle und individuelles Glücksempfinden stoßen. Einige trällern *nich Deutschlands, sonnern der Well-helt!* und andere entgegnen trocken *Jo, mach ja angehn, aber für mich is Hamburch ehr ganz nommaal.* Beides zusammen spiegelt übrigens die erste Strophe des brachial-fröhlichen Liedes „An de Alster, an de Elbe, an de Bill". Titel, Refrain und einige Zeilen sind Plattdeutsch, und es ist auch deutlich älter als moderne Meinungsforschung. Walter R. Rothenburg (1889–1974) hat es spätestens in den 1930er Jahren gedichtet oder angefangen zu dichten, denn es wurde seither variantenreich verändert und ergänzt. Das Lied hat Hamburg durch schwerste Zeiten begleitet. Eine Version der zuletzt auch von Jan Fedder (1955–2019) in Begleitung einer Band gesungene Strophe lautet etwa so:

Mein Hamburg an der Elbe,
du liegst nicht tief im Tal,
du liegst nicht im Gebirge,
du bist total normal.
So sind auch deine Loide,
ihr Herz ist echt und treu,
de een seggt: „Moin Tach auch",
de anner ropt: „Ahoi!"

Refrain:
An de Alster, an de Elbe, an de Bill,
da kann jeder eener moken wat he will.

Für alle, die das Leben in einer Millionenmetropole nicht schreckt, hat Hamburg tatsächlich eine ganze Menge zu bieten: Zuerst die herausragend günstige Wasserlage – oder genauer, die Lage an drei oder sogar vier Flüssen: Die Alster, die Bille und Hamburgs wichtigste Lebensader, die sich in der Stadt zu Norder- und Süderelbe eine Weile spaltende Elbe. Und dazu kommen die Alsterzuflüsse wie die frühere Isebek oder die Wandse und die vielen Fleete und Kanäle.
Es muss nicht immer der Feierabend am Övelgönner Elbstrand mit Blick auf den Athabaska-Kai sein – Wasser ist immer attraktiv für das Gemüt (und für die Wirtschaft). Und dann gibt es das steinerne Hamburg, das viele Reize ausstrahlt. Da sind die unzähligen beeindruckenden Bauten des Hafens mit den

Werftanlagen, Kais, Schuppen bis zum Mix der HafenCity und der Speicherstadt mit der Elbphilharmonie. Von dort über den Zollkanal geht es ins Kontorhausviertel und weiter im Bogen um die Innenstadt mit ihren historischen Kirchen, architektonisch sehr gelungenen Bauten für Kunst und Kultur, vielen alten Straßen samt der klassizistischen Handelskammer Rücken an Rücken mit dem großen Neorenaissance-Rathaus im Zentrum. Im weiteren Umkreis bietet Hamburg viele Grün- und Erholungsflächen und ein gutes Nahverkehrsnetz.

Die Stadt „snackt" aus ihrer Geschichte

Zu diesen sichtbaren Äußerlichkeiten kommt eine lange Geschichte und die das „Gesamtpaket Hamburg" prägnant zusammenschnürende sprachliche Individualität. Erstere pflegt die seit 1992 unter dem Dach der Universität Hamburg bestehende Arbeitsstelle für Hamburgische Geschichte. Sie arbeitet sowohl wissenschaftlich beratend als auch im Zusammenspiel mit Historikerinnen und Historikern intensiv für eigene Großprojekte wie dem inzwischen siebenbändigen Personenlexikon „Hamburgische Biografie". Enge Verbindung besteht mit dem „Gedächtnis der Stadt", dem Staatsarchiv Hamburg in Wandsbek. Dort ist auch der Verein für Hamburgische Geschichte beheimatet (gegründet 1839). Seine Mitglieder setzten sich früh für den Erhalt musealer Stücke ein. Was sie retten konnten, gelangte in ihre immer weiterwachsende „Sammlung Hamburgischer Alterthümer" – und mit der ging 1909 das Museum für Hamburgische Geschichte an den Start. Zusammen mit dem Altonaer Museum und dem Museum der Arbeit sind diese drei Häuser mit vielen Außenstellen die begehbaren Schatzkammern des alten Hamburg. Sie werden ergänzt von einer Vielzahl weiterer großer und kleinerer Sammlungen, die ebenfalls wertvolle historische Arbeit leisten und jeden Besuch wert sind – *nu ma los, ihr kricht was gebotn, → Tatsache wahr!*
Hamburgs sprachliche Individualität ist historisch gewachsen und lässt sich nicht systematisch pflegen. Sprache ist so lebendig wie die Gesellschaft, die sie nutzt. Ist die Gesellschaft in Bewegung,

ist die Sprache in Bewegung. Plattdeutsch und in seiner späten Folge das Missingsch haben zwar nicht das kleinste Bisschen an ihrer Schönheit und Gemütlichkeit verloren, aber eben völlig an allgemeiner Bedeutung. Auf der anderen Seite fließen ständig neue Ausdrücke und Formen in den Sprechalltag hinein. Schon immer haben manche Begriffe neue Inhalte aufgenommen wie im Falle des Hamburger → *Doms*. Dagegen bleiben manche Gehalte bestehen, bekommen aber veränderte Bezeichnungen wie beim „Hamburger Rat", aus dem im 19. Jahrhundert der „Senat" wurde. Das wird unten im Buch übrigens erwähnt im Stichwort → *Senatsgehege*, das seinen Namen (glücklicherweise) bis heute hat, ohne dass die Bedeutung selbsterklärend wäre.

Wie zu allen Zeiten sehen sich auch heute reifere Hamburgerinnen und Hamburger sprachlos dem mitunter rasant sich ändernden Wortschatz gegenüber (→ *Digga*). Aber ob das nun „cool" ist oder „besorgniserregend" spielt im Grunde gar keine Rolle, denn es war in der Vergangenheit nicht zu ändern und wird es auch in Zukunft nicht sein (→ *geboren, gebürtig*, → *Kontor*). Allerdings dürfte durch Globalisierung und Digitalisierung der Wandel schneller und überregionaler vonstatten gehen.

Doch bis es soweit ist und *allns den Bach runnergeht*, wird hoffentlich noch an vielen Neujahrsmorgen „Stadt Hamburg an der Elbe Auen" auf dem Rathausmarkt gesungen werden. Und solange (und noch länger) kullern auch weiterhin viele liebenswerte hamburgisch-norddeutsche Sprach- und Lebensperlen durch die Stadt.

Allein geht *gaa nix*

Ein großer Teil der Worte und Schnacks dieser Sammlung geistert frei durch Hamburg und ist leicht einzufangen. Aber viele eben auch nicht, und um diesen nachzuspüren und sie zu fassen braucht es jede Menge Hilfe. Oben bereits genannt ist die Arbeitsstelle für Hamburgische Geschichte. In ihrer Bibliothek entstand die Grundlage für dieses Buch, und zu danken ist Prof. Dr. Gerhard Ahrens, dem Gründungsleiter der Arbeitsstelle, ebenso wie ihrem heutigen, Prof. Dr. Franklin Kopitzsch, für ungezählte Hilfen einst und jetzt. Ebenso zu danken ist den vielen Autorinnen und Autoren der aufgeführten Literatur, besonders den Herausgebern und den Agathe Lasch nachfolgenden Bearbeiterinnen und Bearbeitern des Hamburgischen Wörterbuchs. Weiter sind hervorzuheben Peter Schmachthagen für seine mächtigen Sammlungen und umfangreichen Bearbeitungen des Hamburger Wortschatzes und Hans-Jürgen Fründt für seine kleine, sehr feine. Dr. Jan Zimmermann brachte wertvolle Anregungen ein aus gemeinsamer Arbeit im Team des „Haspa-Stadtteilbuches", das von 1999 an mehr als zwei Jahre lang die gesamte Stadt von Altona bis Zollenspieker durchstreifte und dabei vieles mit auffischte, was hier nun weiterschwimmen kann. Joachim Frank ist zu danken für seine Kreativität und Tatkraft bei der Bebilderung vieler Stichworte aus den Beständen des Staatsarchivs Hamburg.

Zahlreichen Hamburgerinnen und Hamburgern verdankt dies Buch wertvollste mündliche Tipps und Anregungen – kurz vor seinem Abschluss z. B. Rüdiger „Rüd" Gay aus Tatenberg (→ *Wassn? Los jetz, mach hinne,* → *gau, gau, gau – und vergiss nich Aale-Dieter!*). Dank gebührt, auch nach mehr als drei Jahrzehnten, weiter René Schomber (Hohenfelde/Sasel), der einem frisch von der Weser Zugezogenem während gemeinsamer Lehr- und Berufsschuljahre tagtäglich schönstes Hamburgisch beibrachte und das unnachahmlich donnernde „*O haua haua haua ha!*" des alten Werkstattmeisters ertragen half (→ *Oha,...*). Ebenso ist den zahlreichen hier ungenannten Mithelferinnen und Mithelfern zu danken, die dem Verlag Hinweise auf Hamburger Begriffe zuschickten oder in Hamburger Archiven, Behörden und Firmen geduldig Auskünfte erteilten. Ein großes Dankeschön geht an Guido Behrenswerth (Volksdorf), Dr. Oliver Peters (Sandstedt) und Monika und Dr. Stephan Schaefer (Sasel) für wertvolle Schreibhilfe und ebenso an den Verlag für die Idee und Umsetzung des Buches inklusive des Vertrauens in einen → *Quittje*, es zu schreiben. Deshalb gilt der letzte Dank allen Leserinnen und Lesern, wenn es Ihnen gelingt, sich nicht zu sehr über das Fehlen der ganzen Worte und Begriffe zu ärgern, die übersehen worden sind oder ganz falsch erklärt wurden – und für alle, die es (inklusive des Autors) nicht schaffen, bleibt nur der Verweis auf das Stichwort → *Nüdschanix*.

NU GEIHT LOS:

A

Aal ist eine Fischart, die vor allem durch die Hamburger → *Aalsuppe* mit der Stadt in Verbindung gebracht wird und von der manche Süddeutsche meinen, sie müsste längst vor Erreichen der Stadt an jeder Autobahnausfahrt zu haben sein. Wie dem auch sei, besonders lecker ist das in hamburgischer Vokalverziehung mit einem Laut zwischen „aa" und „oo" ausgesprochene Tier als Smutt- oder Spickaal. Gespickt wird er jedoch nicht wie ein Hasenbraten, sondern das Wort leitet sich vom mittelniederdeutschen Begriff „spicken" ab und bedeutet räuchern (auch der Speck hat daher seinen Namen; „smutten" steht ebenfalls für räuchern). Weniger Freude verbreitete der Fisch im 19. Jahrhundert durch sein Erscheinen im Rohrsystem der Hamburger Wasserversorgung. Die Wasserqualität war erbärmlich (→ *Cholera*), und 1876 zählte ein Wissenschaftler neben dem Aal 15 weitere in den Leitungen vorkommende Tierarten.

Aalsuppe Die Aalsuppe verdankt ihre Bekanntheit der fälschlichen und etwas unheimlich anmutenden Herleitung ihres Namens, wonach in ihr „alls drin" sei, sie also aus allen gerade in der Küche zufällig vorhandenen Zutaten zubereitet würde. Tatsächlich handelt es sich um eine kräftige süß-saure Gemüsesuppe („suur Supp"), die mit oder ohne ihren Namensgeber, den Aal, als Einlage serviert wird.

Aalweber, Aale Aale und Aale-Dieter Zur weiteren Verbreitung der Auswärtigen so besonders eng erscheinenden Verbindung von → *Aal* und Hamburg haben zunächst zwei Kleinhändler beigetragen. Sie verkauften den Fisch in den Straßen und wurden beide zu Hamburger Originalen. Der „Aalweber", eigentlich ein Bürstenbinder namens Weber, bot in der ersten Hälfte des 19. Jahrhunderts den Fisch u. a. abends in Hamburger Kneipen aus einem Bauchladen an. Obwohl seine Ware wegen seiner spaßigen Verkaufssprüche stets reißenden Absatz fand, starb er 1854 im Armenhaus. Rund einhundert Jahre später zog ein ebenfalls bekannt gewordener Nachfolger durch die Stadt. Er hieß Karl-Wilhelm Schreiber und wurde nach seinem Ausruf „Aale Aale" genannt. Schreibers Erkennungszeichen war neben seiner Ware, die er übrigens selbst nicht essen mochte, sein

„So, meine kleine Zuckerschote, nun komm mal ran hier – wenn du diiieesen Aal isst, gehst du ab wie 'ne Rakete!" Aale-Dieter in Aktion auf dem Fischmarkt im Mai 2003

„Eierkoker" (Melone/Bowler) auf dem Kopf, an dem er stets frische Blumen trug. „Aale Aale" starb 1970 in Farmsen. Ob er Aal nun essen mag oder nicht spielt bei Dieter Bruhn (*1939) keine Rolle, denn er ist nicht nur die dritte Aalverkäufer-Legende Hamburgs, sondern sicher auch die mit der längsten Vorarbeit von sechs Jahrzehnten. Ende der 1950er Jahre begann der gelernte Maschinenbauer auf dem → *Fischmarkt* seine von legendären Sprüchen begleitete Überzeugungsarbeit an der Kundschaft: *„Wills ma probian?* (schneidet ein Stückchen Fisch und reicht es einer erhofften Kundin) *Raubtierfütterung! – Oh, is dasss dein Mann? – Na, mein herzliches Beileid!"*

ab ist uraltes Deutsch, steht allein für „fort" oder „weg" und kann als Vorsilbe sehr viele verschiedene Bedeutungen haben. *Appunzu* ist es aber auch als eine Art Mittelding zwischen einem „Tu-" und einem „Wiewort" zu hören, *nemmich, wenn du an dein' Hemd ein „abben Knopf" entdeckst oder dein Stuhl mit dem „abben Bein" endlich reparierst oder in'n Müll gibst.* Dieselbe Verdrehung ist auch für „geschlossen" zu hören – und sogar für „geöffnet": *das zue/auffe Fenster.* Spätestens jetzt wird manche plattdeutsche

Lehrkraft für das Fach Deutsch sagen: → *Lot mi an Land!* (aber wer noch *immä nich genuch* hat von Hamburger Sprachkatastrophen, kämpfe sich durch das Stichwort → *PRO*).

Abaton ist als Name von Hamburgs ältestem Programmkino fast jedem in der Stadt ein Begriff. Es liegt an der Ecke Grindelhof/Allende-Platz am Rande des Campus der Universität Hamburg, direkt neben dem → *Pferdestall*. Im November 1971 startete der Spielbetrieb. Gezeigt wurden vor allem künstlerisch anspruchsvolle Arbeiten und Experimentalfilme. Seinen Namen verdankt das Abaton der Absicht seiner Gründer, im Kinoprogramm alphabetisch stets an erster Stelle zu erscheinen. Das Kino wurde Vorbild für viele Programmkinos in ganz Deutschland, und auch das Abaton-Bistro ist inzwischen legendär.

Abbeldwasch → *dwasch*

abbuddeln tut was oder wer nicht mehr kann: Ein Schiff schlägt Leck und buddelt ab, ein Mensch, wenn er sich zu viel vorgenommen hat oder sein Glück und Einsatz am Spieltisch verbraucht sind. Trinkt er dann auch noch zu viel, geschieht ihm das Abbuddeln gleich ein zweites Mal *den verdormnen Ahmd* und denkt er sich am Morgen: *Häddich man den Korken auffe Flasche gelassn.* Das Ganze kommt von der leer schwimmenden französischen Flasche (la bouteille), die auch nur untergeht, wenn sie vollläuft oder ist. Für den berühmten „Flasche leer"-Zusammenhang siehe auch die Eigenschaft, → *buddel* zu sein.

ABC-Straße wurde im 17. Jahrhundert der Name einer spätestens 1615 bis 1623 zunächst nur an ihrer Südseite bebauten Straße in der Neustadt. Sie erhielt ihren Namen, weil die ihr entlang erbauten Häuser dem Alphabet folgend mit Buchstaben bezeichnet wurden.

Abklatscher → *ditschen*

abkönnen „Das kann ich nicht ab!" oder häufiger: *Kainiab!* hört man dauernd, manchmal auch in positiver Form, dann aber mit alleinstehendem ab („Das kann ich gut ab!"). Was genau dabei → *ab* ist, lässt sich kaum klären, aber der Ausdruck bedeutet so viel wie „leiden", „vertragen" oder „aushalten".

abmählen heißt abzählen → *Elleri-selleri-sibberi-sa-sibberi-sabberi-knull* → *Mi* → *Eene mene mink mank […] Eppen-dorfer Wech.*

achter(n) ist plattdeutsch, heißt „hinten" oder „hinter" und findet sich in vielen Wörtern und Wortarten. Selbst, wer sich weder mit Platt noch mit Decksdeutsch auskennt, der hört und liest „achter" dennoch in vielen Hamburger Straßennamen, z. B. in Achter de Wisch (Wiese) in Neuengamme, in Achterkamp (Feld) in Rönneburg oder in Achtern Hollerbusch (Holunderbusch) in Sasel. Katastrophisch übrigens für jeden → *Jan Maat* war und ist das „achtern aussegeln", das heißt, das Auslaufen seines Schiffes zu verpassen.

Affi lautete die weithin bekannte Kurzform des Namens der Norddeutschen Affinerie. Das 1866 gegründete Unternehmen auf den ehemaligen Elbinseln → *Veddel* und Peute betreibt heute mit mehr als 6000-köpfiger Belegschaft eine der modernsten und umweltverträglichsten Kupferhütten der Welt, nennt sich aber nach der Übernahme des belgischen Wettbewerbers Cumerio seit 2009: Arubis.

affig → *akademsch*

Ahnma schreibt sich unverschmolzen in zwei Worten „Ahne mal", wobei „ahnen" entgegen seiner eigentlichen Bedeutung als schwaches Verb dann für die starken Tätigkeiten „denken", „raten", „begreifen" oder „sich vorstellen" steht (*Stellimafoa!*). „Ahnma" wird in unterschiedlichen Zusammenhängen verwendet. So sagt es entweder, wer das umgangssprachlich-moderne, doch unangenehm-herablassend wirkende *„Merkst selbst, nääh?"* vermeiden, aber sein Gegenüber doch zum Nachdenken darüber anregen möchte, was er oder sie wohl gerade (und in der Wahrnehmung des „Ahnma"-Sagenden unbegreiflicherweise) ganz Offensichtliches einfach nicht verstehen kann, oder es sagt –

dann aber klanglich wie inhaltlich in ganz anderem Tone, nämlich im ermunternden –, wer jemanden für etwas einnehmen oder begeistern will oder sonstige Zustimmung erheischen möchte für das, was er gerade gesagt hat: „[…] – begreife doch, wie gut das ist, was ich dir sage." Dieser Effekt kann verstärkt werden, wenn zwischen der Sache, um die es geht, und „Ahnma!" eine Lücke für eine erneute Anrede gelassen wird: „Blablabla. [Pause] Dennis! [Pause] Ahnma!"

Wer jetzt immer noch liest und somit nicht im vorherigen Absatz unbewusst das im Buch nächstfolgende Stichwort → *akademsch* (bzw. albern und *affich*) assoziierte und ausgestiegen ist, erfährt gleich, warum „Ahnma" unbedingt in dieses Buch gehört und *jetz ersma* etwas über die Hamburger Musikgruppe „Die Beginner": Zunächst mit englischen Texten, begannen ihre Mitglieder unter dem Namen „Absolute Beginner" mit ersten *Pladden* in den 1990er Jahren und wurden nach und nach und dann mit deutschen Songs stetig berühmter. Auch ihr 2016 veröffentlichtes Stück „Ahnma" wurde im gesamten deutschen Sprachraum erfolgreich, und allein der Refrain zeigt einmal mehr ihre enge Verbundenheit mit ihrer Heimatstadt:

> Was los, Digga, ahnma'
> Wie wir gucken
> Wie wir labern
> Jeder sagt Digga heutzutage
> Wir packen Hamburg wieder auf die Karte.

Letzteres ist ihnen mit ihrer Musik und Sprachdynamik gelungen, → *Digga*. Und hätte der hamburgische Staat eine musikalische Nationalmannschaft, die Band mit ihrem Gesicht „Jan Delay" wäre zweifelsohne Mitglied.

akademsch Ein hamburgisch vernuscheltes *Das's mir zu akademsch* ist eine kommunikative Kostbarkeit. Sie leitet sich ab von „akademisch", drückt aber nur selten Respekt vor höherer Bildung aus, sondern das Wort ersetzt in der Regel „verquast" oder die Redewendung „um die Ecke gedacht". Und wer absichtlich *akademsch* spricht, vernebelt womöglich aus Eigennutz. Der Person könnte dann bald ein schlimmeres auf sie gemünztes Wort in die Ohren springen, nämlich „albern" oder gar „affig". Wenn von einer „albernen Sache" die Rede ist, wird einer Angelegenheit die perfekte Wertlosigkeit bescheinigt – und das natürlich überall im deutschen Sprachraum. Sich *affich aufführn,* z. B. mit gekünstelt *akademschem* Verhalten ist noch schlimmer und taugt zu überhaupt gar nichts, nicht einmal zum Schmunzeln, denn in der Regel ist es sogar ärgerlich – und damit hier das perfekte Gegenteil einer weiteren sprachlichen Perle der Stadt, *nemmich* → *reell.*

all to nah „All zu nah!", dachten sich die Hamburger lange Zeit, liegt doch dieser kleine, aber lästige Handelskonkurrent bei Hamburg. Der Fußweg zur Grenze der „Altona" genannten Fischer- und Handwerkersiedlung, die 1664 zur Stadt erhoben wurde, dauerte vom Millerntor aus gerade eine Viertelstunde Richtung Westen. Die genaue Herkunft des Namens Altona lässt sich nicht belegen. Sicher ist dagegen, dass die Siedlung im frühen 16. Jahrhundert entstand, zu Holstein-Pinneberg gehörte und nur wenige Häuser sowie ein Gasthaus umfasste. Der

Der Blick über Altona von der Christianskirche aus in Richtung Osten zeigt, wie nah die zweitgrößte Stadt des dänischen Gesamtstaates an Hamburg liegt. In Verlängerung der Königstraße sind links die Reeperbahnen zu erkennen und über der Spitze der Hauptkirche St. Trinitatis ist im Hintergrund der Hamburger Michel zu sehen. Kolorierte Lithografie nach einer Zeichnung von Julius Gottheil um 1860

Landesherr Ernst Graf von Holstein-Schauenburg (gestorben 1622) förderte Altona und gewährte weitreichende „Freiheiten" für Handwerker und Glaubensflüchtlinge (→ *Große Freiheit*). 1640 kam Altona unter die Herrschaft des dänischen Königs, 1866 unter die des preußischen. Mit den Eingemeindungen von Ottensen (mit Neumühlen) und Bahrenfeld kam 1889/90 viel aufstrebende Industrie in die Stadt, und in den 1920er Jahren wuchs „Hamburgs schöne Schwester" um die → *Elbvororte*. 1937/38 erfolgte mit dem → *Groß-Hamburg*-Gesetz Altonas Eingemeindung nach Hamburg. 2019 wurden in den 14 Stadtteilen auf insgesamt 77,4 Quadratkilometern Fläche des Bezirks Altona knapp 275.000 Menschen gezählt.

Aller „Alter" und „Alte" sind häufig zu hörende Anreden, die sich durch Unterhaltungen selbst jüngster Schulkinder ziehen und in manchen Sprachkreisen ungeniert bis weit über die Jugend hinaus geläufiger Ton bleiben. Zumeist wird das T als D gesprochen, manchmal verschwindet es auch ganz oder wird zu einem zweiten L: „Aller". Diese Variante klingt noch beeindruckender, wenn ein sehr kurzes „Eh" vorgeschaltet wird. Es bewirkt eine minimale Pause, die somit die Anrede deutlich besser zur Geltung gelangen lässt bzw. für erhöhte Aufmerksamkeit sorgen soll, z. B. in: „Eh, Aller, hömmazuh!" (= höre einmal zu) – spektakulär wird das Ganze, wenn das im Grunde synonym verwendete und somit als Dopplung eingeschaltete „Dicker" in den Satz gerät: „Eh, Aller – Digga – hömmazuh." Aber, → *Digga*, das führt hier zu weit, → *ahnma!*

Alls klar! → *verklaren*

als ob und **als wie wenn** → *wie wenn*

Alstergold ist das, was → *Fleetenkieker* finden und versilbern können.

Alsterschippern heißt das zwischen acht Anlegern hin- und herführende Kreuzfahrtprogramm der ATG Alster-Touristik GmbH. Die Weiße Flotte der Alsterdampfer war 1984 aus dem Hamburger Verkehrsverbund (HVV) ausgeschieden, nachdem ihr Liniendienst an Bedeutung für die innerstädtische Personen-beförderung stetig abgenommen hatte. Die schönste Attraktion beim Alsterschippern ist die Fahrt mit der 1876 in Hamburg gebauten „St. Georg". Sie ist das älteste noch fahrtüchtige Dampf-schiff Deutschlands und wird vom Verein Alsterdampfschiffahrt e.V. betrieben.

Alsterschwäne sind in Hamburg schon seit Hunderten von Jahren ein Begriff. Eine Verordnung von 1664 stellte die Vögel unter Schutz. Bis heute schwimmen die rund 120 Höckerschwäne unter staatlicher Obhut auf der Kleinen, der → *Binnen-* und der → *Außenalster.* 1818 begann ihre Betreuung durch einen städtisch besoldeten „Schwanenvater". Versorgt mit Futter, verbringen sie den Winter auf dem für sie eisfrei gehaltenen Eppendorfer Mühlenteich. Ihr „Umzug" dorthin ist ein Hamburger November-Highlight: Dicht gedrängt stehen die Schaulustigen in den Alsterarkaden und auf der Schleusen-brücke, um dabeizusein, wenn die Schwäne auf der Kleinen Alster eingefangen und dann in mit Stroh ausgelegten Booten alsteraufwärts davongeschippert werden, *währnt se ganz nüddelich mit ihrn langn Hälsn außenbords kuggen.*

Alsterstühle → *Hummel, Hummel*

Alter Schwede wird seiner Herkunft nach der Findling genannt, der 1999 bei Baggerarbeiten in der Elbe gefunden wurde. 217 Tonnen schwer, liegt er mit seinen fast 20 Metern Umfang und viereinhalb Metern Höhe am Elbstrand bei Övelgönne. Gibt's dazu noch mehr zu sagen? Also außer vielleicht, dass er 2019 einmal ganz in Gold und dann noch einmal in den Farben des FC St. Pauli bemalt wurde? Doch, doch, und wer wirklich wissen will, was los ist mit dem → *Dobbas*, der oder die lese zu seiner Petrographie* z. B. die Zeitschrift „Geschiebekunde aktuell", Band 15, Heft 4 (1999), S. 107–111. Ist aber *tihfes Wassa* für Laien, deshalb hier nur Seichtes aus der Einleitung: „Für die Medien besonders in Hamburg und Umgebung war die Findlings-bergung tagelang ein Hauptthema. Auch in der Herkunfts-region des Findlings wurde über ihn geradezu liebevoll berichtet,

so im ‚Sydsvenska Dagbladet' vom 27. Oktober 1999 unter der Überschrift ‚Den grå från Växjö' lyftes ur Elb (‚Der Graue aus Växjö' aus der Elbe gehoben). Grundlage dieser Zuordnung war die Bestimmung des Findlingsgesteins als grauer Ostsmåland-granit vom ‚Växjötyp' durch den Verfasser** unmittelbar nach der Bergung. Da dies unter den Mikrofonen und Kameras der Medien geschah, kam es zur unverzüglichen Verbreitung dieser Namen. Gleiches galt für das Alter, gerundet auf 1.8 Ga***.‟
*Petrographie = Felsen- /Gesteinskunde, **Prof. Dr. Roland Vinx, *** 1 Ga = 1.000.000.000 Jahre

Altes Land → *Meile Alten Landes*

Altona → *all to nah,* → *Elbvororte,* → *Fischmarkt,* → *Flora,* → *Große Freiheit,* → *Großer Brand,* → *Groß-Hamburg,* → *Kemm'sche Kuchen,* → *Mottenburg,* → *Schanze*

Altonaer Balkon Wie Altona nach Norden heraus mit dem Volks-park einen Hintergarten besitzt, so hat es vorn am Steilufer der Elbe ein Obergeschoss, den Altonaer Balkon. In Höhe des Alto-naer Fischereihafens, zwischen Klopstockstraße und Palmaille, südlich vom Altonaer Rathaus, wurde nach dem Zweiten Weltkrieg eine Grünanlage mit Aussichtsplattform eingerichtet. Von ihr aus kann man weit über den Fluss und Teile des Hafens blicken. Wegen dieser prächtigen Aussicht nannte der Ham-burger Schriftsteller Hans Leip (1893–1983) diesen Platz 1953 „Kap Kiekut". Wandererfreudigen sei übrigens empfohlen, sich von hier aus auf den Elbuferweg zu begeben, und zwar ent-weder in östlicher Richtung zum Hafen oder nach Westen über Blankenese nach Rissen.

Altstädter → *Elbsegler*

Ämter waren in allen niederdeutschen Städten früher die Berufs-organisationen, die südlicher „Zünfte" hießen. Bis zu ihrer Auf-lösung durch den Beginn der Gewerbefreiheit in Hamburg 1863 standen sie unter Aufsicht des Senats (vor 1860: Rat). Seither sind die Handwerksberufe in Innungen organisiert, die aber keine umfassenden Sozialversorgungsaufgaben mehr für ihre Mitglieder wahrnehmen. Bei den Ämtern war das noch ganz anders, was Zigtausende Touristen beim Bewundern der „Krameramtsstuben" am Krayenkamp zu Füßen des → *Michels* lernen. In den dort erhaltenen Fachwerkhäusern wohnten mietfrei die Witwen von Mitgliedern des Krameramts, also der Vereinigung von Hamburgs Kleinhändlern („Krämer", später auch Lebensmitteleinzelhändler).

Anbinner heißt auf Hochdeutsch „Anbinder" und steht spöttisch für die auf plattdeutsch „Fastmoker" lautende Berufsbezeichnung → *Festmacher (Kannste folgn? Ne? Nüdschanix, muss ehm bei Fessmacha nachlesn!).*

an Hand *Komm an Hant!,* lautet die Aufforderung an kleine Kinder, die ausgestreckte Hand von Mutter oder Vater zu ergreifen (z. B. als Sicherheitsmaßnahmen an belebten Straßen oder in der Nähe des Süßigkeitenregals beim → *einholen*). Zum Begriff gibt es auch eine (nicht sehr zarte) → *Klein Erna*-Geschichte: „Ganze Familie wah ja an Strant gegang, Eltern lagen in Sant. Wollten ungestört döhsn. Klein Erna unt Brüderchen döhrfm büschn wahtn. Abber sie soll Klein Heini immer an Hant haltn. Wie Pappi mal nachguckt, ist Erni gans in Tihfm, – kuckt blohs noch ihr Kopp raus. Wo is denn Heini abgeblihbm?, fraacht er. Ruhft Klein Erna: Oooch, der is noch an Hant!"

angetütert ist, wer einen Schwips hat und schon ein bisschen → *duhn is.*

anköteln bedeutet „sich anbiedern" oder „wieder anbiedern", insbesondere wenn es vorher einen Streit gegeben hat: „Nun kommt er wieder angekötelt!"

anmeiern meint, jemanden zu beschummeln. Dazu passt auch:

Anscheten! Auf wen dieser Ausruf gemünzt ist, der oder die steht „angeschmiert" da oder ist „reingefallen". Das Wort leitet sich von → *Schiet* ab und heißt in der hochdeutschen Variante

„angeschissen". Die ernstere Variante des Begriffs im Sinne von „betrügen" kursierte im Hamburger Kaufmannsleben früherer Zeiten als → *machen*. Ein schönes plattdeutsches → *Döntje* ist im Hamburgischen Wörterbuch überliefert. Es handelt von einem kleinen Jungen, dessen Vater ihm sein neugeborenes Geschwisterchen vorführt:

„Du Vadder, de hett jo goorkeen Tään, du Vadder, de hett jo goorkeen Hoor, du Vadder, mit denn hebbt se uns anscheten, dat's 'n Olen!" (Tään = Zähne, Hoor = Haare, Olen = alter Mensch)

Anscheten, Herr Paster! ist eine alte Hamburger Redensart, hinter der sich ein → *Döntje* verbirgt, das der aus alter Hamburger Juristen- und Pastorenfamilie stammende Franz Theodor Mönckeberg 1950/54 in seinem → *Grabbelbüdel* überliefert hat. Im Religionsunterricht befragt ein kleiner → *Buttje* den Pastor zur Allgegenwärtigkeit Gottes: „Is der liebe Gott auch in unsern Gartn?" – „Ja, Klein Bubi." – „Auch in unsern Hausflur?" – „Auch dort." – „Auch in Vater sein Weinkeller?" – „Er ist überall, also auch dort." – „Anscheten, Herr Paster! Unser Vater hat gaa kein Weinkeller!"

antüdeln Wer sich „antüdelt", zieht sich an. Wer „angetüdelt" ist, der ist demnach fertig angekleidet. Aber das Ankleiden, z. B. für eine Party, kann auch schon einige Zeit her sein und der oder die Betreffende sich im Laufe des Abends „einen angetüdelt" haben, nämlich einen Schwips (auch: „angetütert sein"/ „sich einen → *antütern*").

antütern → *antüdeln*

anwecken steht veraltet für einen kurzen Telefonanruf: *Ich weck ma ehm bei Oma an, ob allns in Ordnung is.*

Appelschnut ist der Kosename der Heldin eines gleichnamigen Kinderromans des Hamburger Schriftstellers Otto Ernst (1862–1926). Den Stoff zu seinem 1907 erschienenen Buch konnte er sozusagen täglich studieren, handelte es sich doch um sein

Hamburgs nüddelichste Deern auf dem Umschlag der Appelschnut-
Originalausgabe aus dem Jahr 1907. Rechts im Bild schaut Dackel
„Männe", ob alles gut geht.

Töchterchen Senta Regina, die jüngste von drei Schwestern.
Ihr setzte er als „Appelschnut" (hochdeutsch etwa „Apfel-
mündchen"; „Schnute" ist eigentlich das plattdeutsche Wort
für „Schnauze") mit dem 500.000-mal gedruckten und in 17
Sprachen übersetzten Werk ein liebenswertes Denkmal. Die so
Geehrte lebte in Othmarschen in der nach ihrem Vater benannten
Straße (!) und starb 1998 im stolzen Alter von 101 Jahren.

Aussprache → *furchtbar,* → *Gachten,* → *Idioticon Hamburgense,* → *Stein, spitzer, Hamburger Vokalverziehungen u. a.*

Außenalster heißt der größere Teil des durch Aufstauung der Alster am südöstlichen Ende des → *Jungfernstiegs* entstandenen Sees. Der kleinere, auf der anderen Seite von Kennedy- und Lombardsbrücke gelegene Teil ist die → *Binnenalster.* Die etwa 164 Hektar große Außenalster ist ca. 2,8 Kilometer lang und misst an der breitesten Stelle, zwischen Hohenfelder Bucht und der gegenüberliegenden Seite beim Anleger Rabenstraße, etwas über einen Kilometer Breite. Das in den wärmeren Monaten von zahlreichen Ruderern, Paddlern (traditionell oder in Stand-up-Variante), Kanuten und Seglern genutzte Gewässer lädt das gesamte Jahr über zu schönen Spaziergängen ein, besonders am westlichen Ufer geht es vom Eichenpark immer am Wasser entlang durch das Alstervorland flussabwärts durch den Alsterpark und weiter zwischen der Straße Alsterufer und dem Ufer der Alster bis zur Kennedybrücke. Einmal ganz herum sind übrigens 7550 Meter zu wandern. Eine Attraktion ist es, wenn in kalten Wintern die Außenalster zufriert und es Bahn frei heißt für das Alstereisvergnügen. Die Voraussetzung dafür lautet grob: zehn Tage lang minus zehn Grad, und präzise gilt: 24 Zentimeter Eisdicke müssen es sein. Kaum wird die Außenalster dann zur Begehung freigegeben, ist ihr weißes Eis nach wenigen Stunden schon schwarz vor lauter Schlittschuhläufern, Spaziergängern, Glühweinständen und Imbissbuden.

Baas steht niederdeutsch für den Chef, den Boss, den Meister und somit immer für den, der „dat Seggen hett" (das Sagen hat). In der Sprache der Hafenstadt spielte der Baas als „Heuerbaas" eine wichtige Rolle, denn er warb im Auftrag von Kapitänen die Mannschaft zusammen. Dabei konnte er entsprechend Druck auf Interessenten ausüben und war als Berufsstand bei den Seeleuten breit verhasst. Manche agierten zugleich als (ebenfalls unter generellem Wucherverdacht stehende) „Schlafbaas" und verdienten auch an der Vermittlung von Schlafplätzen.

Babutz → *Putzbüdel*

Backbord steht nautisch für die linke Schiffsseite und ist durch rotes Lampenlicht gekennzeichnet.

Backs → *batz und Backs*

backsig ist alles Klebrige, vor allem wenn es dort befindlich ist, wo man es nicht haben möchte, wie z. B. der karamellisierte Zucker an den Händen beim Verzehr von → *Franzbrötchen*. Schön backsig sind an heißen Sommertagen häufig auch die Haltegriffe und -stangen in Bussen, S- und U-Bahnzügen.

Bahntje stammt aus dem Plattdeutschen und bedeutet „Posten" oder „Laufbahn". „Ein schönes Bahntje" meint also so viel wie eine einträgliche Anstellung.

Bambuse wird der Taugenichts genannt, er ist ein schlechter Arbeiter und Kerl, mitunter auch gefährlich, sodass für ihn auch das schöne alte Wort mit dem gefährlichen Inhalt „Strolch" zutreffen kann.

Bangbüx wird ein Angsthase („Bange" bedeutet „Angst") genannt, obwohl das plattdeutsche Wort eigentlich die Übersetzung von „Angsthose" ist. Vielleicht war ja der Ausdruck „vor Angst in die Hose machen" an der Wortbildung beteiligt.

B   **Bangemachen gildet nicht** lautet ein Kinderspruch. Wie so vieles aus Kindermund „gilt" er auch in der Erwachsenenwelt. Denn wer sich vornimmt, diesmal kein → *Bangbüx* zu sein und z. B. einer fiesen Einschüchterung zu widerstehen, besinnt sich auf die Kindheit, presst die Lippen zusammen und denkt sich: *Pah, Bangemach'n gildet nich!*

bannig bedeutet so viel wie das steigernde Wörtchen „sehr" oder die umgangssprachliche Variante „ganz schön": „Auf dem Wochenmarkt war heute morgen wieder ‚bannich' was los." Meist in engerem Zusammenhang und mit noch etwas kräftigerer Wirkung als „bannig" ist → *fix* als Verstärkungswort zu hören.

Barkasse heißt eigentlich das größte Beiboot von Kriegsschiffen. Im Hamburger Hafen bezeichnet es ein Motorboot mit zumeist überdachtem und verkleidetem Fahrstand, dem Arbeitsplatz des „Barkassenkutschers". Es ist sehr robust gebaut und wird sowohl zur Personen- als auch zur Güterbeförderung und zum Schleppen kleinerer → *Schuten* eingesetzt. Zudem kann „Barkasse" einen Essensbehälter oder -kübel benennen.

Barmbeker Latein lautete die scherzhafte Bezeichnung der „Ketelkloppersprook" (auch „Ketelklopperdüütsch" oder einfach nur „Ketelkloppersch"), einer Sondersprache der plattdeutschsprechenden Ketelklopper (→ *Schwarze Gang*). Der Lärm beim Abklopfen des Kalkbesatzes in den Kesseln der Dampfschiffe erschwerte die Kommunikation derart, dass sich ein eigenständiger Sprachcode entwickelte, der die Artikulation des plattdeutschen melodischer machte und damit seine Hörbarkeit erleichterte. Die zentrale Regel dabei war, dass jedes Wort zur besseren Verständigung mit einem Vokal begann, wofür vorhandene Anfangskonsonanten ans Wort- oder Silbenende gestellt wurden, und ihnen zusätzlich ein „i" folgte. *Urni Ahnbi-ofhi ervi-ansti-endi.* Ochni ichtni ebiiffengri? – äh, sorry: Noch nicht begriffen? Dann hilft nur Weiterrätseln oder Klaus Siewerts Buch über diese mit der Verdrängung der Dampfmaschine durch den Schiffsdiesel untergegangene Sprachform (siehe Verwendete Literatur, S. 245).

Barmbek basch fand im Hamburger Wortschatz auf zweierlei Weise Eingang: entweder als beiläufiger Kommentar oder als erschreckter Ausruf angesichts jedweder Untaten von Hamburger Halbstarken oder Rohheiten anderer, da die Barmbeker Heranwachsenden für besonders → *basch* erklärt worden waren.

basch steht auf Hochdeutsch für „derb" oder auch „scharf", z. B. kann eine Speise „basch" gewürzt sein. Das Wort dient jedoch vor allem zur Bezeichnung von etwas Rüpelhaftem. Derartig veranlagt zu sein, war der Ruf der Barmbeker Jugend (→ *Barmbek basch*). Besonders in Kleidungsfragen kann „basch" aber auch so viel wie „verwegen" oder „herausfordernd" meinen. Es ist in der Jugendsprache somit Vorgänger der Ausdrücke „lässig" oder „cool", die Omas und Opas „flott", „kess" oder „schneidig" abgelöst haben. Die harmloseste Bedeutung findet sich im alten Hamburger Kinderwortschatz mit der:

Basche oder „Baschen" bzw. „Bascher" sind Bezeichnungen für die weißen Marmeln, die auch mit bunten Strichen bemalt sein konnten. In früheren Zeiten waren sie aus Alabaster, später aus glasiertem Ton.

batz und **Backs** Das plattdeutsche Wort für „plötzlich" heißt „batz". Da sie zumeist unerwartet kommt, ist der ähnlich lautende „Backs" ein treffender Name für eine Ohrfeige, die in den → *Vierlanden* auch „Batz" genannt wird. Wer jemandem etwas „batz ins Gesicht" sagt, sagt es ihm so überraschend und unverblümt, dass es fast so klatscht wie bei einem „Backs" (der *netürlich ogginaal* nach der Wange heißt, auf der es knallt und die plattdeutsch „Backe" heißt).

Bauch von Hamburg wird die Großmarkthalle für Obst und Gemüse in Hammerbrook genannt. 1962 war sie nach vierjähriger Bauzeit fertiggestellt worden. Unter dem schönen, wellenförmig geschwungenen Dach der dreischiffigen Halle liegen 40.000 Quadratmeter Fläche, auf denen von ein bis sechs Uhr morgens

Das von Bernhard Hermkes (1903–1995) entworfene wellenförmige Dach überspannt eine Fläche der Größe von mehr als vier Fußballfeldern.

Hamburgs → *Grünhöker* und viele andere mit grüner Frischware Gewerbetreibende ihre Waren kaufen. Seit 1996 steht der 220 Meter lange Spannbetonbau unter Denkmalschutz und wird daher nicht so schnell das Schicksal des „Bauchs von Paris" teilen, dessen weltberühmte Markthallen in den 1980er Jahren der Spitzhacke zum Opfer fielen.

Baumwall heißt der Straßenzug, der die Straßen Kajen und → *Vorsetzen* verbindet. Über ihm verläuft das Hochbahnviadukt der → *Ringbahn*. Der Namensteil „Baum-" erinnert daran, dass dort, am Niederbaum, durch miteinander verkettete Baumstämme bis 1852 nachts die Ausfahrt des Binnenhafens gegen widerrechtliches Ein- oder Auslaufen von Schiffen gesichert wurde. Das östliche Pendant lag an der Ausfahrt des Oberhafens. Auch an Land gab es zahlreiche Bäume – im Sinne von Schlagbäumen –, nämlich dort, wo Abgaben erhoben oder Kontrollen vorgenommen wurden. Sie haben sich in Straßennamen wie Rotherbaum oder Winser Baum erhalten (siehe auch → *scherbeln*). Der Namensteil „-wall" weist darauf hin, dass der Ort eine Rolle spielte im militärischen Befestigungswall, der Hamburg bis Anfang des 19. Jahrhunderts umgab (→ *Ring 1*).

Beede bezeichnet in Hamburg erstens den geschäftsführenden Ausschuss des Kirchenvorstands einer evangelischen Gemeinde. Zweitens war es der Name für das Kirchengestühl, in dem die Mitglieder des Gremiums der Laienvertretung während der Gottesdienste Platz nahmen und wo die Kollekte eingesammelt wurde, die, drittens, ebenfalls „Beede" hieß.

B

begöschen ist der Versuch, jemanden durch begütigendes Zureden in gute Stimmung zu versetzen, häufig mit dem Hintersinn, ihn dann zu einer kleineren oder größeren Gefälligkeit zu bewegen. Eingestreute Komplimente sind dabei ein vielversprechendes Hilfsmittel, noch besser wirken leise Andeutungen möglicher späterer Vorteile für das zu begöschende Gegenüber. Wenn kleine Kinder (→ *Piepgöschen*) z. B. nach einem Sturz oder einem anderen kleinen Unglück begöscht werden, werden sie mit guten Reden getröstet und beruhigt.

begrasmardeln ist etwas für Leute, die → *buddel* sind, völlig fertig eben, und die sich außerhalb des Hamburger Sprachraums „beerdigen lassen" könnten. Das Wort hängt zusammen mit „Glasmarmeln" und dem Kinderspiel damit. Es hat aber auch weitere, heute längst vergessene und teils widersprüchliche Bedeutungen, die im Hamburgischen Wörterbucharchiv der Universität Hamburg verzeichnet sind („begrasmardeln" sowohl für Betrug beim Marmelspiel und für „aufgeben/resignieren" als auch für „etwas Positives zustandebringen"). Für die abweisende „Begräbnisvariante" berichtet der Hamburger Autor Peter Schmachthagen 2009 in seinem ersten Band von „Sprechen Sie Hamburgisch?" folgende schöne Geschichte: „Der damalige Bundesfinanzminister Hans Apel [1932–2011], ein echter Barmbeker Jung [Wiesendamm 14], sagte 1974 in einem ‚Spiegel'-Interview, ohne Solidarität könne sich die SPD *begrasmarmeln* (begraben) lassen. Der ‚Spiegel': ‚Begrasmarmeln ist uns neu.' Dieser hamburgische Ausdruck wurde danach durch die Republik gereicht, aber kaum jemand verstand ihn."

begrootschnuten wird im Plattdeutschen (dann aber ohne „ch" geschrieben) die Unart benannt, in einer Runde meinungsstark

33

mitzureden, ohne wirklich etwas vom Thema zu verstehen und/oder etwas besserwisserisch zu bekritteln.

beiderstädtisch Wenn in Hamburg vom Beiderstädtischen die Rede sein sollte, ist das Gebiet des alten Amtes Bergedorf gemeint. Das Städtchen Bergedorf, die → *Vierlande* und die heute schleswig-holsteinische Stadt Geesthacht waren darin vereint. „Beiderstädtisch" heißt es deshalb, weil die Gebiete von 1420 bis 1868 den beiden Hanseschwestern Lübeck und Hamburg gemeinschaftlich gehörten. Sie hatten zuvor mit vereinten militärischen Kräften das Bergedorfer Schloss vom sächsisch-lauenburgischen Herzog erobert. Fortan verwalteten die Städte den enormen Zuwachs ihres Landgebiets im Wechsel – mehr als 400 Jahre lang. Dies selten zwischen Gemeinwesen vorkommende „Kondominium" endete Silvester 1867, als Hamburg für den Lübecker Anteil die Summe von 600.000 Kurantmark auf den Tisch legte und das „Beiderstädtische" zur Gänze hamburgisch wurde. Aber damit soll dieses Stichwort noch nicht enden, sondern noch kurz etwas zu Hamburgs Verhältnis zur alten Hansenachbarin an der Trave angehängt werden: **Lübeck** liegt nahe der Ostsee an der Trave und galt aus Hamburger Kaufmannssicht schon im Mittelalter als „Hamburgs Ostseehafen" und Warendrehscheibe für Mecklenburg samt dem baltischen Raum mindestens bis Nowgorod, und andersherum boten sich Lübecker Kaufleute über Hamburg vielfältige Handlungsmöglichkeiten in die Nordsee. Während aus Hamburger Sicht in → *Brehm* häufig lästige Konkurrenz agierte, lockte somit im nur knapp 70 Kilometer entfernten Lübeck gutes Geschäft. Mit dem Fortschritt der Seefahrt und vollends mit der Eröffnung des Nord-Ostsee-Kanals 1895 hatte Lübeck seinen Standortvorteil und damit viel Wirtschaftskraft und seine alte Bedeutung eingebüßt. Pläne zur Schaffung eines gemeinsamen Staates „Freie Hansestädte Hamburg und Lübeck" gingen zusammen mit der Weimarer Republik unter, und in der NS-Zeit ordnete das → *Groß-Hamburg*-Gesetz ohnehin alles neu. Hamburg wuchs enorm, während Lübeck nach mehr als 700 Jahren mit einem Federstrich die staatliche Eigenständigkeit abgeschnitten wurde. An Protest dagegen war in der Diktatur nicht zu denken, aber auch der Versuch, in der noch jungen Bundesrepublik über ein Volksbegehren einen ersten Schritt zur Wiedererlangung alter Selbstständigkeit zu tun, misslang 1956 vor dem Bundesverfassungsgericht. In der heutigen kreisfreien schleswig-holsteinischen Großstadt „Hansestadt Lübeck" (ca. 220.000 Einw.) heißt die kommunale Gemeindevertretung weiterhin „Bürgerschaft", und in Respekt vor mehr als 700 Jahren Stadtfreiheit gibt es auch noch die Amtsbezeichnungen „Senator" und „Bürgermeister" (m/w) – aber sie könnten ohnehin heißen wie sie wollen, der vielleicht nicht immer konfliktfreien, aber doch eher störungsarmen alten Hamburg-Lübecker Verbundenheit täte es keinen Abbruch.

beipulen und **verpulen** „Beipulen" bedeutet, jemandem etwas beibringen, ihn oder sie etwas → *lehren*. Es wird auch etwas beigepult, wenn eine unangenehme Angelegenheit schonend beizubringen ist, was manchmal bedeutend mehr Fingerspitzengefühl verlangt als das → *Palen* von Hülsenfrüchten. Im Ärger kann „Beipulen" jedoch auch im Sinne von „verpulen" benutzt werden, was so viel bedeutet wie jemandem *eins verpassn*.

bekakeln steht für „etwas besprechen". Auch wenn das Wort vom plattdeutschen „Kakeln" abgeleitet ist, was „gackern" bedeutet, kann es sich dabei durchaus um sehr bedeutsame Themen handeln, z. B. ein Geld- oder Warengeschäft betreffende.

belemmern ist eigentlich ein uraltes Wort dafür, wenn etwas behindert oder versperrt ist. Heute wird der Mensch „belemmert", wenn auf ihn unablässig eingeredet wird, etwas Bestimmtes zu tun oder zu unterlassen. Häufig ist in Hamburg auch das eigentlich berlinerische „belatschern" zu hören. Wer „belemmert" dreinschaut, ist verdutzt, schaut dumm aus der Wäsche. Hält dieser Zustand an, wird er schließlich:

benaut So ist in Hamburg, wer sich nicht sicher, sondern benommen fühlt und kleinlaut wird.

Blick durch die Bergstraße in Richtung der Hauptkirche St. Petri
wenige Jahre vor dem Großen Brand 1842. Als Peter Suhr die
Vorlage für seine 1837 entstandene Lithografie zeichnete, hieß die
Straße noch „Hinter St. Peter".

Bergstraße Den für Auswärtige oft etwas erstaunlich klingenden
Namen „Berg" trug früher der älteste Marktplatz der Hamburger
Altstadt. Er lag westlich vor der St.-Petri-Kirche am Rande des
Geestsporns, auf dem vermutlich schon lange vor Beginn der
hamburgischen Geschichte Menschen ihre Behausungen errichtet
hatten. Nach dem → *Großen Brand von 1842* verschwand er aus
dem Stadtbild, aber die 1838 von „Hinter St. Peter" in „Bergstraße"
umbenannte Straße erinnert noch heute an ihn. Wer sie vom
→ *Jungfernstieg* kommend hinaufspaziert, schreitet von der
Marsch zur Geest – und überwindet dabei rund zehn Höhen-
meter, immerhin.

Bergziegen schaffen in Blankenese bis zu 16 Prozent Steigung
(am Waseberg), und zwar vollbepackt mit Fahrgästen, denn so
werden die kleinen VHH-Busse der früheren Sonderlinien 48
und 49 genannt. Im Jahr 2009 beklatschten die Blankeneser das
50-jährige Bestehen der Bergziegen, 2014 den ersten E-Bus und
2018 sicher besonders laut und heftig – den Wegfall des Sonder-
tarifs für das Ticket zur Mitfahrt auf der Linie 488.

Bergziege im rosa Schnellbusdesign kurz vor der Abfahrt an der Haltestelle Osterleystraße am 2. Mai 1989

beschicken Wer etwas zu beschicken hat, muss noch etwas erledigen. Bis zum 16. Jahrhundert bedeutete „jemanden zu beschicken", ihn zu benachrichtigen, später wurde ihm etwas bestellt, heute sagen wir einfach Bescheid (*Beschait*). Wenn dies umgangsprachlich und mit einer nachdrücklichen Aufforderung verbunden geschehen soll, wird dem Betreffenden „Bescheid gestoßen".

besopen ist der stickenduhne, volltrunkene Mensch (→ *duhn*). Gebärdet er sich in plattdeutscher Öffentlichkeit auffällig, muss er sich vielleicht das hart abfällige „Besopenes Swien!" (besoffenes Schwein) gefallen lassen. Erblickten im alten Hamburg die Straßenkinder einen Betrunkenen, so kam es vor, dass sie ihm im Chor hinterherjohlten: „Bringt dat Swien no'n Swienmark hen, ho, ho, ho!"

Bickbeeren heißen südlich von Harburg sehr bald Blau- oder Heidelbeeren.

binnen stammt aus dem Mittelhochdeutschen, das vom 11. bis 14. Jahrhundert in Mittel- und Oberdeutschland gesprochen wurde, und bedeutet „innen" oder „innerhalb". Das Wort gibt es auch im Plattdeutschen, wo es klanglich gut zu seinem Gegenstück

passt, das → *buten* lautet. Die → *Außenalster* könnte dementsprechend als Butenalster bezeichnet werden. „Binnen" kann auch
plattdeutsch für das Verb „binden" stehen (so in → *Anbinner* bzw.
→ *Festmacher*). Auf Dauer fest angebunden hat sich Hamburg an
den kunstvollen Kniff geschickter Werbefachleute, seinen 2008
auf dem Großen Grasbrook offiziell gebildeten Stadtteil nicht
„Hafencity" zu benennen (und damit so schön/klar/einfach und
aus einem Guss wie das in seinen Grenzen beheimatete
UNESCO-Welterbe, die Speicherstadt), sondern „HafenCity", also
mit einem Großbuchstaben, der völlig unerwartet mitten im
Namen erscheint und allen ihn Lesenden das sichere Gefühl
vermittelt, es mit etwas Großem zu tun zu haben. Der Trick,
mit dem man 2008 den zeitgleich mit Sternschanze (→ *Schanze*)
gebildeten Neustadtteil aus allen übrigen x-tausend Hamburger
Ortsbezeichnungen herausgehoben hat, wird in der Typografie
Binnenversalie (oder Binnenmajuskel) genannt und redaktionell
zumeist für brandneue Zusammenhänge eingesetzt wie eben
die Umwandlung der früheren Hamburger Hafengebiete, über
deren Planungsideen Bürgermeister Henning Voscherau übrigens
1997 erstmals im Überseeclub öffentlich referierte – weshalb die
öffentliche Wiege der HafenCity im Herzen der Stadt zu suchen
ist, *nemmich anne:*

Binnenalster Die Binnenalster ist Hamburgs beste Stube, der Stadt
Schönheit stetig fließend Wahrzeichen, Pausenhof ihrer Betrieb-
samkeit: Im Winter die Tanne, im Sommer Fontäne und von
Frühjahr bis Herbst die → *Alsterschwäne* – einfach ganzjährig ein
Hingucker und in so guter Ausstattung immer nur möglich
durch viel privaten Geldzufluss. *Jo, nu's ma guht, bidde nich reimen
und nua nich durchdrehn, issoch hia kain Werbeprospek – von jetz
kurz un knapp einmal umzu un durch, bidde:* Verstanden, das
Gewässer inmitten des Gevierts → *Jungfernstieg*, Neuer Jungfernstieg, Lombardsbrücke und Ballindamm umfasst 18 Hektar und
ist Teil des Alsterflusses zwischen dessen Abschnitten → *Außenalster* und Kleiner Alster, bevor dieser mitsamt seinem letzten
Namen als Alsterfleet vorbei am Steinhöft im Binnenhafen endet.
Am Jungfernstieg liegt die Weiße Flotte der Alsterdampfer nahe
dem Alsterpavillon, und am Neuen Jungfernstieg laden das

Sonnenschein mit frischer Brise über Hamburgs Binnenalster.
Im Hintergrund das Haus der Hapag-Lloyd AG am Ballindamm

Hotel Vier Jahreszeiten zahlungskräftige und der Übeersee-Club illustre Gäste hinter ihre schönen Fassaden. Die Lombardsbrücke mit ihren prägnanten Kandelabern steht für sich. *Und der Ballindamm?* Ja, der Ballindamm zeigt seine lange Reihe von Bürohäusern, hinter deren Fronten vielfach imponierende Firmenaktivitäten mit weltumspannenden Geschäften abgewickelt werden, so im … *Wieda dies Gehudel – „imponiernt", „weltwait" –, aber ich seh schon, am Ballindamm geht's ums …* Haus der Hapag-Lloyd AG, genau! Und darüber steht mehr zu lesen unter → *„Mein Feld ist die Welt".*

Blankenese → *Bergziegen,* → *Elbvororte,* → *Kreek,* → *Neß,* → *Rummelpott*

Blumenstraße Sie liegt im Stadtteil Winterhude und ist Adresse vieler vermutlich wohlhabender bis reicher Hamburgerinnen und Hamburger in prächtigen Häusern mit schönsten Hintergärten bis ans Ufer des Rondeelkanals. Wer dagegen bescheiden auf → *Etage* wohnt und beim Paddelausflug an den Rückseiten der Wassergrundstücke mühsam gegen Neidgefühle kämpfen muss, sollte gelassen den trefflichen Schnack zitieren: Nicht jeder, der in der Blumenstraße wohnt, riecht auch nach Veilchen!

Böhnhasen Wer unter „A" die → *Ämter* entdeckt hat, muss unter „B" auch die Böhnhasen finden können. Wie die in norddeutschen Städten als Ämter fest organisierten Handwerkervereinigungen für ihre Mitglieder sorgten, so stark verteidigten sie ihre Interessen nach außen. Und vor diesem Hintergrund ist schon im 17. Jahrhundert der plattdeutsche Begriff „Böhnhasen" belegt. Er galt für Handwerker, denen das von den Ämtern gewährte Freimeisterprivileg fehlte und die ihr Gewerbe deshalb heimlich und mitunter auch auf Dachböden (Böden = „Böhn") ausübten oder ihre Produkte außerhalb der Stadt herstellten und in Hamburg verkauften. Wurden sie entdeckt und beim zuständigen Amt angezeigt, durften sie öffentlich und von jedermann wie Hasen gejagt werden, wobei es durchaus zu erheblichen Verletzungen kommen konnte. Es gab jedoch Ausnahmen, nämlich, wenn sie mit Einverständnis der Besitzer in Bürgerhäusern arbeiteten. Das Böhnhasentum stand somit zwischen der Nachfrage von günstiger Handwerksleistung und dem Interesse der Ämter, unliebsame Konkurrenz abzuwehren. Zum Thema Hasen jagen und erbeuten siehe auch → *Hasenbrot.*

Booksbüdel ist ein gleich zweimal längst untergegangenes Hamburger Wort mit zwei Hintergründen: In einem „Booksbüdel" könnte man zwar einen Bocksbeutel transportieren, also eine der bauchigen Flaschen vornehmlich für Frankenwein, aber mehr haben die beiden nicht gemein. Der Wein hat mit dem Schafsbock zu tun, der Hamburger „Booksbüdel" hingegen mit dem Book, was plattdeutsch „Buch" heißt. Gemeint sind bzw. waren, das ist alles ewig lange her, also Tragebeutel für Bücher, vornehmlich für Gebet- und Gesangbücher auf dem Weg zur Kirche. Im 17. Jahrhundert kamen diese Beutel außer Gebrauch. Das Wort hielt sich aber noch 200 bis 300 Jahre im Hamburger Wortschatz, vor allem deshalb, weil ein Booksbüdel an einer Heiligenfigur in der Petrikirche zu sehen war. Der Sinn hatte sich jedoch gewandelt, denn weil niemand einen solchen Beutel mehr benutzte und er dennoch allgemein bekannt war, wurde „Booksbüdel" zum Begriff für eine ebenso gedankenlos wie beharrlich weitergeschleppte dumme Angewohnheit und somit benutzt wie etwa das Wort „Schlendrian".

Bontje ist das plattdeutsche Wort für Bonbons, die Kinder als *Bongbongs* korrekt auszusprechen versuchen, wenn sie nicht gleich „Bonsche" oder „Bonschen" rufen. Das „tj" in Bontje wird häufig „tsch" oder sogar nur „sch" gesprochen, was natürlich auch für andere plattdeutsche Worte gilt wie z. B. → *Buttje* oder → *Sottje*.

Bonzenheber → *Proletenbagger*

Brandsende heißt seit 1843 eine Straße in der Hamburger Altstadt, deren Name an den → *Großen Brand von 1842* erinnert. Der Straßenverlauf markiert die Höhe, auf der die Feuerwalze in diesem Teil der Stadt am Morgen des 8. Mai nach drei Tagen zum Stehen kam und erlosch. Der Wind aus südsüdwestlicher Richtung hatte die Flammen in die Ecke → *Binnenalster*/Wallanlagen (gegenüber der heutigen Galerie der Gegenwart) gedrängt, wo sie mit dem Ende der Bebauung keine weitere Nahrung mehr fand.

Brauhaus der Hanse Im Spätmittelalter galt Hamburg als das „Brauhaus der Hanse". Vollständig lautet der alte Spruch:

> Lübeck ein Kaufhaus
> Lüneburg ein Salzhaus
> Köln ein Weinhaus
> Hamburg ein Brauhaus.

Vom ausgehenden 13. Jahrhundert an war Bier für etwa 300 Jahre das wichtigste Exportgut Hamburgs. Die Brauereien lagen direkt an den → *Fleeten*, aus denen sie mit dem Wasser ihren wichtigsten Rohstoff bezogen – einen anderen erstanden sie auf dem Hopfenmarkt vor der Nikolaikirche. Auch die Straßen Brauer- und Brauerknechtstraße oder Hopfensack erinnern an das Gewerbe, Verbrauchs- und Exportgut. Ende des 14. Jahrhunderts gab es über 450 Häuser, in denen die kupfernen Braupfannen betrieben wurden. In der Willy-Brandt-Straße 47, wo schon im Mittelalter ein Grundstück mit dem Recht zum Bierbrauen belegt ist, kann man im Gröninger-Braukeller Bier trinken, das direkt in der Schankstube gebraut wurde. Hamburgs größter Produzent, die Holsten-Brauerei AG, ist seit 2004 Tochter der dänischen Carlsberg AG.

breegenklöterig Wer sich breegenklöterig fühlt, der ist ganz durcheinander, z. B. wirr im Kopf vor lauter Aufregungen. „Breegen" ist das plattdeutsche Wort für Gehirn, → *klöterig* steht für etwas Zusammenschlagendes, vielleicht sind die beiden Hirnhälften gemeint. Als „bregenklüterig" ist das Wort auch außerhalb der engeren norddeutschen Sprachlandschaft gebräuchlich, z. B. in Berlin.

Brehm Hamburgs größte seiner kleineren Hanseschwestern ist besonders bei Anhängern des (mal mehr mal weniger ruhmreichen) HSV-Fußballs als „Fischerdorf" Dauerzielscheibe jeder Menge Häme. Aber auch ganz allgemein gibt es seit Langem viele Spötteleien in Richtung des kleinen Nachbarn. Sie hier vom Kfz-Kürzel HB („Hilfe, Blöde!") bis zur sprichwörtlichen Faulheit (*Lass mia doch die Orbeit nich ausse Hand nehm, bin doch kein Brehmer*) aufzuzählen, führte zu weit (und am Ende noch zur Zitation weserseitiger Abwehrversuche). Stattdessen soll hier Nicht-zu-Widerlegendes, Poesie nämlich, zur Darstellung des Tenors gegen *Brehm* geboten werden. Autor ist die historische Hamburger Sprachautorität schlechthin, Dirks Paulun, und zitiert wird sein auf die Redewendung → *eben und eben* gemünztes Gedicht:

> Ehm un ehm.
> Ein Poehm über das Problem in Brehm' zu lehm.
>
> Sie sin doch aus Brehm.
> Sahng Sie ma ehm:
> Kann ein da lehm,
> in Brehm?
>
> Na, wie Sie's nu nehm.
> Ein sizz leich danehm.
> Man muss schon als Krehm
> Ganz ohm übbe schwehm.
> Dann gehz – Ehmunehm!

(siehe auch → *ein*)

Eine Hamburgerin zu Gast in Bremen: Die „Preciosia" auf der Weser am Lloydanleger im Frühjahr 1926. Die Fischereinummer „H.F. 41" zeigt ihre Zugehörigkeit zur Ewerflotte von „Hamburgisch Finkenwerder". Rechts die „Schlachte", die in Funktion und Bauweise eine kleinere Ausgabe der Hamburger Straßen Kajen oder → *Vorsetzen* darstellte.

Doch tatsächlich sind sich, wie auch Helmut Schmidt 1977 einmal in einer Rede bemerkte, die seit Jahrhunderten mit häufig nahezu identischen Herausforderungen konfrontierten Handels- und Schifffahrtsstaaten Hamburg und Bremen in Wahrheit viel ähnlicher als man denkt – in ihren Erfolgen, in ihren Problemen wie auch ganz allgemein und trotz der Tatsache, dass Hamburg nun einmal etwa dreimal so groß ist wie die Stadt an der Weser. Aber die „kindische Konkurrenz", zu deren Beenden Schmidt aufrief, wird noch ewig und drei Tage weitergehen bzw. erst dann enden, wenn sich die zwischen Leipzig und Dresden, Köln und Düsseldorf und Mainz und Wiesbaden rümpfenden Nasen entspannen … Zum ganz anders gearteten Verhältnis zur Hansestadt Lübeck siehe → *beiderstädtisch* und zu dem, was Helmut Schmidt mit der Ähnlichkeit gemeint haben dürfte, siehe → *Hanseaten,* → *hanseatisch.*

Briet hat nichts mit britischen Staatsangehörigen zu → *kriegen*, sondern bildete sich vermutlich im 19. Jahrhundert aus dem französischen Adjektiv „brut", was „grob" oder „brutal" bedeutet. „Briet" kann als Bezeichnung für ein sehr ungezogenes Kind, einen halbstarken Flegel (→ *Dietlein*) oder einen streitsüchtigen Mann dienen.

Brook bezeichnet allgemein ein Gebiet im feuchten Marschland. Dabei kann ebenso ein Morast oder ein Wäldchen gemeint sein, was in vielen Hamburger Orts- und Flurnamen zum Ausdruck kommt, z. B. in Grasbrook, Hammerbrook oder Hasselbrook.

Brummer Wer zu Zeiten des traditionellen Stückgutumschlags in seinem → *Gang* so genannt wurde, galt als sehr guter und erfahrener Hafenarbeiter.

bruttig ist die Luft häufig vor einem Gewitter, wenn sie dick zu sein scheint oder einfach nur „steht". Das plattdeutsche Wort bedeutet „schwül", „heiß" und leitet sich von „Brut" bzw. „brüten" ab.

Bückel ist die Kurzform zur Bezeichnung des Bücklings, des geräucherten Herings. Zugleich diente das Wort einst als Spottname für einen mageren, → *spiddeligen* Menschen.

buddel Buddel ist das plattdeutsche Wort für die (französische) Flasche (= la bouteille), doch wenn z. B. ein Kind „buddel" ist, dann hat es beim → *ditschen* seine letzte Kugel verspielt – und hat somit gar nichts zu tun mit einem:

Buddelkind So wird ein Kleinkind genannt, das nicht gestillt, sondern mit der Flasche ernährt wird.

Büdel ist das plattdeutsche Wort für Beutel. In Zusammenhang mit einem vorangestellten Substantiv kann es z. B. als → *Quark-*, → *Sabbel-* oder → *Tranbüdel* auch als abfällige Bezeichnung für eine Person dienen – außer im Falle von → *Schietbüdeln:* wenn die Quarken, heißt es: → *Sollen* sie wohl!

Buffer sind die Fußballschuhe und zum „buffern" mit Freunden ist nichts so nötig wie eine möglichst nicht zu eierige *Bufferkugel*, wie somit der Ball auch heißen könnte.

Bullerkopp ist als Wort fast unmöglich, freundlich auszusprechen, und passenderweise reserviert für jemanden, der leicht „bullert", also aufbraust und schnell Streit anfängt. Noch ärger klingt der artverwandte „Bullerballer".

Bunny-Hill heißt auf Deutsch „Häschen-Hügel" und ist somit die anglisierende Verballhornung des Billstedter Straßennamens Mümmelmannsberg. Er ist 1938 nach dem 1909 erschienenen Buch „Mümmelmann" des Schriftstellers und Heimatdichters Hermann Löns (1866–1914) vergeben worden. Die Straße erschließt heute die gleichnamige oder → *ökelnd* ebenfalls „Bunny-Hill" genannte Großsiedlung mit mehr als 7000 Wohnungen.

Bürgerschaft In Hamburg tagt die Volksvertretung nicht wie in den meisten anderen deutschen Flächenstaaten als „Landtag", sondern sie kommt als „Bürgerschaft" zusammen (in Berlin „Abgeordnetenhaus" genannt, in → *Brehm* ebenfalls „Bürgerschaft"). Bis 1996 war die Hamburger Bürgerschaft ein „Feierabendparlament", das heißt, die Abgeordnetinnen und Abgeordneten arbeiteten neben ihren eigentlichen Berufen ehrenamtlich bzw. gegen Aufwandsentschädigung. Sitz der Bürgerschaft ist das Rathaus, in dem ihr, vom Rathausmarkt gesehen, die linke Seite mit dem großen „Plenarsaal" zusteht, während das → *Senatsgehege* und das „Bürgermeisteramtszimmer" im rechten Gebäudeteil untergebracht sind.

büschen gemütlicher klingt diese norddeutsch-nuschelige Aussprache des hochdeutschen Wortes „bisschen". Auf Plattdeutsch heißt es „beten" und „klein büschen" dementsprechend „lütt beten".

büschen bis zu ist ein Kommando, das auf Hochdeutsch „Ein bisschen näher ran!" lauten würde.

Buscherump Die traditionell als Arbeitskittel getragenen Fischerhemden an Nord- und Ostsee aus kräftigem blauen Baumwollstoff mit weißen Streifen und ohne durchgehende Knopfleiste ähneln sich zwar sämtlich sehr – doch ein „Buscherump" bezeichnet nur das „Finkenwerder Fischerhemd" mit seinem auf ganz eigene Weise genähten Latz vor dem Bauch.

buten steht im Plattdeutschen für „außen" oder „draußen" und bezeichnet somit etwas, das sich nicht → *binnen*, also nicht innerhalb einer Sache befindet. Entbehrungsreiche Lebensabschnitte und leidvolle Schicksale verbergen sich hunderttausendfach hinter dem Ausdruck „Butenhamburger". Nach den alliierten Luftangriffen der „Operation Gomorrha" des Sommers 1943, bei denen Zehntausende ihr Leben ließen, flüchtete etwa eine Million Menschen aus der zerbombten Stadt, ein Großteil nach Schleswig-Holstein. Viele konnten erst in den 1950er Jahren wieder nach Hamburg zurückkehren. Bereits im Jahr 1892, beim letzten Ausbruch der → *Cholera* waren viele Stadtbewohner durch Flucht vor der Epidemie zu „Butenhamburgern" geworden.

Büttel oder „Bödel" ist auch im alten Hamburg als eine Bezeichnung für den Gerichtsdiener oder einen zu anderen Diensten herangezogenen Beauftragten der Stadtobrigkeit belegt. Zugleich diente der Begriff als Schimpfwort für Frauen, die nicht der vorherrschenden Norm entsprechend lebten und sich „herumtrieben", oder auch für Prostituierte. Über das Büttel, mit dem Hamburger Ortsnamen enden, gibt das Hamburgische Wörterbuch Auskunft: „-büttel Grundwort in Ortsn., häufig im

Alstergebiet für Ausbauten älterer Dörfer: Eims-, Fuuls-, Hummels-, Poppen-, Wellingsbüttel; zu as. [= altsächsisch] *gi-butle* Wohnstätte […]." Echt hamburgisch sind diese Stadtteil-namen selbstverständlich auf der ersten Silbe zu betonen. Wer z. B. „Eims<u>bü</u>ttel" sagt, gibt sich sofort als → *Quiddje* zu erkennen, während es im Stadtteil oft nur *Eimbüddl* heißt.

Butter- oder Margarineseite beziehen sich in Hamburg als mit-unter leicht gehässige Frage in erster Linie auf die Elbchaussee. Wer südlich von ihr und womöglich mit unverbaubarem Elbblick wohnt, darf auf ein Fleckchen „Butterseite" stolz sein. Aber auch eine nördliche Adresse auf der „Margarineseite" einer der schönsten und teuersten Straßen der Republik ist bester Hamburger Wohnadel.

Buttje ist eine allmählich aussterbende Bezeichnung „för'n richtigen Hamborger Jung". Die Verkleinerungsform der Bezeichnung für den Speisefisch Butt wird als Koseform für den Ausdruck „kleiner Junge" gebraucht. Jedoch war das nicht immer so, denn früher galten die Buttjes oder Butscher keineswegs als kleine, *nüddeliche Rackers*, sondern so benannte man bis Ende des 19. Jahrhunderts in der Regel grobe, unangenehme Kerle, für die erst dann allmählich die Bezeichnung → *Briet* aufkam, die im Laufe der Zeit den Weg zur Verharmlosung des Buttje freimachte. Aber ob niedlich oder rüde, bekämpft haben sich die Straßenjungs zu allen Zeiten. Kamen z. B. junge Städter ein-mal zum Ausflug nach Finkenwerder, dauerte es bestimmt nicht lange, bis ihnen so etwas wie das im Hamburgischen Wörter-bucharchiv belegte „Hamborger Buttscher, Fingerlutscher" entgegengebrüllt wurde. Die Ausdrücke „Knabe" oder gar „Bub" sind in Hamburg ungebräuchlich.

Büx ist plattdeutsch und heißt „Hose". Wer jemanden „bi de Büx kriegt", der „hat ihn". Und zwar „festgenagelt", wie es umgangs-sprachlich hochdeutsch heißt. „Bi de Büx" ist man gegriffen, wenn man z. B. mit einer unangenehmen Tatsache oder einer bestimmten Frage dazu konfrontiert wurde (siehe auch → *Bangbüx*).

C

Caffamacherreihe heißt eine Straße in der im 17. Jahrhundert entstandenen Neustadt. Namengebend waren später hier ansässige Samtweber, die „Kaff-Haarmaker". Das plattdeutsche Wort „Kaff" steht für Spreu oder Kleingeschnittenes. Der meist aus Seide hergestellte Samtstoff hatte auf einer Seite lockere Schlingen, die kurz abgeschoren wurden. Ihr Aussehen erinnerte an Haarspreu und trug dem Stoff den Namen ein, der später mit einem „C" aufs Straßenschild gelangte.

Cholera Wenn in Hamburg „die Cholera" zur Sprache kommt, ist von ihrem letzten großen epidemischen Auftreten von August bis Oktober 1892 die Rede. Wahrscheinlich gelangte der Erreger auf dem Seeweg in die Stadt, wo er sich aufgrund der Enge des Zusammenlebens in weiten Teilen der rasant wachsenden Stadt und besonders wegen der miserablen Qualität des hier noch unfiltriert der Elbe entnommenen Trinkwassers schnell verbreitete. Eine Untersuchung zählte 16 Tierarten – reichlich Nahrung für Spott wie folgendes Gedicht:

> Vom Tier in Hamburgs Wasserrohr,
> da kommen 16 Arten vor:
> Ein Neunaug, Stichling und ein Aal,
> drei Würmer leben in dem Strahl,
> drei Muscheln und drei träge Schnecken
> sich mit der muntren Assel necken,
> ein Schwamm, ein Moostier, ein Polyp,
> die dringen lustig durch das Sieb […].

Nicht zum Spaßen aufgelegt war Robert Koch, der aus Berlin zur Einschätzung der Katastrophe angereiste Direktor des Instituts für Infektionskrankheiten. Er soll über die Zustände den in Hamburg berühmt gewordenen Satz gesagt haben: „Ich vergesse, dass ich in Europa bin." Der Tod wütete vor allem in den engen → *Gängevierteln*, in denen vielfach erbärmliche → *hygienisch*e Zustände herrschten. Insgesamt verstarben 8605 Menschen an der Epidemie.

Cons. Abkürzung für Consorten (→ *Quartiersleute*)

Was jedes Kind seit Ausbruch der COVID-19-Pandemie 2020
weiß, war eigentlich schon vor mehr als hundert Jahren bekannt:
Gründliches Händewaschen mit Seife schützt vor Erregern von
Infektionskrankheiten. Die gute Nachricht dabei lautet, dass
es gar nicht die „Antiseptische Sunlight-Seife" sein muss, und die
schlechte: Angst und Verunsicherung sind fruchtbarer Boden
für zwielichtige Geschäftsideen.

Rückfronten von Häusern am Cremon auf einer kolorierten
Fotografie um 1900. Ob mehr Nutzung als Speicherbauten oder
mehr als Wohnhäuser, sie lagen zum Nikolaifleet und verfügten
sämtlich über Hebevorrichtungen für den Umschlag von Waren
oder Gütern mit → *Schuten.*

Cremon heißt eine Straße im heutigen Stadtteil Hamburg-Altstadt.
Sie liegt auf der gleichnamigen ehemaligen Marschinsel
zwischen Nikolaifleet und Binnenhafen. Die Insel wurde Ende
des 12. Jahrhunderts den ersten Siedlern der Neustadt als
Weideland zugewiesen. Diese legten einen Ringdeich an, um
sich vor Hochwasser zu schützen. Die Herkunft des erstmals
im 13. Jahrhundert erwähnten Begriffs „Cremon" ist nicht zu
belegen, geht aber möglicherweise auf einen Anwohner zurück.
Zwischen dem alten Deich und dem Nikolaifleet stehen die
ältesten Hamburger Speicherbauten.

Da nich für oder **Dafür nich** sind in Hamburg häufig zu hörende Redewendungen im Sinne des hochdeutschen „Keine Ursache" zur freundlichen Abwehr eines Dankes: *„Do ja man nich füa!"* (siehe auch → *daran, darauf, darüber…*). Kaum zu glauben, aber von älteren Hamburgern abgehört und verlässlich erinnert ist auch diese Extremvariante: *„Derwegen nich!"*

Daddeldu Vor allem in Handwerker- oder Arbeiterkreisen heißt es gegen Ende einer Arbeit manchmal anstelle von „Genug für heute, wir können Schluss machen" einfach nur: *„So, is Daddeldu."* Die Formulierung stellt vermutlich die maximale Rationalisierung der Aussprache dar, die der englische Satz „That will do" (= das wird genügen) zulässt (siehe auch → *Kuddel Daddeldu*).

daddeln ist ein allgemeiner Begriff für „spielen", abgeleitet von den ausgestorbenen Wörtern „daveln" oder „dobbeln" für „würfeln". Heute ist es vor allem für das Spielen an Glücksspielautomaten verbreitet, und „Daddelautomaten" stehen folgerichtig in „Daddelhallen". Der notorische Sieger in Karten- oder reinen Glücksspielen ist der „Daddelkönich".

dammeln ist wie → *dödeln* ein Tätigkeitswort für sinnloses Herumspielen und das ausführende Subjekt dazu dementsprechend der „Dammeljochen".

Dammich noch mol ist die plattdeutsche Version von „Verdammt noch mal". Wie die mundartlichen Kraftausdrücke im Allgemeinen klingt auch dieser Ausspruch sehr viel weniger anstößig und somit unaufdringlicher als sein hochdeutsches Pendant – ohne dabei weniger überzeugend zu wirken, *dammi nommol!*

daran, darauf, darüber, darum, davon, da(d)rin sind Adverbien, die im korrekten Hochdeutsch nicht getrennt werden können. Doch im Hochdeutsch mit Hamburger Prägung gehen ihre beiden Bestandteile häufig dennoch eigene Wege. In manchen Fällen entfällt die Silbe „da-" auch ganz und in anderen geht das „r" verloren. Damit wird im täglichen Sprachgebrauch ein typischer Effekt erzielt, z. B. in Wendungen wie *„Da machich gaa nich an denken!"* oder *„Nua nich über ärgern"* oder *„Da habbich kain Appetit auf und konnt eingklich noch nie was an finn'n!".* Und, wenn es auch noch eine besonders teure Speise ist: „Das isst man da nicht von → *ab"* (das Teure nämlich). Bei „darin" funktioniert es etwas anders: Nach Loslösung des „da" hilft dem etwas unklar-kümmerlicher Rest ein vorgesetztes „d" zum Wörtchen „drin": *„Da is nix drin!"* oder sogar *„Da is nix innen drinne!".* In einer ihrer kleinen Geschichten über „ihre lieben Hamburger" erzählte die Journalistin und Buchautorin Edith Oppens (1903–1999) einmal von einer Bahnfahrt fernab von Alster und Elbe. Die Herkunft der zwei sich unterhaltenden Damen in ihrem Abteil konnte sie unzweifelhaft bestimmen und notierte dazu den interessanten/liebevollen/wunderbaren Satz: „Losgerissene Präpositionen berühren mich heimatlich."

Dat gelt to Wandsbeck → *Wandsbecker Recht*

Dat löppt sick allns wedder trecht heißt auf Hochdeutsch: „Das läuft sich alles wieder zurecht." Der Schnack ist zur Beruhigung eines zu tröstenden Menschen zu hören, dem in leichten wie in schweren Fährnissen die liebevoll plattdeutsch angedeutete Aussicht, dass die „Dinge wieder in Ordnung kommen", vielleicht einen ersten freundlichen Gedanken eingibt.

Davidwache lautet der Name der bekanntesten Polizeidienststelle der Stadt, wenn nicht ganz Norddeutschlands. Sie liegt Ecke Spielbudenplatz/Davidstraße und wird *ganz genau korrek'* „Polizeikommissariat 15" genannt und *ganz genau ehm nicht korrek':* „Davidswache".

Deern ist der plattdeutsche Begriff für ein junges Mädchen, der aber als genereller weiblicher Kosename auch von Ehemännern („seut", „lütt") oder unter Freundinnen („Na, mien Deern, wo geit?") beibehalten wird. Auf dem Land bezeichnet „Bauerndeern" auch eine Magd. Der im Hochdeutschen für Prostituierte geltende Ausdruck „Dirnen" ist in Hamburg unüblich.

Denn bis denn ist eine → *missingsche* Abschiedsformel. Das erste „denn" bedeutet so viel wie ein abschließendes „Nun", während das zweite für „dann" steht und den Zeitpunkt des nächsten Zusammentreffens meint. Eine solche Verabredung erscheint jedoch ähnlich vage wie das sehr verbreitete „Bis die Tage!"

Denn man zu! „*Demmahzuh*", wie es schön zusammengeschmolzen lautet, ist ein häufig zu hörender Hamburger Schnack. Mit Dirks Paulun (→ *Missingsch*) ließe sich mutmaßen, dass er auf zugereiste Süddeutsche wirken müsse wie eine unverständliche „Häufung wunderlicher Silben". Und wenn man diesen „Satz" ohne Subjekt und Prädikat zerlegt, „nach den Bedeutungen der Miniwörter fragt, um das Ganze zu begreifen, rennt man sich vermutlich fest". Einige von Pauluns Übersetzungsvorschlägen der vielen möglichen Verwendungen lauten: „Na, da woll'n wir mal!" (Steigerung: „*Nu mah los!*"), „Dann kann's ja losgehen!" oder, in anderem Sinne, „Tu, was du nicht lassen kannst!" und ebenso „Wird schon schief gehn!".

Deputationen unterstützen die Leitung der Fachbehörden der hamburgischen Verwaltung. Sie bestehen aus den vom Senat in die Behörde entsandten Senatoren und bürgerlichen Mitgliedern, den Deputierten (Abgeordneten). Dies sind ehrenamtlich tätige Hamburgerinnen und Hamburger, die jedoch nicht Mitglied der Bürgerschaft sein dürfen. Sie werden von der Bürgerschaft aus dem Kreis der Bevölkerung für die Dauer einer Legislaturperiode gewählt und sollen insbesondere an Entscheidungen von grundsätzlicher Bedeutung beteiligt sein. In Zweifelsfällen entscheidet der Senat über den Kreis derjenigen Angelegenheiten, die unter Mitwirkung der Deputierten zu erledigen sind.

Dietlein oder **Dietje** nennt man in Hamburg einen besonders rüden Halbstarken, der bald wieder als Randalierer auffallen wird. Obwohl so gar nicht niedlich, leitet er sich von der (für Hamburg mit der Silbe „lein" übrigens ungewöhnlichen) Verkleinerung der Kurzform des Namens Dietrich ab.

Digga Dick oder fett sind Adjektive, die gewöhnlich auf Abwesenheit jeglichen Mangels hindeuten, somit im übertragenen Sinne auf Sicherheit hinweisen und sehr positiv besetzt sein können. Ganz so, wie süß (plattdeutsch „sööt") niemals und in keiner Hinsicht bitter meint, sind plattdeutsche Anreden wie „Na, mien Söten" im Sinne von „Na, du Süße" oder „Na, mein Süßer" uralte Koseformen, die vor allem gegenüber Kindern oder in Partnerschaften zu hören sind. „Na, du Dickerchen" ist entsprechend zu verstehen. „Dicker(chen)" scheint jedoch darüber hinaus vor wenigen Jahrzehnten verstärkt in die Hamburger Jugendsprache gewandert zu sein, → *ahnma* – allerdings nicht eins zu eins, sondern unter zwei Verwandlungen. Erstens ersetzt es dort keinen Ausdruck unmittelbarer Zuneigung, sondern zeigt eher eine grundsätzliche Verbundenheit an, vorrangig die unter Gleichgesinnten einer Freundesgruppe (Peergroup). Und zweitens wird dabei zwingend das „ck" zum Doppel-G zerdrückt und das „er" zum „a" (oder sogar „ä", *Diggä!*). *Hassas kappiat,* → *Aller?!*

Dippen nennt der Seemann das Grüßen durch Auf- und Abziehen der Flagge. Seit 1952 werden an der Schiffsbegrüßungsanlage Willkomm Höft im Wedeler Ortsteil Schulau zwischen acht Uhr

Die Schiffsbegrüßungsanlage Schulau lohnt die Fahrt nach Wedel – schöner wird nirgendwo für alle Welt gedippt.

morgens und Sonnenuntergang bzw. acht Uhr abends alle auf der Elbe vorbeifahrenden Schiffe durch Dippen der Flagge, Aufziehen des Signals für „Gute Reise" und – bei Schiffen ab 500 BRT – auch durch Abspielen der jeweiligen Nationalhymne und des → *Hammonia-Liedes* gegrüßt.

direkt ist in Hamburg oft anstelle der hochdeutschen Worte „glatt" oder „geradezu" zu hören: *Dascha direkt 'n Skandol!*

ditsch Wenn es in einer Unterhaltung heißt: „Bist ja wohl ditsch!", dann wird jemand einer Äußerung wegen für „bekloppt" oder „beknackt" erklärt.

ditschen oder „detschen" nennen es Hamburger Kinder, wenn sie ihre Marmeln werfen (also, falls es die überhaupt noch gibt und es ihnen ältere gezeigt haben). Der „Ditsch" ist der Treffer. Wer bei einer der unzähligen Spielarten seine letzte Marmel erfolglos verspielt hat, ist → *buddel* oder „ditsch". Ausnahme: Er oder sie bekommt einen „Abklatscher", also einen kleinen Vorrat an Kugeln, um wieder mitspielen zu können.

Dobbas ist wie → *Jonny* ein Begriff zur Bezeichnung einer großen, schweren Sache, eines dicken Brockens. Angesichts eines ungewöhnlich großen Schiffes, das die Elbe hochkommt (oder dicken Steins, der aus der Elbe geboren wird → *Alter Schwede*), könnte es also heißen: *„Wat'n Dobbas!"*

Dödelkram ist verwandt mit → *Tüdelkram* und bezeichnet somit dummes, unsinniges Gerede aus dem Mund vermutlich eines „Dödels".

dödeln bedeutet so viel wie „trödeln" oder „bummeln". Das Gegenteil davon ist „rödeln" oder „rumrödeln", das für sehr aktiv sein oder heftig arbeiten steht.

Döh(t)z Kopf

dönen → *Tüdelkram, Tühnkram, Tüdelüt oder Tüdelei*

D **Döntjes** sind kleine, häufig altbekannte Anekdoten und Geschichten, die immer wieder zu hören sind. Viele Döntjes hat Vera Möller in die Lebenswelt → *Klein Ernas* und ihrer Familie Pumeier verfrachtet.

Dösbaddel wird genannt, wer sich dumm oder ungeschickt verhält. „Dösig" ist z. B. der, der nicht aufpasst und vor sich hin träumt. „Du Dösbaddel" muss jedoch nicht grundsätzlich eine Beleidigung bedeuten und kann auch als freundschaftliche Aufmunterung ausgesprochen werden. Früher war die Bezeichnung auch üblich für Menschen, die nicht im Vollbesitz ihrer geistigen Kräfte waren und als „schwachsinnig" bezeichnet wurden.

Dom Auf dem heutigen Domplatz stand jahrhundertelang eine große Kathedrale – und war der Stadt lange Zeit hindurch ein Ärgernis. Die Kirche gehörte zu keinem der fünf → *Kirchspiele*, sie gehörte nicht einmal zu Hamburg. Der Dombezirk bildete mit der dreischiffigen Basilika, deren Kapellenanbauten und einigen Nebengebäuden eine Exklave des seit 845 in Bremen beheimateten Erzbistums Hamburg-Bremen. Die seit dem 16. Jahrhundert lutherische Domgeistlichkeit spielte im kirchlichen Leben der Stadt offiziell keine Rolle, und andersherum hatte die Stadt im Dom und in einigen angrenzenden Gebäuden nichts zu sagen. Die Kirche stand also mitten in Hamburg und doch auf exterritorialem Gebiet. Dort verfiel sie zusehends und war trotz ihrer Bedeutung als eine Nachfolgerin des ersten Mariendoms der → *Hammaburg* und ihres kunsthistorischen Wertes unter dem Strich ein Dorn im politischen Auge der Stadt. 1648 wurde das Erzbistum verweltlicht und 1803 der Dombezirk Hamburg zugesprochen. Aber im Rathaus befürchtete man, diese Entscheidung könnte später einmal angefochten und der Dom, von welcher Macht auch immer, zurückgefordert werden. Deshalb fiel die Entscheidung, Fakten zu schaffen und abzureißen. Es dauerte mehrere Jahre, bis das riesige, der Heiligen Maria geweihte Bauwerk mit zahlreichen Kapellenanbauten 1807 aus dem Stadtbild verschwunden war und neben der Petrikirche jahrzehntelang der leere Domplatz gähnte. Doch zu dieser Zeit war der Ursprung dessen, was heute den Hamburgern ihr Dom

Blick in die „Schappendom" genannte Halle des alten Hamburger
Mariendoms 1804. Was die zu erkennenden Figuren darin
auch zu besehen oder zu tun hatten, lange konnten sie es nicht
mehr machen, der Abriss stand bevor. Der darin abgehaltene
Mix aus Handel und Vergnügen zog weiter und nahm den Namen
„Dom" einfach mit.

Der Hamburger Dom findet seit 1892 in der Regel dreimal jährlich –
Frühlingsdom (30 Tage), Sommerdom (31 Tage) und Winterdom
(30 Tage) – auf dem Heiligengeistfeld statt.

ist, nämlich das Volksfest mit unzähligen Vergnügungen samt
Buden und Fahrgeschäften auf dem Heiligengeistfeld, schon
fast 500 Jahre alt. Marktartiges Treiben ist auf dem Gelände der
ehemaligen Kathedrale schon seit 1329 belegt. Hamburgs traditioneller Weihnachtsmarkt wurde schließlich nur noch nach
seinem Austragungsort „Dom" genannt, und als er 1804 wegen
des bevorstehenden Kirchenabbruchs erstmals auf dem Gänsemarkt stattfand, hatte man den Namen einfach mitgenommen.
Als der „Dom" 1892 auf das Heiligengeistfeld verlegt wurde,
bestimmten mittlerweile Belustigung und Vergnügen den über-
wiegenden Teil des Geschäfts. Heute werden als „Hamburger
Dom" insgesamt drei dort stattfindende Jahrmärkte bezeichnet:
das „Frühlingsfest", das „Hummelfest" und der „Dommarkt"
im Spätherbst (= Frühlings-, Sommer- und Winterdom).
1995 wurde das Erzbistum Hamburg errichtet, und aus der
katholischen Kirche an der Danziger Straße wurde der neue
Hamburger „Mariendom". Das passt auch ganz gut, schließlich
sind die beiden Sterne, die im Hamburger Wappen links und
rechts des Kirchturms über den Burgtürmen stehen, noch immer

dieselben „Mariensterne" des ersten Hamburger Doms von vor
mehr als 1200 Jahren.

Dor kanns ob speen Worauf man speen (= spucken) kann, das
ist vorhanden, dessen greifbare Realität ist nicht zu leugnen.
Wer dies auf eine zweifelnde Frage antwortet oder dem zuvor
Gesagten anhängt, bringt damit seine felsenfeste Überzeugung
auf unmissverständliche Weise zum Ausdruck.

Drehbahn als Name der Straße, die in der Neustadt Dammtorstraße
und Caffamacherreihe verbindet, geht auf dasselbe Handwerk
zurück, das auf den → *Reeperbahnen* ausgeübt wurde, nämlich
die Reepschlägerei, also das Drehen und Herstellen von
Schiffstauen. Die im 17. Jahrhundert entstandene Neustadt war
zunächst so dünn bevölkert, dass dieses Gewerbe mit seiner
raumgreifenden Produktion auf den zum Teil mehrere hundert
Meter langen Bahnen hier noch eine ganze Zeit lang ausgeübt
werden konnte.

drög steht plattdeutsch für „trocken", dient aber im Sprachgebrauch
vor allem zur Bezeichnung eines eher langweiligen Menschen
oder einer trockenen Materie („drögen Kerl", „drög Tüch").

Dröhnbüdel ist der, der dröhnt, der also besonders langsam oder
umständlich spricht und so mit der Vermittlung der eigentlichen Aussage seines Geredes so lange auf sich warten lässt, dass
man kaum noch weiß, wohin man gucken soll, und allmählich
der eigene Kopf zu dröhnen beginnt.

Drömel wird genannt, wer generell eine Schlafmütze ist oder
zufällig gerade geistesabwesend („drömelich") war. „Drömen"
heißt „träumen" und „Drömel" eigentlich „Träumer".

Drümpel bezeichnet einen ungeschickten Menschen. Vielleicht
leitet sich die Bezeichnung ja davon ab, dass ein Drümpel
wegen seiner Tölpeligkeit schon beim Eintreten ins Haus über
die Türschwelle stolpert, die heißt auf Plattdeutsch nämlich
ebenfalls „Drümpel" (auch: „Drömpel").

dückern ist plattdeutsch und heißt „tauchen" oder „ducken". Es ist vor allem von Kindern zu hören, wenn sie sich im Freibad gegenseitig *unnerdüggern*.

Duckdalben sind so wenig original hamburgisch wie die Möwen, die sich gern auf ihnen niederlassen, aber die Wasserkante der Stadt ist ohne beides kaum vorstellbar. Siehe zum Vogelbezug deshalb unter dem Stichwort → *Emma* und zum Hafenzubehör hier den Blick ins Hamburg-Lexikon (4. Aufl., S. 182): „Duckdalben (auch Duckdalven, Düükdalven) sind Rammpfahlgruppen zum Festmachen der Schiffe im Hafen, erstmals 1740 als Duc d'Alben belegt. Der aus dem Niederländischen stammende Begriff ist 1568 als duc Dalba in Amsterdam, das damals dem spanischen Feldherrn Herzog Alba anhing, nachgewiesen. Nach anderer Lesart leitet er sich ab von düken (ducken) und Dollen (Pfähle), bedeutet also geduckt zueinanderstehende Pfähle." *Kürzer/besser zu beschreiben geht'as nich, Chef!*

duhn Wer „duhn" ist, ist mindestens angetrunken. Andere Ausdrücke, die im Zusammenhang mit vermehrtem Alkoholgenuss stehen, sind z. B. „angeschickert", → *angetütert* oder das veraltete „Schlagseite haben" (sich also fühlen wie ein havariertes, manövrierunfähiges Schiff). Volltrunkene sind „stickenduhn", und wer im Suff Unsinnigkeiten von sich gibt, ist ein:

Duhnredner → *duhn*

Düwel ok! lautet die plattdeutsche Übersetzung des Uraltfluches: „Teufel auch!"

dull leitet sich ursprünglich ab von „tollwütig", steht aber auch für schlimm, schlecht, auch im Sinne von schmerzhaft: *„Zu fi getrungn?" „Jo, dull* → *Döhz!"*

dumm Tüch heißt auf Hochdeutsch „dummes Zeug". Es ist ein Ausdruck für jegliche Form von Unsinn und dient vor allem als disqualifizierender Kommentar von törichtem Gerede.

durabel Das aus dem Französischen übernommene Wort bedeutet „dauerhaft" oder „beständig" und ist gelegentlich beim Verkaufsgespräch im Fachgeschäft zu hören. „Sehen Sie nur hier, beste Qualität, äußerst durabel!"

Dutt heißt natürlich auch in Hamburg der Haarknoten, aber außerdem kann „Dutt" hier auch ein kleines, eher dickliches Kind meinen oder allgemein für einen → *Purks* stehen. Ist dieser besonders wendig und aufgeweckt, handelt es sich um einen „Fixen Dutt". Was jedoch „in'n Dutt g'angn is", liegt in Scherben, ging kaputt, vielleicht wurde es auch „in'n Dutt gehaun", also in Stücke geschlagen – das passt zu einer weiteren Bedeutung, denn ein „Dutt" kann auch einen Haufen Dreck meinen.

dwasch „Nu komm mir bloß nich dwasch!" ist eine Warnung, dass man dem Sprecher nicht „verquer", nicht „dumm" kommen solle. Das Wort ist eine Variante des plattdeutschen „dwars" (= quer), kann in der Verstärkung als „abbeldwasch" auch etwas besonders „Querulantisches" bezeichnen und für vielerlei → *dumm Tüch* stehen. „Dwarslooper" oder „-läufer" werden ihrer Fortbewegung nach auch kleine Taschenkrebse genannt und Wasserfahrzeuge, die quer zu ihrem Kurs laufen. Und wer Lust hat auf Hamburg in der Zeit der „68er", sollte Konrad Lorenz' Roman „Der Dwarsläufer" lesen – dem Titelhelden Kalle läuft einiges quer im Leben zwischen Seefahrt, Studium und zwei Frauen – aber rundherum gibt es bannig viel schönstes Hamburger Alternativkolorit.

E

eben und eben dient als Redewendung zur Beschreibung von „so-gerade-noch"-Situationen, wenn also etwas „haarscharf ausreicht". Frage: *„Krissas hin, dein Kroms pünklich feddich su machen?"* (Wird es dir gelingen, deine Angelegenheit pünktlich abzuschließen?) *„Tschä, man ehmuntehm!"* In der Antwort kaum mal so eben und eben sind die beiden „b" noch zu hören, und dieses Stichwort wäre nicht vollständig ohne Dirks Pauluns Gedicht: „Ehm un ehm", aber das passt noch besser nach → *Brehm bei (oder zu oder hin).*

Eene meene mink mank, pink pank, ose pose ackerdeier, eier weier weg ist ein weiterer, wohl noch heute in ganz Norddeutschland bekannter Abzählvers (siehe auch → *Elleri selleri* ...). Aber sicher nur auf jenem und den Straßen seiner Umgebung galt diese Endung: „[...] ose pose ackerdeier, Epp'n-dorfer Wech".

ehm → *Brehm,* → *eben und eben*

Ehrenwort wahr → *Tatsache wahr*

Eidelstedter Düfte Auch wegen seiner verkehrsgünstigen Lage an der 1844 eröffneten Bahnstrecke Hamburg-Kiel entwickelte sich Eidelstedt in der zweiten Hälfte des 19. Jahrhunderts zum auf-strebenden Industriestandort. Tabak, Margarine, Fischmehl (Hamburger Fischmehlwerke Pallasch), chemische Produkte und vieles mehr wurde verarbeitet. Die mit den Erfolgen ebenfalls zu verzeichnenden Umwelt- und namentlich die Geruchsbelas-tungen entwickelten sich als „Eidelstedter Düfte" zum geflügelten Wort. „Stinkt Eidelstedt noch lange? Jeder Hamburger rümpft die Nase, wenn [...] das Stichwort Eidelstedt fällt", vermeldeten die „Eimsbütteler Blätter" 1956, und zwei Jahre später hieß es: „Letzter Versuch gegen die Eidelstedter Düfte" und „Neue Duft-welle aus Eidelstedt – Mit dem Gestank muss endlich Schluß gemacht werden". Es gab noch lange Probleme mit industriellen Altlasten, aber inzwischen haben sich die Düfte verzogen. Nur ältere Bewohnerinnen und Bewohner der Gegend dürften noch in der Nase haben, was gemeint war.

eien soll ein Kind sein jüngeres Geschwisterchen und nicht ärgern oder gar → *piesacken*. „Eien" stammt aus dem Altenglischen und bedeutet „streicheln, liebkosen" und spielt auch eine Rolle in:

ein bei ein ist für die Redewendung „Stück für Stück" oder „einer nach dem anderen" zu hören, kann aber auch „allmählich" oder „nach und nach" bedeuten. Dirks Paulun reimte 1952 einen vierteiligen Mini-Zyklus mit dem Titel EIN-BEI-EIN. Das zweite Stück daraus heißt:

> Angesichts einer Goldhamster-Familie
>
> Zu nühtlech! – Nein …!
> Nu kuckma, die Klein'!
> Zun Schrei'n!
> Stehn auch schon auf zwei Bein'
> unt stoppm sich mit'n annern bei'n
> ihr Essn inni Backntaschn rein.
>
> Di Felle glänzn so sei'n …
> So richich zun Ei'n.
> Abe daaf wol nich sein?
> Sint noch zu klein!
> Bin bange, bein Ei'n
> gehen di ein-bei-ein bei ein.

einholen wird auch in Hamburg als Begriff für das Einkaufen von Lebensmitteln verwendet.

eisch wird ein Kind geschimpft, wenn es ungezogen oder böse war. Das aus dem Mittelniederdeutschen stammende Wort „eislîk" kann allerdings wie → *basch* auch positive Bedeutungen ausdrücken und z. B. für ein → *schickes* Kleidungsstück stehen oder in der Unterhaltung von Jugendlichen über die jüngste Flirtbekanntschaft zu hören sein.

Eisenkrämer ist ein uralter → *Ökelname* für Stahlwarenhändler bzw. Haushaltsgeschäfte, in denen vom Nagel über den Schnellkochtopf bis zur Bohrmaschine alles zu kaufen ist – oder war, da sie inzwischen sämtlich von Baumärkten und Onlinehandel verdrängt wurden. Aber auch schon vorher ist der Begriff nicht besonders hamburgisch, aber wie → *Grünhöker* und → *Herings-benniger* dennoch hier im Buch, damit besonders sehr geschätzte ältere Leserinnen und Leser sie alle als vertraute Alltagsbegleiter ihrer jüngeren Hamburger Zeiten *wiedafinn solln und sons ja ganz vermissn würn!*

Elbnatter lautet die gehässige Bezeichnung für eine Angehörige aus den Kreisen der „Upper-Ten", namentlich aus den → *Elbvororten.* Um die Bennung auf sich zu ziehen, sollte Madame in unübersehbar teurer Kleidung aufrauschen, kostspielige Accessoires vorzeigen und, was das Entscheidende ist, ausgeprägt herrisches Auftreten an den Tag legen. Letzteres macht auch den Unterschied aus zum *annunnf'sich* harmlosen „Hamburger Perlhuhn" (→ *Perdelkedde/Perlhuhn*).

Elbphilharmonie Keinesfalls würde sich Werner Kallmorgen, der bedeutende Hamburger Architekt, nach dessen Entwurf Mitte der 1960er Jahre der Kaispeicher A auf dem Großen Grasbrook entstand, „im Grabe umdrehn", aber er dürfte laut lachen, könnte er erfahren, dass ausgerechnet sein nüchternster Zweckbau optischer Untersatz und Präsentiergestell für Hamburgs jüngstes Wahrzeichen wurde: die 2017 eröffnete Elbphilharmonie. Entworfen vom Schweizer Büro Herzog & de Meuron und mitunter praktisch verniedlichend → *Elphi* genannt, ist sie in vieler Hinsicht ein Knaller: happig-teure zehnjährige Entstehung, massig-imposante Erscheinung, präzisester Klang von der mittigen Bühne bis zu den obersten Reihen der 2100 Plätze im Großen Saal (und von dort mit Applaus inklusive Hüsteln und Bonbonpapierknistern zurück ins weite Rund) – und, wie es aussieht, erweist sie sich zum guten Ende der langen Geburt auch als ein großer Erfolg für die Stadt Hamburg (inklusive ihrem Panorama)! *Un wen seins die Musik ehr nich so is*, der steigt eben Werner Kallmorgen aufs Dach und genießt in 38 Metern Höhe von der „Plaza" aus wunderschönste Ausblicke über Stadt und Hafen Hamburg, *dann issa fesöhnt!*

Die „Monte Rosa" der Hamburg Süd und links der „Kaispeicher A"
(auch „Kaiserquai-Speicher") zwischen Sandtor- und Grasbrookhafen
im Foto von Gustav Werbeck aus den 1930er Jahren. Im Zweiten
Weltkrieg weitgehend zerstört, errichtete Werner Kallmorgen in den
1960er Jahren an selber Stelle den Nachfolger, der heute Hamburgs
jüngstem Wahrzeichen kraftvoll zu imposanter Höhe verhilft.

Elbsegler ist der Name einer in der Küstenregion einst sehr weit-
verbreiteten dunkelblauen Mütze. Dabei sind jedoch Gestalt
und bestimmte Materialien genau festgelegt. Der Elbsegler ist
aus Marine-Strichtuch gefertigt, besteht aus rund 20 Einzelteilen
und hat einen etwa drei Zentimeter hohen Rand mit Eichen-
laub-Verzierung. Über dem Tuchschirm sitzt ein verstellbarer
Lederriemen, der bei Sturm unter das Kinn geklemmt werden
kann. Dem Elbsegler sehr ähnlich ist der etwas größere „Altstädter", der sich von diesem durch einen breiteren Rand und eine
Kordel anstelle des Sturmriemens unterscheidet. Mit einem
Kniff im Deckel wird der „Hamburger" getragen, so auch von
Hans Albers. Die Helgoländer „Lotsenmütze", die Altbundes-
kanzler Helmut Schmidt bekannt machte, ist höher als der Elbsegler, hat einen Zierbesatz und eine Kordel über dem Schirm.
Walther Eisenberg ist längst verstorben, aber der weiter seinen
Namen tragende Werkstattladen mit 18 verschiedenen (sich
nie verändernden) Mützenmodellen produziert das Sortiment
noch heute in der Steinstraße. Eisenbergs Lehrling Lars Küntzel
hat das Geschäft übernommen und betreibt heute die letzte verbliebene Herstellung von Schiffermützen im Raum Hamburg.

Elbvororte ist ein Sammelbegriff für die ehemaligen, überwiegend
von Fischern und Seeleuten bewohnten Dörfer, die sich westlich
von Ottensen entlang der Elbe erstreckten. Dies waren das winzige Övelgönne, Othmarschen, Flottbek, Nienstedten, Docken-
huden, Blankenese mit Mühlenberg und Rissen. Als Hamburg
gemäß der Landgemeindeordnung von 1871 noch offizielle
„Vororte" besaß, waren die meisten der genannten Dörfer noch
preußische Landgemeinden in Holstein. Als solche wurden
sie 1927 Altona eingemeindet. Offiziell hamburgisch sind die
Elbvororte also erst seit dem → *Groß-Hamburg*-Gesetz von
1937/38, als die Stadt an allen Ecken und Enden anwuchs und
„Hamburgs schöne Schwester" Altona die Elbvororte als Mitgift
in die Zwangsvereinigung mit der Hansestadt einbrachte. Statt
Vororte gibt es heute nur noch Stadtteile, und die Kerne der
ehemaligen Dörfer an der Elbe liegen heute somit offiziell in
Ottensen, Othmarschen, Nienstedten, Blankenese und Rissen,
die sämtlich zum Bezirk Altona gehören.

Elleri-selleri-sibberi-sa-sibberi-sabberi-knull lautet ein früher bei Kinderspielen häufig zu hörener Reim zum → *abmälen*, wie in Hamburg das Abzählen genannt wird. Kein Wunder, dass es dafür viele Varianten gibt; das Hamburgische Wörterbuch nennt für den zweiten Teil nach „sa" die Alternativen „ribberdi-rabberdi-sull/strull/knarr".

Elphi lautet die Verkürzung des imposantesten Fünfsilbers, den Hamburg zu bieten hat, den der → *Elbphilharmonie*. Vor allem unter bildungsbewussten Hamburger Ästheten raufen sich manche klassisch die Haare auf die Frage, ob man in der Stadt jetzt nicht eher „Elphi" sagt, anstatt Elbphilharmonie (und bemerken dann noch schwach: „Elphi sagen meist nur Auswärtige", was aber längst nicht mehr stimmt). Tatsächlich ist bei weiten Teilen auch der Kulturschaffenden und für das Haus Verantwortlichen „Elphi" als praktische Variante bequemer Alltag geworden. Dem mit 110 Metern Höhe majestätisch die Hamburger Silhouette beherrschenden Bau damit Respekt abzuschneiden, ist bei genauerer Überlegung auch kaum möglich. Kulturell wirklich bemerkenswert sind allerdings Sprechunfälle auf dem Weg zurück vom Kurznamen zur distinguierten Hochkultur, z. B. durch „b"-Verlust: *El-fie-ha-mo-nieh*.

Emmas werden die Möwen genannt. Die sind natürlich *gor nix Hamburgisches* und überall an der Küste und dort, wo viel Wasser ist, zu Hause – obwohl, seit sie inlands gute Fress- und Brutbedingungen finden, kreischen sie auch dort, z. B. im nicht sehr maritimen Berliner Regierungsviertel. Und hier ins Buch können und sollen sie allein wegen eines ganz besonderen Exemplars, das seit 1887 zur → *Veddel* gehört. Als „Botin des Seewindes" bekrönte diese Möwe die Mitte des prächtigen südlichen Portals der Neuen Elbbrücken. Das überstand zwar den Zweiten Weltkrieg, aber nicht die Autosintflut danach bzw. die Abrissbagger. Und was wurde aus der Möwe? Sie sitzt jetzt auf einer → *Duckdalbe* im Bogen des Veddeler Marktplatzes neben der B 75 (und erinnert wissende Autofahrer, dass ja gleich der Blitzer kommt). Aber warum heißen denn nun Möwen „Emmas"? Das liegt am Dichter Christian Morgen-

Zwei Emmas auf den St. Pauli-Landungsbrücken mit den Hamburger Wahrzeichen „Cap San Diego" und → *Elphi* im Hintergrund

stern (1871–1914), der als Kind ein Jahr in Hamburg verbrachte, und an seinem:

Möwenlied

Die Möwen sehen alle aus
als ob sie Emma hießen.
Sie tragen einen weißen Flaus
und sind mit Schrot zu schießen.

Ich schieße keine Möwe tot,
ich laß sie lieber leben –
und füttre sie mit Roggenbrot
und rötlichen Zibeben.

O Mensch, du wirst nie nebenbei
der Möwe Flug erreichen.
Wofern du Emma heißest, sei
zufrieden, ihr zu gleichen.

(Zibeben sind besonders große Rosinen)

Das südliche Portal der Norderelbbrücke in den 1950er Jahren kurz
vor dem Abriss – die übergroße „Botin des Seewindes" sitzt mit ihren
gespreizten Flügeln heute 200 Meter davor auf einer Duckdalbe.

Ende wech kann als Umschreibung für eine größere Entfernung
dienen („ganzes Ende zu laufen") oder eine längere Dauer:
*Waas? Da wolln Se auf watn? Is abbe noch 'n Enne von wech, bisser
komb!* Aber wer sagt: „Da ist das Ende von wech!", bezieht sich
auf etwas Ungeheuerliches im Sinne von „Das glaubst du
nicht!".

Engel von St. Pauli wurde die aus Unterfranken stammende
Schwester der Straßenmission Bertha Keyser (1868–1964) genannt. Nach vielen Jahren im Ausland war sie 1913 in die Stadt
gekommen und kümmerte sich vorwiegend in den Stadtteilen
Neustadt und St. Pauli um die „Gestrandeten". Mehr als ein halbes Jahrhundert lang organisierte sie Spendenaktionen, Essen-
und Kleiderausteilungen sowie Obdachlosenunterkünfte. In
ihrer Ladenwohnung im Bäckerbreitergang 7, wenige Schritte
vom → *Pik As* entfernt, empfing sie bis zu hundert Besucher
täglich. Im Alter von 96 Jahren starb Schwester Bertha während
der Arbeit mit ihren „Sperlingen". 500 Trauergäste begleiteten
den Sarg zum Ohlsdorfer Friedhof.

Eppendorfer Wech → *Eene meene mink mank …*

Etage In Hamburg lebt man nicht wie in Berlin in „Mietskasernen" und ebenso wenig in schnöden „Geschosswohnungen", sondern man wohnt hier „auf Etage" und meistens natürlich platt-französisch auf „*Etaasche*" (oder „*Etoosche*" mit einem „sch", gesprochen wie Gelee). Das Spektrum begann bei *ehr finster*, so in den Etagenhäusern, die im letzten Drittel des 19. Jahr-hunderts massenweise in den Stadterweiterungsgebieten, z. B. in Eimsbüttel, entstanden. Sie stellten zwar eine große Ver-besserung gegenüber den Gängevierteln dar, waren aber im hinteren Teil mitunter nur durch schmale Aussparungen zum Nachbarhaus belichtet und schlecht zu belüften („Schlitz-bauweise"). Sehr viel fortschritlicher war der mit Beginn des 20. Jahrhunderts vielfach genossenschaftlich errichtete Haustyp → *Hamburger Bur*g, und am oberen Ende der Skala stehen die sehr luxuriösen Etagenwohnungen, z. B. in der Heimhuder Straße in Rotherbaum. Und wer Lust *auf fast dasselbe nochmal, krichtes unner* → *Fiese-Miese-Isestraße zu lesn*.

Ewer bevölkerten bis ins 20. Jahrhundert Hamburgs Wasserwege. Es handelte sich um kleine, flachbodige Frachtsegler mit einem Mast und seit dem 19. Jahrhundert auch mit einem zweiten. Die in vielen Variationen gebauten Boote waren das wichtigste regionale Transportmittel. Auf ihnen wurden z. B. die Waren aus dem Alten Land und den → *Vier-* und → *Marschlanden* auf die Hamburger Großmärkte geschafft. Größter Ewerhafen war → *Finkenwerder*, auf den Segeln zu erkennen als HF (= Hambur-gisch Finkenwerder). Bis sie von der Motorschifffahrt verdrängt wurden, waren zweimastige Ewer mit rundem Vordersteven und Kielschwert auch in der Küstenfischerei unterwegs. Was aus abgetakelten Ewern wurde, steht unter → *Schute*, und wer einen schönen Kielewer hier im Buch sehen möchte, blättere nach → *Brehm*.

Ewerführer → *Schute*

Fabrik Wer abends die Fabrik in der Barnerstraße in Ottensen betritt, will meist nicht zur Spätschicht, sondern Deutschlands ältestes Kultur- und Kommunikationszentrum besuchen. Es eröffnete 1971 in der dreigeschossigen Halle einer ehemaligen Munitionsfabrik. Bei einem Brand 1977 wurde die Fabrik im Inneren fast vollständig zerstört und erst 1979 wiedereröffnet. Neben häufigen Kunstausstellungen und Workshops gab es hier Auftritte von zahllosen Musikgruppen aus Hamburg, Deutschland und der ganzen Welt. Manche feierten dort ihre ersten Erfolge und kehrten immer wieder zurück in die insbesondere von Jazzmusikern wegen ihrer unnachahmlichen Atmosphäre geschätzten Halle.

Fastmoker → *Festmacher*

Fatuch bezeichnet ein Wischtuch, das in der Küche zum schnellen Reinigen von Schüsseln, Tellern, Tisch- oder Arbeitsflächen benutzt wird. Richey belegt für das 18. Jahrhundert das „Vate-Dook"; „Vate" oder „Fatt" steht für „Schüssel", „Dook" für „Tuch". Das „Fatuch" (mit Betonung auf der ersten Silbe) ist somit aus einer unvollständigen Übersetzung ins Hochdeutsche entstanden.

Fauleier → *Höft, Hörn und Ort*

Feek, Feekfischer und **Feekstreek** in den → *Vierlanden* auch als „Feik" bekannt, steht der alte Begriff, der heute weitgehend durch das Fachwort „Treibsel" ersetzt ist, für all das, was während einer → *Tide* seine Reise auf dem Wasser am Ufer beendete, also vornehmlich Schilf, Gras, Stroh usw. Ein „Feekfischer" ist demnach ein Fischer wertlosen Krams, ein schlechter Vertreter seines Fachs. Die Finkenwerder Straße „Feekstreek" trägt ihren Namen nach dem am Ufer bei ablaufend Wasser zurückbleibenden Streifen verdichteter Feek, der zugleich den letzten höchsten Wasserstand anzeigt. Nach Sturmfluten türmt sich die zusammengeräumte Feek meterhoch am Elbstrand und am Deichvorland, bevor sie abgefahren und aufwendig kompostiert wird. Bleibt sie liegen, erstickt sie die Grasnarbe der Deiche, und ihre schnelle Beseitigung ist somit eine Daueraufgabe der Deichverteidigung.

F

Fegsel (oder „Fegels") sind das, was sich durch den Einsatz der → *Uhle* auf der Schaufel sammelt, also hochdeutscher Kehricht. Der gehört im Haushalt zwar in den „Ascheimer", aber „Fegsel" konnte im Hafenumschlag der Zeit der Schuppen und Speicher durchaus Werthaltiges meinen, z. B. wenn Kaffeesäcke oder Teekisten beschädigt waren und etwas Inhalt auf den Boden fiel und natürlich aufgefegt werden musste (→ *Zampel*).

Feierabendparlament → *Bürgerschaft*

Fellvoll → *Jackvoll*

fertig mit Jack un Büx Wer in diesen Zustand geraten ist, kann nicht mehr, ist völlig am Ende und komplett fertig, und zwar samt Jacke und Hose eben.

Festmacher ist ein Hafenberuf. Der Festmacher sorgt für das korrekte „Anbinnen" (= Anbinden, → *Anbinner*) der Schiffe an den Pollern oder den Dalben. Wenn ihm die Festmacherleine nicht zugeworfen werden kann, werden die schweren Trossen vom Schiff in ein kleines, starkes Motorboot heruntergelassen, in dem der Festmacher sie entgegennimmt. Als „Festmacher" werden auch die Leinen oder Trossen selbst bezeichnet und ebenso die Handschuhe, die der plattdeutsch „Fastmoker" genannte Arbeiter im Einsatz trägt.

Feudel/Feudelstrich/Lamperie „Aufnehmer" nennen wohl in ganz Norddeutschland nur die wenigsten ihren Scheuerlappen – in Hamburg heißt er „Feudel" oder praktisch „*Feul*". Zum Feudeln des Fußbodens wird er nicht über einen hochdeutschen „Schrubber", sondern über einen → *Leuwagen* gelegt, dann kann die Arbeit bequemer stehend erledigt werden. Und damit dabei nicht nur der Fußboden sauber wird, sondern auch die Wand nicht dreckig, gibt es den „Feudelstrich" *(Feulstrich)*. Von diesem etwa handbreiten, mit Ölfarbe aufgebrachten Streifen lassen sich problemlos die beim Feudeln entstandenen Verschmutzungen entfernen (und vor allem entfällt die Ausgabe für eine „Lamperie", wie die aus Holz oder Fliesen gemachte Sockelleiste norddeutsch-französisch auch genannt wird).

Von 1875 bis 1905 verdreifachte sich die Einwohnerzahl Hamburgs auf 800.000 Menschen. Massenweise Etagenhausbauten und Investitionen in den öffentlichen Nahverkehr waren die notwendige Antwort.

Fiese-Miese-Isestraße Von 1906 an entstanden von der Hoheluftbrücke aus entlang der Isestraße Geschosswohnungsbauten – scherzhaft „fies" genannt, weil erstens noch in enger Schlitzbauweise (→ *Etage*) und zweitens mit dem bald danach im Bau befindlichen Hochbahn-Viadukt *vore Nase*. Kurz nach dem Eppendorfer Baum hatte der Wohnstandard schon besseren Ruf, vor allem dank des fortschrittlichen Haustyps → *Hamburger Burg* (Nr. 95, gebaut 1910/11 und die erste Adresse von – weil im Buch immer wieder Altkanzler Schmidt genannt ist – Angela Merkel, geb. 1954 im Eimsbütteler Elim-Krankenhaus). Dass dieser Bereich noch immer zum „miesen" Teil gehört, liegt nur daran, dass noch sprachliche Reserve nötig ist für die von der Oderfelder Straße bis zur Heilwigstraße enorm prächtig ausgestattete Wohnbebauung. Denn dort liegt der Bereich schickste „Isestraße"-Luxuswohnungen mit mehr als 200 Quadratmetern Fläche, prächtigen Eingängen und Gartengrundstück bis zur Wasserkante (Isebek-Kanal). *Tschä*, auch in Hamburg ist alles relativ – und ganz besonders, wenn man bedenkt, dass die meisten Leutchen in der Stadt nur davon träumen können, sich ein Klingelschild auch nur in der „Fiesestraße" zu leisten.

Fiete und **Fietje** lauten die plattdeutschen Varianten für „Fritz" und „Fritzchen" als Koseformen von Friedrich.

Fischkistendorf ist ein spöttelnder Name für das alte Lurup, heute ein Stadtteil im Bezirk Altona. Als infolge der Weltwirtschaftskrise 1930 viele Altonaer ihre Wohnungen aufgeben mussten, kamen zu den Schrebergärten in dem von Gartenbau geprägten Lurup weitere notdürftig als Wohnraum dienende Laubenkolonien hinzu. Auch während des Zweiten Weltkriegs entstanden hier Behelfsheime für Ausgebombte. Vom ärmlichen Aussehen des Großteils dieser aus allem Möglichen als Bauholz zu Verwendendem zusammengenagelten Luruper Architekturen leitete sich die Bezeichnung „Fischkistendorf" ab.

Fischmarkt Fisch gibt es auf dem „Hamburger Fischmarkt", der ebenso gut (oder sogar besser) „Altonaer Fischmarkt" heißen könnte, zwar noch jede Menge, er ist aber seit Ewigkeiten nicht mehr die Hauptsache. Das frühsonntägliche Treiben erinnert eher an eine Mischung aus Flohmarkt und Volksfest. Das Ganze findet statt am östlichen Teil der Großen Elbstraße auf dem Gelände des früheren Altonaer Fischmarkts. Auch die Altonaer Fischauktionshalle ist einbezogen. Von fünf Uhr morgens (im Winter ab sieben) bis 9.30 Uhr lockt die Veranstaltung Frühaufsteher, Nachtschwärmer vom → *Kiez* und vor allem sehr viele Touristen an, die sich zwischen Imbissbuden und Ständen mit Südfrüchten, Blumen und Flohmarktartikeln drängeln. Kaum noch jemand weiß – weil es ja auch seit der Vereinigung der beiden Städte Hamburg und Altona 1937/38 (→ *Groß Hamburg*) gar keine Rolle mehr spielt –, dass Altona und Hamburg einst erbitterte Konkurrenten im Fischgeschäft waren. Ganz leicht könnte das ein Blick auf die nur wenige Hundert Meter von der Altonaer Fischauktionshalle entfernt elbaufwärts an der Straße St.-Pauli-Fischmarkt gelegene „Hamburger Fischauktionshalle" zeigen, wäre sie nicht 1971 abgebrochen worden. *O-ha, Freie und Abrissstadt haut Innustriedenkmal in Dutt? Nüdschanix, wech is wech, und gibt tschä 'n schöneres Fischdenkmal inne Anlage mittenmang von Allonaha Rathaus, Museum und Bahnhof, nemmich den riesign Stuhlmann-Brunn', wo sich Hamburch un Allonah verkleidet als zwei Halb-Gaul-halb-Gladiator-Figurn um ein Fisch klobben (un Hamburch fleicht gleich unnerliecht).*

Der monumentale „Stuhlmann-Brunnen" des Bildhauers Paul Türpe wurde im Jahr 1900 eingeweiht. Das Foto zeigt die Köpfe der beiden gewaltigen Zentauren, die stellvertretend für Hamburg (links) und Altona um einen Fisch streiten.

fix Das Wörtchen „fix" kommt aus dem Lateinischen und bedeutet im Hochdeutschen eigentlich „fest" oder „sicher stehend" (fixieren, Fixstern), aber auch „schnell und gewandt". Im Plattdeutschen hat es mehrere Bedeutungen. So kann es zunächst wie das hochdeutsche „sehr" (und teilweise das plattdeutsche → *bannig*) und wie die hochdeutschen Wörter „tüchtig", „ordentlich", „gehörig" oder „mächtig" zur Verstärkung angewendet werden: „Der Sturz auf der → *Glitsche* tut ihm immer noch fix weh." Zwei andere, stets positive Aussagen vermittelt „fix" in der Bedeutung von „fein" oder „prima" sowie von „schlau" oder „aufgeweckt" im Sinne von → *plietsch:* Der Kollege Meier „is'n fixen Kerl" oder das Schulkind Tinchen „'ne fixe Deern" (oder ein „fixer → *Dutt*").

Fleegenweert ist plattdeutsch und heißt Fliegenwirt, aber es geht nicht um das Insekt oder gar um → *Hygiene* in Schankräumen. Noch vor einigen Jahrzehnten wurden Inhaber kleiner Kneipen (auch → *Köminseln* oder → *Pieseleien* genannt) so bezeichnet. Ursprünglich benannte die untergegangene Bezeichnung jedoch die im Hafen mit Karren umherfahrenden Schnaps- und Bierverkäufer. Auf diese „fliegenden Wirte" richtete sich vermutlich der Groll der Gründer und Mitglieder des „Vereins gegen den Missbrauch geistiger Getränke", und somit haben die „Fleegenweerte" ihren Teil zur Errichtung von → *Kaffeeklappen* beigetragen.

Fleete werden Hamburgs Innenstadtkanäle genannt. Sie waren bis ins 19. Jahrhundert die wichtigsten Verkehrswege. Auf ihnen gelangten die Handelsgüter aus aller Welt in → *Ewern* in die wasserseitigen Speicher der lang gestreckten Bürgerhäuser oder gingen von hier auf die Schiffe im Hafen und auf der Elbe. Die Fleete dienten sowohl der Trinkwasserentnahme als auch der Abwassereinleitung und häufig sogar der allgemeinen Müllentsorgung. Die meisten Fleete wurden nach dem → *Großen Brand* und nach dem Zweiten Weltkrieg zugeschüttet, und in der Innenstadt sind nur noch fünf verblieben. Der Begriff „Fleet" diente auch als (Sammel-)Bezeichnung von Teilen der Schiffsausrüstung (Walfang- und Fischereigerät, Takelage) und ist um 1600 auch als Ausdruck für eine kleinere Verletzung als Folge einer Tätlichkeit belegt – also kein großer Blutfluss, sondern nur ein kleines Fleet? – und außerdem als Aderlasseisen, besonders für Pferde.

Fleetenkieker war in früheren Zeiten die offizielle Bezeichnung der mit der Reinhaltung der → *Fleete* betrauten Personen. Sie ging später auf alle Abfallsammler über, die bei Ebbe am trockenen Rand oder im seichten Wasser auf dem Grund nach Brauchbarem suchten (→ *Alstergold*). Was als unbrauchbar galt, konnte man nicht nur im übertragenen Sinne „in't Fleet smiten" (ins Fleet werfen). Wenn sich dies als Fehlentscheidung herausstellte und der Betreffende sein Gut nicht selbst wieder herausfischen konnte, war schnell ein Fleetenkieker als dankbarer Auftragnehmer zur Stelle. Heute werden die Fleete jährlich abgesenkt und ihre Gründe gereinigt. 1994 gründete sich mit „De Fleetenkieker e.V." ein Verein für Umwelt- und Gewässerschutz in Hamburg (am Kämmereruferufer am Osterbekkanal). Der Verein kümmert sich um den Schutz der Wasserstraßen und ihrer Uferanlagen und bietet mit seinen zwei Flachbodenbooten „Aalweber" und „Zitronenjette" auch ein Aktions- und Fahrtprogramm.

Fleitjepiepen „Fleiten" heißt auf Hochdeutsch „flöten" oder „pfeifen".
Und wenn der Ausdruck zu hören ist, dann wirkt er häufig
im übertragenen Sinne ebenfalls wie ein kurzer Pfiff oder ein
Signal, das stutzig macht, denn „Fleitjepiepen" bedeutet so viel
wie „Denkste", „Denkste Puppe" (*Püppi*) oder „War wohl nichts!".
Aus Hammerbrook ist es ferner mit einer Bedeutung belegt,
die dem neudeutschen „Peanuts" entspricht, also einer unbe-
deutenden, lächerlich klein zu bezeichnenden Menge und
meint auf einen Menschen bezogen: „halbe Portion".

flensen → *Tran*

Fliegender Hamburger hieß ein im Mai 1997 in Berlin auf diesen
Namen getaufter ICE-Zug der Deutschen Bahn AG. Er benö-
tigte auf der Fahrt von der Hauptstadt an der Elbe mit zwei
Stunden und 15 Minuten lediglich drei Minuten weniger als

Der originale „Fliegende Hamburger" mit seinen knapp 100 Plätzen
war eine in creme und violett zweifarbig lackierte Schienenattraktion.
Das Foto zeigt den Triebzug im Hamburger Hauptbahnhof in den 1930er
Jahren auf „Bahnsteig 3", der seit der 1981 erfolgten Inbetriebnahme
der beiden unterirdischen S-Bahnsteige (1 und 2) die Nummer 5 trägt.

sein volkstümlich so genannter gleichnamiger Vorgänger in den 1930er Jahren (DR 877). Dieser Schnelltriebwagen mit zwei 410 PS starken Dieselmotoren verkehrte als damals weltweit schnellster regulärer Reisezug zwischen Hamburg und Berlin. Er wurde 1959 außer Dienst gestellt.

Flora war der Name eines legendären Konzert- und Veranstaltungshauses, das 1889 am → *Schulterblatt* 71–73 in dem zum Teil noch erhaltenen Neo-Renaissance-Gebäude eröffnet hatte. Es beherbergte ein Café, ein Billardzimmer, ein Restaurant und Gesellschaftsräume. Nach 1900 wurde hier Varieté geboten, das zum Besten in Deutschland zählte. Von 1953 an war die Flora Kino, bis 1964 der Haushaltswarendiscounter „1000 Töpfe" einzog. Mitunter gewalttätige Proteste der Anwohner des → *Schanze*nviertels verhinderten Ende der 1980er Jahre den Ausbau als Musicaltheater, und für das „Phantom der Oper" entstand die „Neue Flora" Ecke Alsen-/Stresemannstraße. Nach Abriss des hinteren Theaterbaus am Schulterblatt wurde der verbliebene Rest Ende 1989 besetzt und besteht seither als autonomes Kulturzentrum der „linken Szene" unter dem Namen „Rote Flora". Deren Vertreter (die „Floristen"), die Verwaltung (das Bezirksamt Altona), die Politik (Senat und Bürgerschaft), die Polizei, die Anwohner – alle hatten und haben unterschiedliche Sichtweisen auf die bzw. Interessen an der Roten Flora, ganz zu schweigen von dem langjährigen Besitzer. Der hatte den Bau 2001 von der Stadt gekauft, nie etwas damit anfangen können und ging 2014 in die Insolvenz. Seine Gläubiger waren mit dem Kauf des Grundstücks durch die gemeinnützige Lawaetz-Stiftung einverstanden. Dies änderte nichts am Status der Roten Flora, die im Juli 2017 am Rande (oder vielmehr im Zentrum) der in Hamburg teilweise sehr gewaltsamen „G20-Proteste" erneut in die Schlagzeilen geriet und deren Zugehörige sich weiterhin äußerst kämpferisch jeder Umnutzung entgegenstellen.

Flunsch ziehen → *Karpfenschnut*

Verlockend klingende Auftritte von „Specialitäten" kündigte
die Flora zur Eröffnung der Sommersaison am Himmelfahrtstag
1897 an (statt der Fehlstelle im Bildfragment des Plakats im Staatsarchiv Hamburg ist zu lesen: „Declamations-Vorträgen"). Ein Jahrhundert später kam es im Flora-Umfeld mehrfach zu „Extra-
Arrangements" ganz anderer Art (mit Blaulichteinsatz), die beim
Publikum überwiegend durchfielen.

Moorburg während der Flutkatastrophe im Februar 1962.
Noch eine Woche nach den ersten Deichbrüchen waren Boote
das einzige Verkehrsmittel im Stadtteil.

Flutkatastrophe Wer in Hamburg von der Flutkatastrophe spricht,
meint die verheerende Sturmflut an der Nordseeküste, die in
der Nacht vom 16. auf den 17. Februar 1962 weite Teile der Stadt
der tiefliegenden Marsch bedrohte. Nach Deichbrüchen kam
es besonders im Stromspaltungsgebiet zwischen Norder- und
Süderelbe zu katastrophalen Überschwemmungen besonders
der Elbinsel Wilhelmsburg. 315 der 340 in Norddeutschland zu
beklagenen Toten waren auf Hamburger Gebiet ums Leben
gekommen, und die Flut verursachte dort Sachschäden in Höhe
von mehreren Hundert Millionen D-Mark. Damals erwarb
sich der Chef der noch im Aufbau befindlichen Innenbehörde,
Helmut Schmidt (1918–2015), als tatkräftiger Organisator der
Hilfsorganisationen einen ewigen Ruf als erfolgreicher „Macher".
Schon zuvor hatte Schmidt als Bundestagsabgeordneter den
→ *Ökelnamen* „Schmidt Schnauze", weil er seine Überzeugungen
im eigenen politischen Lager wie gegen das konkurrierende
ebenso offen aussprach wie hartnäckig verteidigte.

Fofftein ist plattdeutsch und heißt „fünfzehn". Als Begriff steht
die Zahl für eine etwa 15-minütige Arbeitspause zum Verzehr
des Frühstücks, kann aber auch für andere Pausen gelten. In der

Hafenarbeit wird sie meist direkt am Arbeitsplatz verbracht. Die → *Schauerleute* griffen in ihre Taschen oder den → *Zampelbüdel* und versorgten sich aus Brotdose und „Kaffetäng" (= Tank) selbst. Mindestens doppelt so lang war die „Halbe" genannte große Arbeitspause. Sie hatte ihren Namen nach der halben Stunde und bot damit vielleicht genügend Zeit, an einer → *Kaffeeklappe* Heißgetränke und belegte Brötchen zu kaufen.

Franzbrötchen sind seit dem 19. Jahrhundert als Gebäckspezialität in Hamburg belegt. Zunächst bezeichnete „Franzbrot" einen langen Brotlaib, der mit Butter und besonders feinem weißen Mehl gebacken war, dem heutigen Baguette vergleichbar. Bald nach der Jahrhundertwende soll eine Hamburger Bäckerei begonnen haben, ihre Hamburger Franzbrötchen in der Fettpfanne zu veredeln. Heute werden sie aus einem Hefe-Plunderteig mit viel Butter und Zimt in vielen Variationen gebacken. Nur eine regionale Spezialität sind sie längst nicht mehr, das zeigt schon die Tatsache, dass man sie seit einigen Jahren unter diesem Namen in ganz Deutschland kaufen kann.

Zu gut, um nur in Hamburg über die Ladentheke zu gehen: Das Hamburger Franzbrötchen hat in den letzten Jahrzehnten eine steile Karriere hingelegt und ist mittlerweile in ganz Deutschland zu haben.

„Weihnachten 1813" malte Sigfried Bendixen 1817 in Erinnerung an die auf den 25. Dezember festgesetzte Zwangsausweisung aller in der Stadt, die nicht ausreichend Lebensmittel für die bevorstehende Belagerung nachweisen konnten. Zu sehen ist die Petrikirche, in der viele hundert Bedauernswerte Heiligabend zusammengetrieben worden waren. (Öl auf Holz, ca. 73 x 53 cm)

Franzosenzeit Von 1806–1813/14 war Hamburg von den Truppen Napoleons besetzt. Am Ende des Jahres 1810 wurde es sogar dem französischen Kaiserreich offiziell einverleibt, und zwar als Hauptstadt des großen Departements Elbmündung. Im Jahr darauf erschien die Stadt als „Hambourg" zwischen Grenoble und La Rochelle auf der Liste der „Bonne ville de l'Empire français" (ebenso „Brême" und „Lubeck"). Dies brachte mit sich, dass die alte Stadtverfassung außer Kraft gesetzt und ein Maire (= Bürgermeister) an die Spitze der neu organisierten hamburgischen Verwaltung gestellt wurde. Er residierte im barocken Görtz-Palais oder „Stadthaus", wie das 1710/11 erbaute Gebäude auf dem Neuen Wall auch genannt wurde. Das Rathaus am → *Neß* wurde Gerichtsgebäude. Die Bevölkerung litt stark unter den Franzosen. Nach einer kurzen Unterbrechung ihrer Besetzung im Frühjahr 1813 ließen die Besatzer die noch von ihren alten Wällen umgebene Stadt zur Festung ausbauen. Davor wurden alle Bäume gefällt und Häuser abgerissen, um freies Schussfeld gegen anrückende Truppen zu haben. Zur Tragödie kam es an Weihnachten 1813, als 20.000 Menschen aus der Stadt getrieben wurden, weil sie sich nicht, wie angesichts der bevorstehenden Belagerung angeordnet, mit Lebensmitteln für drei Monate versorgt hatten. Mehr als 1800 fanden dabei den Tod. Als Napoleons Heere geschlagen waren und der Kaiser selbst abgedankt hatte, verließen die französischen Soldaten Hamburg am 30. Mai 1814 endgültig.

Frech wie Oskar → *Wucht in Tüten*

Freibrief → *Hafengeburtstag*

Freie und Hansestadt Hamburg ist gemäß Artikel 1 der hamburgischen Verfassung der offizielle Name von Hamburg als → *Stadt, Staat und Land.* „Hamburg" leitet sich ab von der → *Hammaburg* und die „Hansestadt" von der Hanse und ihren → *Hanseaten.* Doch es bleiben die Fragen nach dem „Freiheitsbezug" und dem „und" im Namen. In alten Zeiten war eine deutsche Stadt nur dann ganz „frei", wenn zwischen ihr und der ranghöchsten Macht kein anderer Fürst stand, der innerhalb ihrer Mauern irgendetwas zu bestimmen hatte. Diese oberste Macht stellte bis 1806 der deutsche König dar, der zumeist auch den vom Römischen Reich ins deutsche übernommenen Kaisertitel führte, und später waren es von 1871 bis 1918 die preußischen Könige als „Deutsche Kaiser". Während Lübecks freier Status von 1226 bis 1806 unbestritten war, musste Hamburg Jahrhunderte hindurch um die Anerkennung als „freie kaiserliche Reichsstadt" kämpfen. Seine Gegner waren die Nachfolger des in Stein gehauenen schauenburgischen Grafen auf der → *Trostbrücke.* Hamburg versuchte, deren Besitz- und Herrschaftsanspruch abzuwehren, was sich auch im Wappen zeigt. „Kein Landesherr soll da einfach so hineinreiten können wie er lustig ist", könnte dessen Botschaft lauten, „denn deshalb ist das

Tor offiziell geschlossen. Und dahinter fühlt man sich im Übrigen allein dem Kaiser zugehörig!" Nur wenn dieser dann gelegentlich auf mehr Unterstützung von der Elbe pochte, dann zeigten die Hamburger auch mal mit dem Finger auf ihre Schauenburger und später den dänischen König. Der hatte die ausgestorbenen Schauenburger beerbt, war zugleich Graf von Holstein (ab 1474: Herzog von Holstein) und beanspruchte als solcher weiter die Oberhoheit über die Hansestadt. Hamburg trieb mitunter erfolgreich Schaukelpolitik, zahlte aber für sein Ringen um Freiheit in beide Richtungen hohe Summen. Seit 1510 galt Hamburg zwar endlich als „kaiserlich freie Reichsstadt", aber erst 1768 war es ganz offiziell (bei Bremen ab 1646). Als keine 40 Jahre später Napoleon auftauchte und östlich des Rheins auf den deutschen Tisch klopfte, war es bald vorbei mit dem alten Reich. 1806 setzte der deutsche König und Kaiser seine Krone ab und ging nach Hause. Hamburg war mit einem Schlag souverän geworden und konnte sich (wie Lübeck und Bremen) „Freie Stadt" oder „Freie Hansestadt" nennen. Aber es war auch schutzlos und wurde dreieinhalb Montate später besetzt. Es begann die sehr unfreie → *Franzosenzeit* für die „bonne ville Hambourg", als die sie von 1811 an zu Frankreich gehörte. Sie dauerte bis zum endgültigen Abzug von Napoelons Soldaten 1814, und ein gutes Jahr später war auch der bei Waterloo besiegte Kaiser der Franzosen am Ende seiner Herrschaft angelangt (durfte aber nicht nach Hause gehen). Östlich des Rheins wurde kein neuer gemeinsamer deutscher König gewählt, sondern 1815 entstand der „Deutsche Bund" mit seinem Mitgliedsstaat Hamburg, der sich wieder „Freie Hansestadt" nannte. Aber was ist, dachte man im Rathaus, wenn neue Entwicklungen den Begriff „Hansestadt" infrage stellen oder überflüssig machen würden? Könnte man nicht das „Freie" stärker auf „Hamburg" anstatt auf „Hansestadt" beziehen? Und so zementierte sich Hamburg 1819 das Wort „und" als tragenden Bogen zur Freiheit in seinen Namen. Im 1871 gegründeten Kaiserreich gab Hamburg zwar weiter viel Souveränität nach Berlin ab, blieb aber selbstständiger Bundesstaat und behielt den Status auch nach Einführung der Demokratie der Weimarer Republik. Erst mit Beginn der NS-Zeit war es dann von 1933 an mit Recht und Freiheit völlig vorbei. 1938 wurden – zack – die zwei Worte „Freie und" einfach abgeschnitten. Sie gelangten erst mit der neuen hamburgischen Verfassung des Jahres 1952 wieder dahin, wo sie hingehören, nämlich zurück in den Namen der Stadt. Und wer jetzt denkt *„Boah, wassn Glück"*, dem gefällt auch der Spruch am Rathaus: → *Libertatem quam peperere …*

Freiheit → *Große Freiheit*

fuchtig meint ursprünglich nass oder feucht. Für seine weitere Bedeutung lässt sich das Wort richtig schön zornig aussprechen, sodass es zischt, denn mindestens unwirsch sind die, die das Wort benutzen, ganz unbedingt: *„Geh wech damit, du machs mich ganz fuchtich!"*

Fuhle lautet der verbreitete Kurzname der durch ganz Barmbek-Nord (Hausnummer 1) bis zur Alster nach Ohlsdorf (Nr. 794) führenden Fuhlsbüttler Straße.

fühnsch ist, wer durch plötzlich aufsteigenden Ärger „in brass" geraten, also wütend geworden ist (auch: *„inne brass"*).

furchtbar ist ein *foichba* häufig gebrauchtes Wort. Seine weite Bedeutungsmacht erschließt sich im Grunde schon durch die Beispiele, die Dirks Paulun für seine aus dem Stegreif notierten sechs Hamburger Aussprachevariationen formuliert hat:

> foichbar nett von dir,
> fohrchbahrer Stohrm,
> fuichba hungrich,
> fubba ferlihpt in dich,
> fobbe fihl Loite,
> fuhbah bitterer Ernst

Wenn es zur Verstärkung eines Adjektivs nicht ausreicht, kann es durch „fürchterlich" ersetzt werden, in dem das „r" dann jedoch nicht so *foachba* umständlich zu sprechen ist wie in „furchtbar", sondern – im Gegenteil – besonders effektvoll zum Klingen gebracht werden kann, z. B. so wie im ersten Stichwort des neuen Buchstabens „G", nämlich in:

G

Gachten Das Wort sagt, wer schnödes Hamburgisch seiner Heimat verstecken möchte, aber den zur Wohnung gehörenden Grünbereich bereits in seinen Satz gepflanzt hat. Oswald R. Amsinck (1917–2011), ein ebenso bodenständig-bescheidener wie erfolgreicher Hamburger Handelsherr in x-ter Generation, erinnerte sich gern an die Besuche auf dem riesigen Landsitz seiner Großeltern. Wenn er oder andere Enkel fragten, ob sie im auf dem Grundstück gelegenen Park spielen dürften, hieß es regelmäßig: „Kinder, wachtet – und merkt euch: Wir haben keinen Pachk, das ist unser Gachten." Derart distinguierte Aussprache der Worte Garten und Warten mit gekonntem „r" imitierte gern auch Hamburgs Bürgermeister Henning Voscherau humorig-übertreibend und setzte dabei den vornehmen Hamburger Kreisen stets den sozialphonetischen Antipoden Barmbek entgegen: *„In Baahmbek waahtet man und geht in Gaahten, und wer kein' hat, geht ehm in S-tadtpaahk."*

Gang,

1. „Gang" war die Bezeichnung für eine der kleinen, geschlossen bebauten Straßen, die durch ein → *Gängeviertel* führten.
2. „In Gang sein" bedeutet, „mit einer Sache beschäftigt sein", und dementsprechend ist „Komm inne Gang!" (oder „Komm inne Gänge!") die Aufforderung, mit etwas anzufangen oder einfach sich in Bewegung zu setzen.
3. Das englische Wort „gang" *(Geng)* für eine kleine Gruppe fand Eingang in die Sprache des Hafens. Hier meint es die in einer Schicht zusammenarbeitenden Männer (siehe auch → *Schwarze Gang).*

Gängeviertel ist ein Begriff für die sich vom 17. bis ins 19. Jahrhundert fortwährend verdichtenden Wohnviertel der Mittel- und Unterschicht in der Hamburger Alt- und Neustadt. In dem Maße, wie die Stadtbevölkerung wuchs, wurden die oft nur wenige Meter breiten Straßen, die Gänge, immer verwinkelter und die (Fachwerk-)Häuser zur Schaffung weiterer Wohnflächen enger, höher und verschachtelter gebaut. In der zweiten Hälfte des 19. Jahrhunderts begann der allmähliche Abriss der Gängeviertel, die mittlerweile völlig verelendet waren. Hier fand die

Für einige Minuten unterbrechen Alt wie Jung und Frauen wie Männer
im Großen Bäckergang ihren geschäftigen Alltag. Gespannt-geduldig
lassen sie sich bei Haus Nr. 18 zum Gruppenbild aufstellen und
schenken der Nachwelt einen einmaligen Einblick in ihr Leben in
Alt-Hamburg. Foto von Paul Wutcke, kurz nach 1900

→ *Cholera*-Epidemie 1892 ihre meisten Opfer. Der Abbruch des letzten Quartiers erfolgte Ende der 1930er Jahre in der Neustadt.

gau ist plattdeutsch, heißt schnell und ist *appunzu* noch als Aufforderung zu hören, z. B. auf Baustellen oder in anderen Zusammenhängen, wenn's wirklich mal schnell gehen muss: *Gau, gau, gau!*

geboren und **gebürtig** konnten als Begriffe noch vor wenigen Generationen auch in Hamburg eine mitunter schroffe Unterscheidung bedeuten, zumindest in der gehobenen Bürgerschicht der Stadt. Durfte sich z. B. Frau Soundso „eine Geborene" nennen, entstammte sie einer zumindest halbwegs bekannten, schon länger in der Stadt ansässigen Familie der Oberschicht, während bloß „gebürtigen" Hamburgerinnen und Hamburgern der Eingang in die Kreise der „besseren Gesellschaft" nicht ohne anhaltend kritische Blicke gewährt wurde. Als Hamburgs Industrialisierung im 19. Jahrhundert Hunderttausende Arbeitskräfte von weither und dauerhaft an Alster und Elbe angelockt hatte, veränderte sich die rasant wachsende Stadt vollständig. Sie häutete sich in kurzen Abständen zur Millionenmetropole (1871: 240.000 Einw., 1914: 1.000.000!), und damit ging auch sehr viel Vertrautes verloren, das radikal Platz machen musste für dies Wachstum. Die samt vieler prächtiger barocker Bürgerhäuser abgerissene Bebauung von Brook- und Wandrahminsel wäre heute vermutlich als „Amsterdam an der Elbe" Hamburgs Top-Sehenswürdigkeit – heute ist seine dort errichtete Nachfolgerin, die Speicherstadt, „UNESCO-Welterbe". Und mit den Heerscharen von Arbeitskräften kamen Menschen von weither mit anderer Sprache (zunächst vor allem Mecklenburger Platt) in die Stadt und dadurch die Alteingesessenen in Sorge. Sie hatten Angst, die Seele der Stadt ginge verloren. Deshalb begannen einige, sich einerseits vermehrt um die Pflege des hamburgischen Plattdeutsch zu kümmern und andererseits unter allen Hamburger Stadtgenossinnen und -genossen auch der nachfolgenden Generation (und ganz ohne Ansehen von den Hamburg wohltuenden Leistungen der „Neuen") auch scharfäugig die Geburtsorte der Eltern zu unterscheiden. *Biste in Hambuich zur Welt gekomm', biste erstmal nur „gebüürtich",*

Blick nach Westen in die Holländische Reihe auf der Wandrahm-Insel, aufgenommen von Georg Koopmann auf der St. Annen-Brücke 1884 kurz vor dem Abriss des gesamten Gebietes

waren aber auch deine Öllern (Eltern) *schon in Hamburg geborene* → *Schietbüdel, gehörste in' Kreis der „Gebornen."* So konnte vor allen Hamburgerinnen und Hamburgern der Hut etwas tiefer gezogen werden, wenn diese bereits in zweiter Generation auf dem Ohlsdorfer Friedhof lagen. Inzwischen ist die „Gebürtig-oder-geboren"-Frage wohl eher Partyspaß auf Kosten derer, die gar nichts sind, nämlich „bloß Zugezogene". Und diese → *Quiddjes werfn leicht hilflos abba einklich ganz korrekt dann gern ma ein, dascha fürs Hamburger Individuum vor allem eins wichtig ist, dass es nemmich zu „seiner Stadt" steht, deren Fahne hochhält und sich ansonsten anständnich benimmpt.* Der 1897 gegründete „Verein der Hamburger e.V." jedenfalls hat das „geborener" inzwischen aus seinem Namen gestrichen (und liebt sein Hamburg sicher noch genauso wie zu den Zeiten, als es noch → *reell* plattdeutsch war).

gediegen bezeichnet im hochdeutschen Sprachgebrauch etwas von unbestreitbarem Wert, etwas Reines und Gutes, das waschecht ist und bleibt. Dem Hamburger jedoch scheint so viel Positives offensichtlich ein wenig suspekt zu sein, denn in der Hansestadt kann dem Ausdruck auch die Bedeutung von „nicht ganz koscher" oder „merkwürdig" *(ischa merkwürch!)* zukommen. *„Was der allns so von sich erzählt, dascha gediegn."* Auch ein Ausruf des Erstaunens kann lauten: *„Ischa gediegen!"* Für „gediegen" ist auch „idelig" zu hören: *„Ischa idelig!"*

Gedöns → *Tüdelkram, Tühnkram, Tüdelüt oder Tüdelei*

Geht los! oder plattdeutsch „Geiht los!", ist eine Variante des Schnacks → *Mookt wi!* Es steht für den Satz: „Ich beginne (oder: wir beginnen) in diesem Augenblick mit der Erledigung der So-und-so-Angelegenheit."

Glitsche (in Harburg auch „Glintsch") ist der Begriff für eine Eisbahn, auf der nach kurzem Anlauf stehend entlang geglitscht (auch: „gerüscht") wird. Sie kann sowohl durch Beiseiteräumen von Schnee auf zugefrorenen Gewässern entstehen als auch auf Fußwegen oder Straßen durch Ausschütten von Wasser angelegt werden. Wer auf der „Glitsche" glitscht, dem soll man nicht in die Quere kommen! (→ *Platz vor de Glitsch!*)

glupsch guckt der, dessen Gesichtsausdruck (Hinter-)Gedanken nicht verheimlichen kann. Die Augen werden schmaler, wenn lauernd tückische Absichten verfolgt werden, oder → *mit eins* auch größer, wenn plötzliches Begehren einer Sache unfreiwillig offensichtlich wird.

gnadderig oder **gnatterig** sind die, die unzufrieden und somit nörgelig sind. Dass diese Stimmung auch in Hamburg ein weites Feld menschlicher Gefühle berührt, zeigt deutlich ein Blick auf begriffliche Alternativen, die im Hamburgischen Wörterbucharchiv der Universität nachgewiesen sind und eine Jahrhundertparade mieser Laune bieten: „brummig, brummsch, gnargelig, gnarrich, gnarrsch, gnattjebrummich, gnatsch, gnattschappig, gnattschevsch, gnattschich, gnattsteertich, gnegelich, gnesich, gneterich, gnetsch, gnetschich, gnietsch, gnittelich, gnitterich, gnittschevsch, gnitzich, gnurrich […]" usw. Ein eigenes Stichwort im Archiv ist dagegen:

gnatzich bedeutet „ärgerlich" oder „gereizt", und wer einen solchen Eindruck macht, ist ein Gnatzkopf.

G

Grabbelbüdel wird eine kleine Tasche genannt, in der ihr Besitzer alles Mögliche hineinsteckt und mit sich herumträgt. Um eine Utensilie herauszufischen, ist darin „herumzugrabbeln", was hochdeutsch etwa mit „wühlen" oder „fingern" übersetzt werden könnte. Viele „Hamburger Schnurren und Denkwürdig-keiten" hatte der Jurist und Autor Franz Theodor Mönckeberg in einem Grabbelbüdel gesammelt. Als er 1950 genug hatte, entleerte er sie in ein kleines Buch hinein und nannte es treffend „Grabbelbüdel" (die zweite Auflage erschien 1954 unter dem Titel „Hamburger Kaleidoskop").

Grandessich bezeichnete ursprünglich jemanden, der sich groß-spurig aufführt und hofft, dass seine präsentierte Großartigkeit von seiner Umgebung als tatsächliche empfunden wird. Das Wort ist abgeleitet aus den romanischen Sprachen (und klingt schon wie das italienische „Grandezza" für „Größe"), ist aber im 20. Jahrhundert mit einer ganz anderen Bedeutung und ver-mutlich in Anlehnung von „grantig" weit verbreitet worden, und zwar für einen sich fürchterlich ärgernden Menschen.

Grandi Hamburger Hafendeutsch für Werftarbeiter

Grappen „He het allwedder Grappen in'n Kopp!" ist Plattdeutsch und würde jemandem gelten, der Grillen, Schrullen, Flusen oder sonst wie bezeichnetes sonderbares Tun oder närrisches Reden an den Tag legt. „Grappen" kann aber auch einfach für jedwede „spaßige Einfälle" stehen.

Grimm heißt eine als „Im Grimm" schon 1248 erwähnte Straße im Stadtteil Hamburg-Altstadt zwischen Gröninger- und Katharinen-straße, nahe der Katharinenkirche. Zugleich bezeichnet der wohl auf einen frühen Anwohner zurückgehende Name die dem → *Cremon* östlich benachbarte ehemalige Alstermarsch-insel, die sich im 13. Jahrhundert mit ihr zum → *Kirchspiel* St. Katharinen zusammenschloss. Im Verlauf des 19. Jahrhunderts hieß die Straße dann nur noch „Grimm" – *Tschä, war der Stadt wohl zu „imgrimmig"* – *abba gab's da nicht noch 'n → Döntje zu?* Richtig, nämlich den Beweis dafür, dass die älteste Straße der Welt in Hamburg liegt – denn schon im Religionsunterricht lernten die Hamburger Kinder aus dem Alten Testament der Bibel: „Kain erschlug Abel im Grimm".

Grog ist ein typisch norddeutsches Heißgetränk, das sich an kalten Tagen bestens zum Aufwärmen eignet. Im alten Hamburg war es viel weiter und vor allem ganzjährig verbreitet, besonders in den unzähligen Hafenkneipen (→ *Vorsetzen*). Das ausführliche Rezept fasst ein uralter → *Schnack* völlig ausreichend zusammen: Rum muss, Zucker darf, Wasser kann. Der „steife Grog" wird kurz „Stieben" genannt. Für eine weitere Zubereitungsart mit Milch und Eigelb als „Eiergrog" wurde Carl Cohrs so bekannt, dass er und sein Lokal schließlich nur noch „Eier Carl" waren. Das Lokal bestand von 1903 bis zur Zerstörung 1943 an der Ecke Große Elbstraße/Fischmarkt, wo heute wieder eine Kneipe als „Eier Carl" ihre Gäste im Flair eines traditionellen Seemanns-lokals empfängt.

Große Freiheit ist eine legendäre Altonaer Straße, die erst 1949 dem Stadtteil St. Pauli und somit dem Bezirk Hamburg-Mitte zuge-schlagen wurde. Ihr Name und der der parallel verlaufenden, 1688 benannten Kleinen Freiheit erinnern daran, dass Altona ab 1611/12 in diesem Bezirk volle Freiheit in Glaubens- und Ge-werbeangelegenheiten anbot – sehr zum Ärger des Hamburger Handwerks (siehe auch → *all to nah* und → *Böhnhasen*). Ihre Berühmtheit verdankt die Straße vermutlich vor allem dem 1944 entstandenen Film „Große Freiheit Nr. 7", in dem der Hamburger Hans Albers als Hannes Kröger seine Lebensrolle spielte (und sang, → *Reeperbahnen*). Schon einige Jahrzehnte zu-vor hatte das Amüsierleben dem Arbeiterviertel ein verändertes Gepräge gegeben. Hier betrieb z. B. Paul Becker sein Hippo-drom, in dem bemitleidenswerte Ponys die Gäste (welchen Zustands auch immer) zur Musik im Kreis herumtrugen.
In der Rock-'n'-Roll-Szene der ganzen Welt bekannt wurde die kurz „Freiheit" genannte Straße in den 1960er Jahren durch den

Star-Club. Hier feierten neben vielen anderen auch die Beatles ihre ersten Erfolge. Als er schloss, zog auch in seine Räume die Erotik- und Sex-Unterhaltung ein, die heute einen Großteil der abends für den Autoverkehr gesperrten Straße beherrscht.

Großer Brand 51 Tote, 130 Verletzte, 1750 zerstörte Gebäude und somit rund 20.000 obdachlose Hamburgerinnen und Hamburger wurden nach der Katastrophe des Großen Brandes vom 5. bis zum 8. Mai 1842 gezählt. Angefangen hatte alles mit einem Speicherbrand in der Deichstraße 38. Vorausgegangene Trockenheit und anhaltender Wind ließen ein Großfeuer entstehen, das immer stärker wurde und sich in Richtung Norden und Osten einen vernichtenden Weg durch die Stadt fraß. Auch die Sprengung des Alten Rathauses hatte keine so große Schneise geschaffen, als dass sie den Brand durch Entzug von Brennbarem hätte stoppen können. Erst am Morgen des 8. Mai kamen die Flammen auf Höhe der heutigen Straße → *Brandsende* endgültig zum Stillstand. Die Nachricht vom Großen Brand wurde Zeitungsschlagzeile in ganz Europa, und von überall her erreichten spontane Hilfssendungen die Stadt. Der Bremer Bürgermeister

Hamburg brennt. Wer kann, rettet seinen Hausrat, während am Alsterdamm (links, heute Ballindamm) → *Wittkittel* versuchen, ein Haus zu löschen. Der Petrikirche fehlt bereits die Turmspitze, auch der Jungfernstieg steht in Flammen. Lithografie von G.F. Würzbach

Smidt, der Altonaer Oberpräsident von Blücher-Altona und der preußische Oberpräsident von Flottwell erhielten für ihre schnellen und umfangreichen Unterstützungsleistungen das Hamburger Ehrenbürgerrecht verliehen.

Großer Burstah heißt eine der Hamburger Ur-Straßen, die im 14. Jahrhundert als „Bei dem Burstah" belegt ist. Sie geht zurück auf den ältesten, die untere Alster stauenden Mühlendamm der Stadt. Er entstand am Ende des 12. Jahrhunderts. Die Silbe „Bur" bedeutet „Bauer" oder „Bürger", „Stah" oder „Stat" so viel wie „Ufer" oder „Gestade". Der Große Burstah könnte also als „Bürgerufer" gedeutet werden, auf dem nach seiner Fertig-

Der Große Burstah um 1910. Das kolorierte Bild zeigt die damalige Mode, Postkartenfotos durch einmontierte Personen lebendiger zu gestalten. So gelangte auch eine → *Schottsche Karre* ins Bild.

stellung selbige vermutlich nicht unzufrieden über ihr Werk entlanggingen. Einer etwas arg hergeholt erdachten → *Spöken-kiekerei* nach soll der Name im Zuge eines hier zwischen Brauerknechten und Bauern ausgetragenen Kampfes aufgekommen sein. Den flüchtenden Landleuten hätten die Brauer ein „Bur, stah!" („Bauer, bleib stehen!") hinterhergerufen.

Groß-Hamburg Ähnlich wie 1920 aus der deutschen Hauptstadt durch die Eingemeindung von insgesamt sieben Städten und zahlreichen Vororten ein Groß-Berlin geschmiedet worden war, entstand infolge des Groß-Hamburg-Gesetzes von 1937 ein Groß-Hamburg. Die Stadtfläche wuchs bis zum April des folgenden Jahres um rund 80 Prozent, die Einwohnerzahl stieg um 40 Prozent auf fast 1,7 Millionen Menschen. An Hamburg fielen die bisher preußischen Stadtkreise Altona, Wandsbek, Harburg-Wilhelmsburg und zahlreiche Landgemeinden. Im Gegenzug verlor die Hansestadt unter anderem ihre beiden Städte Cuxhaven und Geesthacht an die preußischen Provinzen Hannover und Schleswig-Holstein. Beschwerden vor allem der süderelbischen Gebiete waren in der NS-Diktatur zur Erfolglosigkeit verdammt, und ein gewaltiger (Rüstungs-)Wirtschafts- und Verwaltungsraum links und rechts von Alster und Elbe kam unter die Regie des Hamburger Reichsstatthalters und NS-Gauleiters Karl Kaufmann (1900–69).

Grünhöker werden in Hamburg die Betreiber von Grünläden, also Obst- und Gemüsegeschäften, genannt. Die „Hökerei" der „Höker", wie der plattdeutsche Begriff für Kleinhändler lautet, lohnte in der Konkurrenz zu den in den 1960er/70er Jahren immer stärker aufkommenden Supermärkten kaum noch. Fast alle alteingesessenen Läden gingen zwar ein, aber unter der türkischstämmigen Bevölkerung gab es genügend Bedarf und Geschäftsinteresse. Wer heute also in dichtbewohnten Hamburger Quartieren wohnt und schnell an der Ecke noch ein paar → *Wurzeln* oder sonst etwas beim „Türken" kauft, kann sich freuen, dass es diesen überhaupt gibt. Und wer dennoch Lust hat auf → *Einholen bein Grünhöker, die müssn ehm früha aufstehn un vore Ahbeid nachn Wochnmaak dackeln.*

Grus und Mus „Grus" (wie Mus mit langem „u" gesprochen) ist die zerkleinerte, zerbröselte Form von etwas, z. B. Bruchstein, Schutt oder der Zucker in der Dose. Wenn es aber von einer Sache heißt, es sei von ihr nur noch „Grus und Mus" übrig geblieben, dann ist vermutlich gar nichts mehr „mit ihr los", denn die Redewendung bedeutet so viel wie „Schutt und Trümmer". Aber auch im Sport kann ein Wettkampf so krass ausfallen, dass ein Kontrahent zu „Grus und Mus gehauen" wurde.

Hachmanns Kinderwagen wurden früher die Gefängniswagen genannt, die die Häftlinge von der Strafanstalt (→ *Santa Fu*) durch die Stadt zu den Gerichten am Sievekingplatz (→ *Justizforum*) oder zum Untersuchungsgefängnis am Holstentor (Holstenglacis) beförderten. Der Senator Gerhard Hachmann wurde Namensgeber, weil er 1886–99 Hamburgs oberster → *Udl* war, also als „Erster Polizeiherr" an der Spitze der Polizeibehörde stand. Als solcher residierte er auf dem Neuen Wall 86 im Görtz-Palais, das unter einem seiner Vorgänger, dem allseits beliebten Carl Friedrich Petersen, auch „Petersen-Haus" genannt wurde.

Hamburger Fahrzeug zum Gefangenentransport in den 1920er Jahren

Hafen-Balkon wird die 1974 auf dem → *Stintfang* vor der Jugendherberge errichtete Aussichtsterrasse genannt. Bei guter Sicht lädt sie zum herrlichen Weitblick über den Hafen ein und bei Nacht zur Vorführung seiner zahllosen Lichter und Silhouetten.

HafenCity → *Binnenalster*

Hafengeburtstag ist der 7. Mai. An diesem Tag des Jahres 1189 soll angeblich Kaiser Friedrich I. „Barbarossa" ein Dokument, den „Freibrief", besiegelt haben. Sein Inhalt hätte die zu dieser Zeit im Bereich der alten Nikolaikirche am Hopfenmarkt gegründete Neustadt mit weitreichenden Begünstigungen bedacht (siehe auch → *Hammaburg*, → *Trostbrücke*). Die Geschichtswissenschaft kann dies allerdings nicht länger belegen, seitdem die im Hamburger Staatsarchiv überlieferte Urkunde sich als Fälschung aus der Zeit um 1265 herausgestellt hat. Das muss jedoch nicht bedeuten, dass die neue Siedlung nicht doch vom Kaiser diese oder ähnliche Privilegien und Freiheitsgarantien in einer möglicherweise verloren gegangenen Urkunde erhalten hat. Ob wahr oder nicht: Die jährliche Feier des Hafengeburtstages zwischen → *Baumwall* und St. Pauli-Landungsbrücken bleibt ein fester Termin im Hamburger Festkalender.

Hamburgensie Der Begriff bezeichnet zunächst etwas unverwechselbar „Hamburgisches" und ist damit nichts anderes als die latinisierte Form eben dieses Wortes. Er entstand in der ersten Hälfe des 19. Jahrhunderts zur Bezeichnung von schmucken grafischen Darstellungen hamburgischer Motive, die bis heute begehrte Sammel- und Handelsobjekte sind. Anfang und Inbegriff der Hamburgensie bilden wohl die grafischen Arbeiten der Gebrüder Christoffer, Cornelius und Peter Suhr. Daneben gelten ebenso Hamburg-Bücher als Hamburgensien, besonders dann, wenn sie qualitätvolle Abbildungen aus der Stadt enthalten oder von der Stadtgeschichte handeln – wer diese Zeilen liest, hat also eine *inne Hant*.

Hamburger Berg lautete bis 1833 der Name St. Paulis. Westlich von der Hamburger Innenstadt steigt das Gelände leicht an, was in der Norddeutschen Tiefebene schnell zur stolzen Bezeichnung „Berg" ansport (→ *Bergstraße*). Schon zur Zeit der Umbenennung waren hier Amüsierbetriebe in ihren „Spielbuden" angesiedelt, und es gab bereits Bordellwirtschaften. Im 17. Jahrhundert waren dort Wohnhäuser errichtet worden, und Gewerbe hatte sich angesiedelt. Nachdem in Hamburg 1643 mit der „Grönlandfahrt" der Walfang stark in → *Gang* gekommen war, begann 1649 die erste von bald mehreren Tranbrennereien ihre berüchtigt streng riechende Produktion (→ *Tran*). Die Gegend gehörte zum → *Kirchspiel* St. Michaelis, galt als Kleine-, wenn

Stellinger Weg 38: Für seinen Reformbautyp erhielt der Bauverein zu Hamburg 1900 eine Silbermedaille der Pariser Weltausstellung.

nicht Arme-Leute-Quartier und musste sich Spottverse gefallen lassen wie: „Michaelis de Pracht, Hamborger Barg gode Nacht" oder „Michaelis de Glanz, Hamborger Barg de Swanz". An den Hamburger Berg erinnert namentlich die Straße zwischen → *Reeperbahn* und Simon-von-Utrecht-Straße.

Hamburger Burg wird nicht nur die Darstellung des Hamburger Wappens genannt, sondern es ist zugleich eine architektur-historische Bezeichnung für einen revolutionären Mietshaustyp, der seit Beginn des 20. Jahrhunderts gebaut wurde. Nach ersten Vorstößen und Versuchen der → *Patrioten* zum Bau von → *Terrassen* und Passagen, die vielfach schlechten Wohnverhältnisse zu verbessern, wurde mit der Hamburger Burg in viel größerem Maßstab daran gearbeitet, geringverdienenden Arbeiterfamilien im rasant anwachsenden Hamburg zu besserem und gesünderem Wohnraum zu verhelfen. Der besonders vom genossenschaftlichen Bau- und Sparverein zu Hamburg vorangetriebene → *Etage*nhaustyp bot eine gute Ausnutzung der Grundstücksfläche und gewährleistete dennoch erheblich günstigere Lichtverhältnisse für alle Wohnungen.

Hamburger Butterbrot ist eine mit Wurst und einer Scheibe Schwarzbrot belegte → *Rundstück*hälfte. Im 19. Jahrhundert ist der Begriff auch als Bezeichnung für zwei gebutterte, zusammengeklappte Scheiben Schwarz- und Weißbrot überliefert und in einer anderen Variante als Schwarzbrot mit Käse und zwei Brötchenhälften.

Hamburger Rauchfleisch war lange Zeit eine weit über Hamburgs Grenzen hinaus bekannte Delikatesse. Die hervorragende Qualität des gepökelten und geräucherten Rindfleisches wurde sowohl der guten Behandlungsmethode als auch dem saftigen Fleisch der holsteinischen Marschochsen zugeschrieben. Im 1830 in Leipzig erschienenen dritten Band der Allgemeinen Encyclopädie der Wissenschaften und Künste wird im Artikel „Ochsenfleisch" darauf hingewiesen, selbiges müsse auch eingesalzen und geräuchert noch durchaus so schön rot, zart, mürbe, saftreich und anziehend vom Geschmack sein, wie es das „Hamburger Rauchfleisch" sei. Auch der Dichter Heinrich Heine (1797–1856) stellte fest, „dass das Rauchfleisch eine gute, für den Menschen heilsame Erfindung ist". Nach ihm lobte es der Sozialist Friedrich Engels (1820–1895), und lange vor ihm bereits ein weiterer Dichter, nämlich Gotthold Ephraim Lessing (1729–1781) in seiner Hamburger Zeit. Lessing gab jedoch auch mahnend zu bedenken, dass der Mensch nicht allein vom Rauchfleisch, sondern auch „von einem guten Gespräche" lebe.

Hamburger Speck heißt ein Schnoopkram (→ *schnoopen*) aus Zucker, das die hamburgischen Landesfarben (Weiß-Rot) in der Variante rot-weiß-rot zeigt. Seinen Namen erhielt die Süßigkeit, weil seine Plattenform an durchwachsenen Speck erinnert. In den Farben Rot-Weiß-Grün ist es als „Helgoländer Speck" (*Helgolänner Sbägg*) oder „Helgoländer Schnitten" bekannt.

Hammaburg Hamburg geht seinem Namen nach zurück auf die „Hammaburg". Sie benannte eine aus Wällen und Palisaden bestehende mittelalterliche Wehranlage mit einem hölzernen Kirchbau darin, dem ersten → *Dom*. Laut einer im Jahr 876 verfassten Biografie des Hamburger Bischofs Ansgar (801–865) wurde sie um 817 errichtet. Inzwischen ist sich die Wissenschaft einig, dass sie mit einer Größe von etwa 130 mal 130 Metern tatsächlich zu dieser Zeit entstanden sein dürfte, und zwar auf dem heutigen Domplatz und damit am westlichen Ende des Geestsporns nahe der Alstermündung in die Elbe. Der Wortteil „Hamm" lässt sich in verschiedenen Entwicklungsstufen und -regionen der deutschen Sprache mit der Bedeutung als „Areal am Fluss" nachweisen. Die Hammaburg wurde zusammen mit der zugehörigen Siedlung 845 bei einem Wikingerüberfall vollständig zerstört, Bischof Ansgar gelang die Flucht nach → *Brehm*. Dieses Ur-Hamburg wurde wiederaufgebaut und wuchs trotz weiterer Überfälle und verheerender Brandkatastrophen. In seiner unmittelbaren Nachbarschaft entstand im Bereich der Nikolaikirche am Hopfenmarkt Ende des 12. Jahrhunderts eine eigenständige „neue Stadt". Initiator war der Schauenburger Graf Adolf III. 1216 vereinigten sich die bischöfliche Altstadt und die gräfliche Neustadt zur Gesamtstadt „Hamburg" – und deshalb stehen Bischof Ansgar und Graf Adolf fest in Stein gemeißelt auf der → *Trostbrücke*. Das Gebiet der vereinigten Alt- und Neustadt entspricht Hamburgs heutiger Altstadt. Die heutige Neustadt entstand im 17. Jahrhundert durch eine große Stadterweiterung im Rahmen des Ausbaus der Befestigung (→ *Ring 1*).

Hammonia ist Hamburgs Stadtmutter oder Schutzpatronin. Ältere männliche Beschützer und angebliche Namengeber Hamburgs waren von Gelehrten des frühen 16. Jahrhunderts ausgemacht worden (so der afrikanische Jupitergott „Hammon"), hatten sich aber alsbald wieder verloren. Ihnen folgte die Idee der „Hammonia", dargestellt zumeist mit Mauerkrone, Merkurstab sowie dem auf einer Stange getragenen Freiheitshut. Seit dem 18. Jahrhundert galt sie mehr und mehr als anerkannte Stadtmutter und wurde variantenreich in Gedichten, Schriften und Liedern (→ *Hammonia-Lied*) als Idee verfestigt. Sie ist auch in der Ausgestaltung des Rathauses zu sehen, besonders imposant

Nicht mehr so in Mode wie zu früherer Zeit, aber vergessen ist die Stadtmutter und Schutzpatronin keinesfalls: Hammonia in modern-eleganter Erscheinung, geschaffen von Jörg Plickat als Bronzeguss (2003) für den rechten nördlichen Kopf der Brooksbrücke.
Auf dem linken steht übrigens „Europa", und drei Jahre später lieferte Plickat mit „St. Ansgar" und Kaiser „Barbarossa" zwei weiteren Figuren für das Südportal. Der Kaffeeunternehmer und Mäzen J.J. Darboven schenkte sie der Stadt, wodurch die im Zweiten Weltkrieg zerstörte Brooksbrücke wieder vollständigen Figurenschmuck aufweist.

außen am Turm. In der NS-Zeit passte Hammonia als Freiheits-symbol in keiner Weise in die diktatorisch kontrollierte Staats-ideologie und wurde beiseitegeschoben. Doch auch nach 1945 kam sie kaum wieder zu Geltung und wird auch heute nur selten als altes Sinnbild städtischer Identität zitiert und abgebildet – aber was unweigerlich bestehen bleibt und sie unvergesslich macht, wird im nächsten Stichwort erklärt:

Hammonia-Lied heißt die Nationalhymne der Hamburger. Erstmals wurde das von Georg Nikolaus Bärmann getexte Lied 1828 zur Melodie von Albert Methfessel öffentlich gesungen und bald darauf als Schlussgesang eines im neuen Stadttheater an der Dammtorstraße aufgeführten Schauspiels in der ganzen Stadt bekannt. In den 1890er Jahren wurde Bärmanns Text umgearbeitet und gekürzt. Man wird vermutlich „Stadt Hamburg an der Elbe Auen" nirgendwo stilvoller anstimmen können als auf dem Rathausmarkt, und zwar am Neujahrsmorgen zu den Klängen des Hamburger Polizeiorchesters. Zu singen ist:

1. Stadt Hamburg an der Elbe Auen,
wie bist du stattlich anzuschauen
mit deiner Türme Hochgestalt
und deiner Schiffe Mastenwald.

Refrain:
Heil über dir! Heil über dir,
Hammonia, Hammonia!
O, wie so herrlich stehst du da!

2. Reich blühet dir auf allen Wegen
des Fleißes Lohn, des Wohlstands Segen;
so weit die deutsche Flagge weht,
in Ehren Hamburgs Name steht.
Refrain

3. In Kampf und Not bewährt auf's Neue
hat sich der freien Bürger Treue,
zur Tat für Deutschlands Ruhm bereit,
wie in der alten Hansezeit.
Refrain

4. Der Becher kreis' in froher Runde,
und es erschall aus Herz und Munde:
„Gott wolle ferneres Gedeihn
der teuren Vaterstadt verleihn."
Refrain

Handeule oder **Handuhle** bezeichnet in Hamburg einen Auffeger mit kurzem Griff. Das Wort „Uhl" ist der plattdeutsche Name der Eule, deren Flügel vermutlich einmal als Handfeger verwertet wurden. Das zur Uhle gehörende Kehrblech heißt Schaufel, ein Wort, das in Hamburg und ganz Norddeutschland generell für „Schippe" steht. Im alten Hamburg wurden die Kehrbesen mit langem und kurzem Griff dementsprechend auch als Lange und Kurze Uhle unterschieden.

Handstein ist ein alter Name für einen Ausguss in der Küche. Viel später kamen Wasserleitungen in die Wohnungen und damit bald auch die „Marke Handsteinperle" auf den Tisch des Hauses von allen, die sich nicht für abgefüllt zu kaufendes Mineralwasser, sondern für die günstige „Gänsewein"-Variante entschieden. In England spart man übrigens mit „Adams Bier", in Italien mit „Brunnenwein" und in Frankreich entweder mit „Froschwein" oder dem Edeltropfen „Château la Pompe".

Hans und Franz → *Hühn und Pedühn*

Hanseaten und das zugehörige Wort „hanseatisch" bilden einen faszinierenden Mix aus Sachen, Menschen, geschichtlichen Zusammenhängen und allgemeinen persönlichen Eigenschaften, der für Hamburg eine große Rolle spielt. Er vereint historische Fakten mit der Idee und der Tradition eines starken Leitbildes und Gemeinschaftsgefühls, das noch lange Bestand haben dürfte. Und das alles betrifft Lübeck und Bremen ebenso – oder ist vielmehr ohne sie nicht denkbar.
Doch ganz präzise sind Hanseaten zunächst noch am ehesten als Keks zu beschreiben: zwei bis zu zehn Zentimeter große und nur wenige Millimeter dicke Mürbeteigscheiben nehmen als Boden und Deckel eine dünne Schicht Marmelade (Erdbeer, Himbeer oder Mehrfrucht) zwischen sich, und der Deckel erhält auf der Oberseite eine ganzflächige Zuckerglasur, auf die es jetzt vor allem ankommt, denn sie ist genau hälftig weiß und rot. Und weiß-rot sind die verfassungsmäßig festgeschriebenen Hamburger Landesfarben – aber eben auch die von Bremen und von Lübeck (der traditionellen „Königin der Hanse", in der

die Leckerei übrigens im 19. Jahrhundert vom Konditor Heinrich Schabbel entwickelt worden ist). Weiß-rot waren auch die Farben der berühmten „Hanse". Das Wort steht für „Schar" im Sinne von Gemeinschaft. Die Hanse entwickelte sich aus einem Verband von ganz überwiegend norddeutschen Fernkaufleuten zu einem starken Städtebund von mehreren hundert Mitgliedern und bestand vom 12. Jahrhundert bis zu ihrer faktischen Selbstauflösung 1669. Jedoch arbeiteten Lübeck, Hamburg und Bremen auch nach ihrem Ende außenpolitisch weiterhin eng und vielfältig als „Hanseatische Gemeinschaft" zusammen, unterhielten gemeinsam Gesandtschaften und später weltweit konsularische Vertretungen. Sie kämpften am Ende der → *Franzosenzeit* zusammen als „Hanseatische Legion" gegen Napoleon und ehrten ihre besonders verdienten Soldaten, die ebenfalls „Hanseaten" benannt wurden, mit dem „Hanseatenkreuz". Nach Napoleons Niederlage vertraten sie ihre Position unter den Siegermächten erneut gemeinsam. Zu ihnen dreien als selbstständige, aber durch ihre geringe Größe nur sehr „mindermächtige" deutsche Staaten kam noch die Freie Stadt Frankfurt dazu, die aber 1866 von Preußen annektiert wurde. So blieben nur noch die drei Hafenstaaten übrig: „Hamburg, Lübeck und Bremen, die brauchen sich nicht zu schämen, sie sind eine freie Stadt, wo Bismarck nix zu sagen hat", ging ein Kinderreim, der zwar mit Gründung des Deutschen Reiches 1871 nicht mehr so ganz stimmte, aber perfekt das erfahrene Selbstverständnis dieser drei „Hanseaten" trifft. Neben a) den Mürbeteigkeksen sind also auch b) die Hansestädte als Hanseaten anzusehen, und neben ihren früheren Soldaten *denn ja einklich auch* c) ihre Bevölkerungen – aber jetzt wird's kompliziert, oder würden Sie, falls Sie an Weser, Alster oder Trave leben, Ihre Nachbarn von gegenüber als Hanseaten bezeichnen, oder gar die Dings, die schräg dahinter wohnen? Nee? Sollten dann doch lieber nur die vom Konditor Schabbel gemachten „Hanseaten" auch so heißen? Und seit 1990 setzen sich (nach mehr als 300 Jahren Pause!) viele große und kleine Städte ihre alte Hansevergangenheit auf Werbe-, Orts- und Autonummernschilder – sind die alle dann auch Hanseaten? Die Antwort hängt davon ab, was man verstehen möchte unter:

hanseatisch Wie beim Stichwort „Hanseaten" ist auch zur Aus-
leuchtung des zugehörigen „hanseatisch" vorweg historisches
Ausholen hilfreich. Denn auf diese Weise sind dessen merkwürdig vielfältigen und weit über Hamburg und Norddeutschland hinaus bekannten Eigenschaften und Zuschreibungen am
besten einzufangen:

Durch ihre günstige Flusslage samt Zugang zur „salzigen See"
und weil keine fürstlichen Finger über die Mauern von freien
Städten herumfummeln konnten, gelangten zusammen mit den
hinter ihren Toren Fernhandel treibenden Kaufleuten auch
die Hansestädte Lübeck, Hamburg und Bremen zu relativem
Wohlstand und in die Lage, sehr große Summen in Verteidi-
gungsanlagen zu investieren (→ *Ring 1*). Das half ihnen schon
mal sehr dabei, dass sie im kriegerischen Wachsen der Flächenstaaten (so gut es eben ging) neutral, weitgehend unzerstört und
sogar Drehscheibe für Waren- und Geldströme bleiben konnten.
Ohne eigene Gewaltreserve und nur durch Geschick zwischen
den nahen und fernen Mächten zu agieren, das forderte von den
Verantwortlichen im Rathaus klarsten Kopf und ebenso viel
Verstand, wie es die Kaufleute bei Abwägung ihrer Handels-
risiken im → *Kontor* benötigten. Der Erfolg des selbstverwalteten
Gemeinwesens färbte und stärkte die Einzelnen und deren
Wohlergehen wiederum den Ruf der freien Hansestadt (wichtige
Hinweisklammer: Hamburg wie auch Lübeck und Bremen war
keine „Republik" heutiger Vorstellung, das Sagen in den Hanse-
städten hatten vielmehr Angehörige einer sehr schmalen Schicht
vermögender Kreise und tonangebender Familien, aus deren
Nachwuchs sich die politischen Gremien häufig selbst ergänzten).
Dieses System war zwar nie ungefährdet, hatte aber trotz politi-
scher und gesellschaftlicher Reformen und Umbrüche viele
Generationen hindurch grundsätzlich Bestand und endete erst
mit der Einführung der Demokratie 1918.

„Hanseatisch" steht deshalb zuerst für eine traditionsreiche Art
von **Erfolg,** ferner für **Verhandlungsgeschick** und drittens
für guten **Geschäftssinn.** Und weil es ein Mischmasch von
Gemeinwesen und Individuum ist, fielen Geschichten von
Niederlagen darin nicht sehr auf bzw. wurden einfach vergessen
(… oder aufgeschrieben und zum Literaturnobelpreis wie im

Falle von Thomas Manns „Buddenbrooks", wie überhaupt Lübecks allmählicher Bedeutungsverlust seinem ideellen Status als stolze Hansestadt nichts anhaben kann, und was genauso gilt für das im Vergleich zur „Perle an der Ostsee" zwar deutlich größere, aber neben Hamburg eben nur sehr kleine Bremen – *gleichgroße Hanseaten gibt's nur beim Konditor*). Durch Jahrhunderte ohne Fremdherrschaft, Assoziationen von weltoffenem Handel und Wandel und vielleicht auch in Verbindung mit dem stets frischen Wind an Elbe, Weser und Trave, sicher aber mit dem Gedanken an viele sehr gut kalkulierende und verdienende → *Pfeffersäcke* wurde „hanseatisch" zu einer Art Qualitätsgen stilisiert und magnetisch für alle möglichen Eigenschaften, außer negativen: hanseatisch? Klar, das ist hervorragendes Benehmen, also der gekonnte Spagat festen Auftretens bei höflicher Zurückhaltung, gute Bildung, versteht sich, auch Zuverlässigkeit und Fähigkeit zur Selbstironie – so eine Art „Lieblingsschwiegerkind" also. Tatsächlich sind in den vergleichsweise freien Stadtgesellschaften bei ausreichend Geld für gute Bildung häufig helle Köpfe nachgewachsen. Das geschieht zwar auch anderswo in deutschen Landen – bloß können eher allgemeine Ideen wie die von bajuwarischer Urgewalt, schwäbischer Sparsamkeit oder rheinischem Frohsinn gegen solch einen Hansestädte-Mensch-Mix nicht mithalten wie ja Inselbegabungen in der Regel auch nicht gegen breitgefächerte Anlagen oder einen hohen → *Intelligenzquotienten*. Aber eines noch, liebe Eltern heiratsfähiger Kinder, denen „was Hanseatisches" → *reell* gut gefallen würde: Es gibt noch ein erfrischendes Scherzwort über die drei Hanseaten, und *da is man ziemich Flaute von wegn gute un s-parsame Lehmsführung:* „Die Hamburger essen über ihre Verhältnisse, die Lübecker trinken über ihre Verhältnisse und die Bremer wohnen über ihre Verhältnisse." Leider ohne Quellenangabe hat es der Kunsthistoriker Werner Kloos (1909–90) überliefert. Er war als Museumsdirektor in Hamburg und Bremen tätig und hat intensiv zur regionalen Kultur- und Ernährungsgeschichte geforscht und veröffentlicht.

Hase → *Hasenbrot*

Hasenbrot ist das nicht verzehrte Pausenbrot, das wieder mit nach Hause gebracht wird – mal unangerührt, mal nur etwas hasenzähnig angenagt. Der Hase steht seit jeher sowohl fürs Jagen als auch fürs Erbeuten, und in alten (und schlechteren) Zeiten dürften tatsächlich Kinder darauf gehofft haben, vom in die Wohnung zurückkehrenden Vater Essbares zu erbeuten. Wurde tatsächlich etwas mitgebracht, sind Fälle überliefert, dass es mit der → *Döntje*bemerkung überreicht wurde, es sei „dem Hasen abgejagt" worden. So weit, so wenig hamburgisch, aber der Dreh zur Hafenstadt kommt jetzt, denn natürlich trugen auch die → *Schauerleute* Geschmiertes in ihren Taschen oder → *Zampeln* in den Hafen, aber wenn sie ihn nach der Schicht wieder verließen, klemmte nicht selten ein anderer „Hase" unterm Arm, nämlich ein fest zusammengeschnürtes Bündel Feuerholz. Das fiel auf den Kais, Rampen und in den Schuppen immer mal an und durfte vor den Augen der Freihafenzöllner auch mit nach Hause genommen werden, solange es sich nicht um hochwertige Edelhölzer handelte: „Zeigen Sie mal bitte, was haben Sie da?" – „Is nur'n Hase, sieht man doch." – „In Ordnung, danke." Ein Minidialog mit gleich zwei Grüßen aus vergangenen Zeiten – mit dem massiven Wohnungsneubau nach dem Zweiten Weltkrieg verschwanden die heimischen Öfen und mit der Aufhebung des Hamburger Freihafens im Jahr 2003 auch die Zollbeamten samt ihrer kritischen Blicke auf erbeutete „Hasen". Eine noch ältere Hasen- und Jagdgeschichte findet sich im Stichwort → *Böhnhasen*.

Haubano → *Piep, piep, piep*

Hauptpastor Hamburg hat fünf Hauptpastoren, und zwar je einen als Repräsentanten der alten → *Kirchspiele.* Bis zur Schaffung der Nordelbischen Evangelisch-Lutherischen Kirche im Jahr 1977 kamen ihnen in ihren Gemeinden kirchenleitende Funktionen zu. Der Name entstand im 17. Jahrhundert. Damals führten die Hauptpastoren die Aufsicht über alle anderen Geistlichen und über das gesamte Schulwesen in ihrem Kirchspiel. Die hochdotierten Stellen waren sehr begehrt, und nur besonders gebildete und anerkannte Geistliche hatten Aussicht, eine Nachfolge anzutreten.

Dr. Eduard R. Grimm (1848–1932), Hauptpastor an St. Jacobi. Die
Aufnahme von Rudolf Dührkoop aus dem Jahr 1904 zeigt ihn im
alten Ornat der hamburgischen Kirche. Es umfasst einen zweilagigen
→ *Mühlstein*, Puffärmel und hat 17 mit Stoff bezogene Knöpfe:
zehn für die „Zehn Gebote" und sieben für die sieben Bitten des
„Vater unser".

He lücht! bekommen zuweilen noch heute die Passagiere einer Hafenrundfahrt von Arbeitern auf den Kais, Schiffen und Docks zugerufen. Hintergrund des Ausrufs, der auf Hochdeutsch „Er lügt!" bedeutet, sind die oft allzu blumigen Erklärungen und Übertreibungen zum Hafenalltag, die von den Schiffsführern der Rundfahrtflotte zur Unterhaltung der Passagiere zum Besten gegeben werden. In der Anfangszeit der 1921 von der HADAG begonnenen Rundfahrten war die Zahl der im Hafen Beschäftigten noch um ein Vielfaches höher als heute. Daher gelangten die Hafenrundfahrer ständig in die Rufnähe von Arbeitern, die somit die Ausführungen über ihre tägliche Arbeit für die Touristen zwangsläufig mithören konnten und dies gern mal kurzerhand mit dem Ruf „He lücht!" kommentierten. Einem alten → He-lücht-*Döntje* nach „*is der Turm vom Michel einmolig in der Welt, verehrte Herrschaften, denn von oben kann man drei Meere sehn!*"– „Hä, wie das?" – „*Tschä, tagsüber dat Häusermeer, ahms dat Lichtermeer und inne dunklen Nach gornix meer!*"

Hein ist die Kurzform für den noch vor einem dreiviertel Jahrhundert auch in Hamburg sehr verbreiteten Namen Heinrich. „Heini" wird zumeist respektlos als Stellvertreterbenennung für einen Unbekannten verwendet: „Was'n das für'n Heini?" oder „Du, vorne is' so'n Heini und will irgendwas." Und Hein eignet sich ideal, wenn man einen Umstand oder eine Sache personalisieren, also einen Namen zum Programm werden lassen möchte – wie im Falle der bekannten Puppenfigur der Fernsehserie „Käpt'n Blaubär" und der → *Tüffel*ligkeit seines Matrosens „Hein Blöd". Aber Hamburgs bedeutendstes „Hein"-Beispiel mit einst höchstem Bekanntheitsgrad kommt jetzt:

Hein Gas war der volksmundliche Name für die Hamburger Gaswerke. Der Ursprung dieser Bezeichnung ist älter als das 1844 gegründete Unternehmen selbst, denn „Hein Gas" war der → *Ökelname* für einen Hamburger Gastwirt, der sein erstmals 1823 aus Steinkohle destilliertes Leuchtgas in wohlhabende Privathaushalte lieferte. Die Hamburger Gaswerke wurden 1924 in eine GmbH umgewandelt, wuchsen durch die Versorgung auch vieler Umlandgemeinden beständig weiter und waren Anfang der 2000er Jahre Deutschlands größtes kommunales Erdgasversorgungsunternehmen. Kurz vor dem 160-jährigen Bestehen kam es zur Fusion von „Hein Gas" mit der 1929 gegründeten Schleswag und der Mehrheitsübernahme durch die E.ON Hanse AG. 2018 kaufte Hamburg sein Gasnetz zurück. Und auch im Jahr 2020 ist „Hein Gas" noch nicht ganz vergessen: Wer heute auf hamburg.de „Hein Gas" als Suchbegriff eintippt, wird korrekt weitergeleitet, nämlich zur Gasnetz Hamburg GmbH.

Helgen oder **Helling** ist der zum angrenzenden Wasser leicht abfallende Schiffbauplatz einer Werft. Dort erfolgt die Montage des Rumpfes und der Aufbauten eines Schiffs bis zum Zeitpunkt seines Stapellaufs.

Helgoländer Schnitten → *Hamburger Speck*

Herbertstraße heißt die neben → *Reeperbahn* und → *Große Freiheit* wohl bekannteste und berüchtigtste Straße auf dem → *Kiez*. Um die Prostitution dort besser beaufsichtigen zu können, ließ die Stadt die Straße um 1900 zu einer geschlossenen Wohnanlage umbauen. An der nur für volljährige männliche Fußgänger zugelassenen Straße liegen ausschließlich Bordelle, in denen etwa 200 Prostituierte tätig sind. Im Erdgeschoss der Häuser präsentieren sich die Frauen in den „Koberfenstern" (→ *Koberer*).

Heringsbenniger haben in diesem Buch auf den ersten Blick nicht sehr viel verloren, denn die fischbezogene spöttische Bezeichnung für den Betreiber eines Lebensmittelladens als Heringskrämer oder eben -bändiger ist in Hamburg zwar sehr bekannt, jedoch landauf, landab im deutschen Sprachraum schon im 18. Jahrhundert belegt. Aber in Hamburg wurde seit jeher auch mit Hering als Handelsware gutes Geld verdient, was der Stadt schon vor vier Jahrhunderten der dänische König Christian IV. neidete (siehe auch → *Pfeffersäcke* und mehr zum Fisch unter → *Fischmarkt*).

Herrlichkeit „Oh, wie so herrlich stehst du da!", heißt es im
→ *Hammonia-Lied* zum Lobpreis der Schönheit der Stadt. Der
Name „Herrlichkeit" fiel der im Stadtteil Hamburg-Altstadt
östlich entlang dem Alsterfleet verlaufenden Straße jedoch
weniger aus Schönheitsgründen zu. Tatsächlich gab es dort
schon im 16. Jahrhundert Gartengrundstücke in städtischem Be-
sitz. Die „Herrschaft" über das Gebiet lag ausschließlich bei den
„Ratsherren", wie vor 1860 die Senatoren offiziell hießen. Entsprechend ist der Straßen- und → *Fleet*name Herrengraben
(früher „Bei der Herren Graben") zu deuten.

Heuerbaas → *Baas*

hinterherkötern bedeutet so viel wie nachlaufen. Häufig ist es
vermutlich auch so, dass derjenige, der jemandem länger
„hinterherkötert", sich zugleich auch → *ankötelt*.

Höft, Hörn und **Ort** stehen im Plattdeutschen für „Spitze" und
deuten auf besonders hervorstechende Ecken in Landschaft,
Straßenführung oder auch auf vorspringende Gebäude hin.
Prägnantes Beispiel ist Köhlbrandhöft, die Spitze der Landzunge
zwischen dem Köhlbrand und dem Kohlenschiffhafen, weithin
erkennbar an den „Fauleiern", wie die zehn eiförmigen Faul-
tanks des dortigen Klärwerks genannt werden.

högen Wer sich högt, amüsiert sich großartig und schlägt sich vor
Vergnügen auf die Schenkel – vielleicht sogar aus Schaden-
freude. Als Hamburg noch das → *Brauhaus der Hanse* war,
feierten die im Brauereigewerbe Beschäftigten alle zwei Jahre
ihre „Höge", ein großes, üppiges Festessen in ihrem Brüder-
schaftshaus am Rödingsmarkt.

Holl di! wird meist mit langem „o" gesprochen, heißt auf Hochdeutsch „Halte dich!" und meint so viel wie „Bleibe standhaft,
lass dich nicht umwerfen!". Mögliche Ergänzungen dieses
Abschiedswunsches lauten nach „Holl di": gesund, senkrecht,
saftig. Besonders verbreitet war und ist gelegentlich noch zu
hören: „Holl di stief!" Paul Möhring berichtet, wie „Holl di!"

als Hamburger Schlachtruf in den 1870er Jahren im Zirkus Renz geprägt wurde. Der weltbekannte Hamburger Ringkämpfer und Kraftathlet Emil Naucke (1855–1900) ging damals in einen schweren Kampf gegen den Franzosen Christol und drohte zu unterliegen. Einer der Zuschauer machte mit dem „Naucke – holl di!" den Anfang, und sofort fiel das Publikum in die Anfeuerung ein. Eigentlich unnötig zu erwähnen, dass der angeblich mehr als 200 Kilogramm auf die Waage bringende Mann von der Insel Poel den Kampf dann doch noch gewann. 1896 eröffnete der „dicke Naucke" am Spielbudenplatz ein Varieté.

Holl fast! ist ein plattdeutscher Zuruf mit ganz unterschiedlichen Bedeutungen, gesprochen wie → *Holl di!* mit langem „o". Zunächst stellt er die Aufforderung an eine Person dar, sich festzuhalten oder in Gefahrensituationen allgemein auf Sicherheit bedacht zu sein. Im großen Hafenarbeiterstreik 1896/97 war *„Jungens, hollt fast!"* der Schlachtruf, mit dem man sich gegenseitig aufforderte, im Kampf um bessere Arbeitsbedingungen unnachgiebig zu bleiben. Dagegen gilt *„Hollt fast"* ansonsten als das Kommando zum Aufhören, und das sowohl in der Arbeitssprache des Hafens als auch in der komplizierten Fachterminologie des historischen → *Ditschens mit Marmeln.*

Horborger ist die plattdeutsche Bezeichnung für die Harburger, die Bewohner der früheren Stadt und des heutigen Stadtteils Harburg im gleichnamigen Bezirk jenseits der Norderelbe. Um die Horeburg (= Sumpfburg) entstand im Mittelalter eine braunschweig-lüneburgische Siedlung, die Keimzelle der späteren Stadt. Seit 1866 lag Harburg in der preußischen Provinz Hannover. Durch zahlreiche Eingemeindungen, umfangreiche Industrieansiedlungen sowie den steten Ausbau der Hafenanlagen wurde es bis zum → *Groß-Hamburg*-Gesetz von 1937/38 Hamburgs starke Industriekonkurrenz an der Süderelbe. 1927 entstand durch Zusammenschluss die Großstadt Harburg-Wilhelmsburg. Wirtschaftliche Rivalität und städtische Nachbarschaft schlugen sich in zahlreichen Sprüchen und Spottversen nieder. Nur geografisch begründet und somit gänzlich harmloser Natur ist eine alte, aber niemals an Aktualität verlierende Weisheit aus den östlich benachbarten → *Vier-* und → *Marschlanden.* Wenn dort abends die Sonne untergeht, wird plattdeutsch gemutmaßt: „De Horborger treckt de Sünn von'n Heben." (Die Harburger ziehen die Sonne vom Himmel.)

Hühn un Pedühn steht für „alle möglichen Leute" und ist somit ein Ausdruck für die in ganz Deutschland verbreiteten „Hans und Franz", „Hinz und Kunz" oder „Krethi und Plethi".

Hummel, Hummel – mors, mors gilt als Hamburgs Schlacht- oder Erkennungsruf. „Hummel" war ursprünglich der → *Ökel- name* eines Wasserträgers in der Neustadt. Er lebte von 1787 bis 1854, hieß eigentlich Johann Wilhelm Bentz und soll gries- grämig, reizbar und nicht zuletzt etwas beschränkt gewesen sein. Den Neustädter Kindern jedenfalls, die ihm ihr „Hummel, Hummel" nachriefen, knurrte er regelmäßig ein „mors, mors" zurück, was bis heute eine ähnliche Aufforderung bedeutet wie das plattdeutsche „Klei di an'n Mors" (→ *kleien,* → *mors).* Angenehm auf eigenem Mors lässt es sich in der warmen Jahreszeit im „Hamburger Parksessel" aushalten, auch Alster- oder eben Hummelstuhl genannt. Erstmals aufgestellt wurden sie im Zuge der der Internationalen Gartenbauausstellung → *Planten un Blomen* 1953. Drei Jahre später bekam „Hummel, Hummel" neuen Aufschwung, als die Hamburger Kraftfahr- zeuge die 1945 eingeführten britischen Kennzeichen abgaben und wieder mit dem alten, 1907 eingeführten „HH" auf den Nummernschildern durch die Lande fuhren. Inzwischen ist der Zuruf zwar nicht vergessen, aber dennoch etwas angestaubt. Daher gilt heute kaum noch, was der genaue Beobachter der Hamburger Kulturszene und Kenner der Stadt, der Journalist Hans Harbeck, 1930 ironisch, aber vermutlich zutreffend auf- schrieb: „Das ‚Hummel, Hummel' nebst seinem schlagkräftigen Echo ist zum Feldgeschrei und zum unfehlbaren Erkennungs- mittel für alle Hamburger geworden und gehört zum Begriff der deutschen Welthafenstadt wie das Amen zum Gebet." Zu Kfz-Kennzeichen siehe auch → *Brehm,* → *IZ,* → *NMS,*

Hummel!

Hamburgs „Hummel, Hummel"-Ruf mit „Mors, Mors"-Antwort
geht zurück auf Straßenjungen, die einem Wasserträger nachriefen.
Wie genau es dazu kam, ist unsicher, aber schönstes Einvernehmen
zwischen den Beteiligten dürfte nicht geherrscht haben – meistens
tragen ja beide Seiten etwas Schuld.

→ *OD,* → *PI,* → *WL* – diese Abkürzungen sind zwar in der Regel sämtlich ziemlich flachwitzig, aber sie gibt es eben gedacht und ausgesprochen im rollenden Verkehr hinter vielen Lenkrädern von „HH"-Fahrzeugen (= „Hochnäsige Hamburger") und sollen deshalb auch in diesem Buch nicht fehlen. In ihren Autos fühlen sich die Menschen immer auch ein bisschen wie zu Hause, und dort lässt sich → *keinein* gern stören. *Un schon gaa nich von den dusseligen* → *Heini, der da so lahm vor uns her schlaicht – tühpisch SE: „Schleeft Ehwich" in sein lächälichn:*

Hutschefidel werden in der Regel freundlich sehr kleine Autos genannt. Manche Leute schaffen sich eines als älteren Gebrauchtwagen an um kostengünstig zu fahren, und diverse schicke Modelle halten sich solche, die ihre „große Karre" im blechüberfüllten Hamburg nicht mehr abstellen konnten. Klassiker waren einst der Fiat „Topolino", (= das Mäuschen) und sein Nachfolger, der legendäre Fiat 500 (1957–77, die „Knutschkugel mit Zwischengas"). Beide Hutschefidel sind inzwischen wertvolle Sammler- und Museumsstücke.

hygienisch war wohl rein gar nichts in den → *Gängevierteln,* wo die → *Cholera* bei ihrem letzten Hamburger Ausbruch 1892 besonders wütete. Die Stadt hatte verstanden und reagierte schnell: Ende Dezember noch desselben Jahres rief der Senat das „Hygienische Institut Hamburg" mit Räumen an der Stadthausbrücke ins Leben (heute: Institut für Hygiene und Umwelt). Und zum Andenken an die mehr als 8000 Opfer und als Zeichen, dass man künftig für mehr Hygiene sorgen wolle, wurde im Innenhof des 1897 fertiggestellten Rathauses ein der griechischen Göttin der Gesundheit, Hygieia, gewidmeter Brunnen aufgestellt. Die Tücke der Technik machte jedoch ausgerechnet sie zur Sendbotin hochgiftiger Gase: Am Brunnen befanden sich zugleich die Einlässe für die Belüftung der innenliegenden Rathausräume, so auch der im → *Senatsgehege.* Wiederholt klagten die dort Arbeitenden über die erbärmlich schlechte Luft – bis man endlich den Grund im Innenhof gefunden hatte: die laufenden Motoren der bei der Hygieia wartenden Automobile.

Der Bildhauer Joseph von Kramer schuf 1895/96 den Brunnen mit
der Hygieia über der oberen Beckenschale und sechs der Nutzung
von Wasser gewidmeten figürlichen Allegorien im Brunnensockel.
Zwischen ihnen sind die mit Ziergittern versehenen Öffnungen
zu erkennen, durch die vom bewegten Wasser gekühlte Frischluft in
die Rathausbelüftung gelangt.

So wichtig Hygiene auch sein mag, in Hamburg ist das Wort
manchmal nicht nur im medizinischen Zusammenhang zu
hören, sondern auch als Negativkriterium, und zwar, wenn
etwas zu glatt und aufgesetzt erscheint. Zitat eines älteren
Ottensers über das Stadtteilleben in den Elbvororten: *„Ne, lass
ma, die Loide sinn' mir 'n beten to hü-gi-ehnisch."* (Hinweis dazu:
Das Zitat stammt aus dem Jahr 2001, inzwischen hat sich das
jahrzehntelang mit günstigem Wohnraum in Alt- und Indus-
triebauten lockende Ottensen extrem gewandelt. Viele der
ungezählten WGs und → *Mottenburg*er Geringverdiener mussten wegziehen und für finanziell Bessergestellte Platz machen,
die sich modern-urbanes Wohnen in den nun schick sanierten
Altbauten leisten können.)

Idioticon Hamburgense ist der Haupttitel eines Buches, das jedem ein Begriff werden wird, der sich eingehender mit der hamburgischen Sprache beschäftigen möchte. Vollständig lautet der Titel der 1755 in starker Erweiterung erschienenen zweiten Auflage: „Idioticon Hamburgense. Wörterbuch zur Erklärung der eigenen, in und um Hamburg gebräuchlichen Nieder-Sächsischen Mund-Art". In Hamburg stellt übrigens die Aussprache des Fremdwortes Idiot für viele ein kleines Alltagshindernis dar,

Wie Agathe Lasch die Urmutter des systematischen Sammelns Hamburgischer Wortschatzes ist (s. S. 7), so ist Michael Richey ihr ältester historischer Lieferant. Die erste Auflage seines Idioticons umfasste 1743 nur 47 Seiten, die zweite, hier mit Titelblatt abgebildete, 374 (plus 158 Seiten Widmung, Vorrede und Anhang).

und es ist schon mal als *„Idi-oot"* oder noch mühsamer als *„I-di-out"* zu hören. Das gilt natürlich auch für diverse andere → *vigelienische* Wörter und Silben, bei denen die Zunge einfach nicht recht *funk-schoniern* will. Das macht aber *rein gaa nix,* und nur wegen schwer *hinzukriegener Präzisijohn inne Aussprache is' keine Revulutschoun* gegen Fremdwörter zu befürchten, so wie auch die *Sozi-aaldemokraten* im Hamburger Rathaus lange Zeit hindurch selten um ihre Mehrheiten zittern mussten. Ein besonders beliebter, Bürgermeister Henning Voscherau (1988–97), war sehr versiert im Sprachgebrauch seiner Heimatstadt und sorgte 1996 persönlich mit dem Korrekturstift in der Hand dafür, dass aus dem Manuskript einer niederdeutschen Ausgabe der hamburgischen Landesverfassung von ihm entdeckte Spuren Bremer Platts getilgt wurden (zu Voscheraus Sprachinteresse siehe auch → *Gachten*).

Igitt! oder **Igittigitt** ist ein in ganz Deutschland zu hörender Ekelruf, der in Hamburg nicht auf „Widerliches" beschränkt bleibt. „Gitt, nee!" kann als abschätziger Kommentar dienen oder ein „Igitt, wie blöd!" anstelle eines „Zu dumm!" oder „Ärgerlich!" gesprochen werden.

in brass → *fühnsch*

in Gang → *Gang*

in Tüdel kommen Wer „in Tüdel kommt", verliert die Übersicht und bringt alles durcheinander. Diesen Zeitpunkt möglichst weit hinauszuschieben, versuchen Kinder beim Fadenspiel mit dem → *Tüdelband.*

Intelligenzquotient und **Intelligenztest** sind nun keine Hamburger Begriffe, aber ihr „Erfinder" wirkte lange in Hamburg. Es war der berühmte Psychologe und Philosoph William Stern (1871–1938). Er hatte sich 1919 aktiv an der Gründung der Hamburgischen Universität beteiligt und war dort an der Leitung des philosophischen und des psychologischen Instituts beteiligt. 1931 wurde er Vorsizender der Deutschen Gesellschaft für Psychologie. Zwei Jahre später verlor er wegen seines jüdischen Elternhauses seine Stellung an der Universität. Stern emigrierte und wurde Professor an der Duke University, Durham (North-Carolina), in den USA.

Intschespiele sind die Cowboy- und Indianerspiele der Kinder.

Is was? ist eigentlich die Kurzform der Frage „Ist was los (hier)?" oder „Was ist los hier?". Wird „Is was?" sehr kurz und scharf ausgesprochen, kann es in bestimmten „ungemütlichen" Situationen und Kreisen häufig den Beginn einer möglicherweise nicht nur verbal auszutragenden Auseinandersetzung bedeuten. Wenn es dann richtig schief weiter geht, lautet eine drohende Redewendung: *„Ich hau dich bludich"* oder *„Ich box dich bludich!"* (= blutig).

Ischa gediegen! → *gediegen*

IZ Idiotenzone (zu „HH" siehe → *Hummel, Hummel*).

J

Ja bzw. *„Jä"* oder *„Tschä"* kann so richtig „echt" vermutlich nur aussprechen, „wer unverfälschte Hamburger Luft von Kindheit an geatmet hat". So vermutete jedenfalls der erfolgreiche Theaterschriftsteller und Hamburg-Kenner Paul Möhring (1890–1976) und stellte weiter fest: „Wenn jemand nichts zu sagen hat oder nichts zu sagen weiß, sagt er wenigstens ‚Jä'. Es dient auch als sprachlicher Anlauf, um sinnig auf irgendeine Überraschung vorzubereiten, oder als Pause vor einer Pointe." Wer es als → *Quiddje* dennoch mit der „richtigen" Aussprache probieren möchte, sollte „Jä" mit einem weichen „J" wie in → *Etage* sprechen und es bei „Tschä" möglichst kurz und hart angehen lassen. Dirks Paulun sinnierte zum Wörtchen „Ja": „Da gibt es ein begeistertes ‚Schah', ein zögerndes ‚Djah' und ‚Djeh', ein zweifelndes oder bedenkliches ‚Tsche' oder ‚Tschä', ein gutmütiges ‚Joh', ‚Joho' und ‚Joa'."

Jackvoll *„Hau bloß ab hiä, sons krichsu gleich 'n Jackvoll!"* „Jackvoll" (oder auch „Fellvoll") lautet die Hamburger Variante einer „Tracht Prügel" oder des umgangssprachlich-derben „Arschvolls". Eine Verbform ist „verjacksen", das in seiner bösesten Ausführung von dem verjacksten Menschen nur noch → *Grus und Mus* übriglässt.

Jakobsleiter → *Gang*

Jan Maat oder **Janmaat** ist ein scherzhaftes Ersatzwort für „Matrose". Jan Maat freut sich schon lange vor Helgoland auf Landgang und „Old Hamborch". Eine weitere Bezeichnung von „Janmaats", vor allem von solchen, die gern breit von ihren Erlebnissen der letzten Reise berichteten, war „Seelords", während das deutschweite „Seebär" eher ein „Landrattenbegriff" ist.

jedereiner ist eine hamburgische Wortverdrehung von „ein jeder". Wunderschön zu üben ist sie mit dem Lied „An de Alster, an de Elbe, an de Bill". Der Titel eröffnet zugleich den Refrain, und dann geht's weiter mit „da kann jeder eener moken wat he will", was auf Hochdeutsch der fröhlichen Aussage entspricht, dass an den drei Flüssen jeder machen kann, was er oder sie will.

Jonny lautet die plattdeutsche Kurzform des Namens Johannes. Als Begriff bezeichnet es wie → *Dobbas* eine große, schwere Sache, einen „dicken Brummer" (oder süddeutsch einen „Trumm"). Bei entsprechender Betonung ist in der Rede über „*sonn Jonny!*" oder „*Was'n dicken Jonny!*" auch eine die Ausmaße des bezeichneten Gegenstandes andeutende Hand- oder Armbewegung nicht notwendig.

Jungfernstieg ist der Name der bekanntesten Straße in Hamburgs Innenstadt. Am südwestlichen Ufer der → *Binnenalster* verläuft sie dort, wo um 1235 der Mühlendamm angelegt wurde, der die Alster zu einem großen See aufstaute. Wie der Name entstand, ist vergessen, und so bleibt es bei der Mutmaßung, dass auf dem Jungfernstieg entlangzuspazieren wohl vor allem eine Sache des weiblichen Geschlechts gewesen sein muss (oder des männlichen, um jenes zu beobachten – Beleg folgt gleich). Jedenfalls ist der Name Jungfernstieg seit 1684 nachgewiesen. Einige Jahrzehnte zuvor waren eine breite, mit Bäumen bepflanzte Pflasterstraße und lange Spielbahnen für „palle a maglio" angelegt worden. So heißt ein italienisches Schlagballspiel, das schon in Altona gespielt wurde und dort bekanntlich im Namen der „Palmaille" verewigt ist. 1799 empfing auf dem Jungfernstieg der erste „Alsterpavillon" seine Gäste, deren heutige Besucher Kaffee, Kuchen und Ausblick im bereits sechsten Nachfolgebau genießen. Ein weiteres bekanntes Lokal war daneben der Schweizer Pavillon, der im → *Großen Brand* zerstört wurde. Der Hamburg eng verbundene Dichter Heinrich Heine (1797–1856) war dort häufig Gast und verewigte 1834 den Blick von dort auf den Jungfernstieg: „Da lässt sich gut sitzen, und da saß ich gut [...] und dachte, was ein junger Mensch zu denken pflegt, nämlich gar nichts, und betrachtete, was ein junger Mensch zu betrachten pflegt, nämlich die jungen Mädchen, die vorübergingen [...]." Das Zitat stammt „Aus den Memoiren des Herren von Schnabelewopski", die 1834 im Band „Der Salon" bei Hoffmann und Campe erschienen. Sieben Jahre später konnte Verlagsinhaber Julius Campe mit dem Text eines anderen Autors seine gute Nase für erfolgreiche Texte erneut beweisen: 1841 sicherte er sich auf Helgoland die Rechte an August Hoffmann von Fallerslebens „Das Lied der Deutschen". Dessen dritte Strophe ist der Text der heutigen deutschen Nationalhymne. Erstmals gesungen wurde sie am 5. Oktober des Jahres, und zwar vor Streit's Hotel auf dem Hamburger Jungfernstieg.

Justizforum ist der inoffizielle Name des Sievekingplatzes, weil er an drei Seiten durch Justizgebäude begrenzt wird. An der Stirnseite liegt das Gebäude des 1912 fertiggestellten Hanseatischen Oberlandesgerichts, Sitz für das damalige gemeinsame Oberlandesgericht von Hamburg, Lübeck (bis 1937) und Bremen (bis 1947). Von ihm aus rechts liegen das Zivil- und links das Strafjustizgebäude. Die offizielle Benennung geschah 1911 zu Ehren des langjährigen Präsidenten des Hanseatischen Oberlandesgerichts, Ernst Friedrich Sieveking (1836–1909).

Das Justizforum aus der Luft gesehen. Da es bald zu klein geworden war, erhielt das Ziviljustizgebäude 1928–30 den von Oberbaudirektor Fritz Schumacher entworfenen abgerundeten Anbau (oben links). Das für Hamburg untypisch als neoromanischer Zentralbau errichtete Gotteshaus oben rechts war 1907 übrigens wegen seiner Nähe zu den Gerichten und zum nahen Untersuchungsgefängnis Holstenglacis als „Gnadenkirche" der Gnade Gottes gewidmet. Hundert Jahre später erfolgte die Weihe als russisch-orthodoxe „Kirche des Hl. Johannes von Kronstadt zu Hamburg".

Kaffeeklappen war der inoffizielle Name der Volksspeise- und Kaffeehallen im Hamburger Hafen. Im Gegensatz zum Angebot des → *Fleegenweerts* sollte es hier nur alkoholfreie Getränke und warmes Essen geben. Nach dem Beispiel der 1885 vom Verein gegen den Missbrauch geistiger Getränke in der Wexstraße eingerichteten Halle eröffnete der 1887 gegründete Verein für Volkskaffeehallen mehrere im Hafengebiet. 1959 waren noch fünf Haupt-, neun Nebenkaffeehallen und vier Verkaufsstände in Schuppen in Betrieb. Die letzte Kaffeeklappe am Kaiser-Wilhelm-Hafen schloss 1985, und die verbliebenen Arbeiter waren wieder auf die Thermoskanne *(Kaffetäng)* angewiesen (siehe auch → *Zampelbüdel*).

Kaifu ist das Kurzwort für die 1912 zu Ehren des deutschen „99-Tage-Kaisers" Friedrich III. (1831–88) benannte Straße Kaiser-Friedrich-Ufer. Sie verläuft entlang dem Isebekkanal in den Stadtteilen Harvestehude und Eimsbüttel. Einige der hier Gewerbstreibenden haben das prägnante „Kaifu" in ihre Firmennamen aufgenommen, und auch die Schule und das Schwimmbad an der Straße werden „Kaifu" genannt.

Kaini ab → *abkönnen*

kandidel steht im Plattdeutschen für „froh", „lustig" oder „gut aufgelegt". Das davon vermutlich abgeleitete Tätigkeitswort „kondideln" muss wohl von Leuten geprägt worden sein, die beim Genuss von süßem Gebäck, Kuchen und Torten äußerst kandidel wurden, denn „kondideln" heißt nichts anderes als „eine Konditorei besuchen".

Kaninchenfutter → *Zampelbüdel*

Kanuut ist ein alter Hamburger Ausdruck für Genosse, Kamerad, und „Kanuuten" beschreibt auch eine Gruppe spielender → *Buttjer*, die vermutlich im nächsten unbeobachteten Augenblick mal wieder ziemlichen Unsinn anstellen dürfte.

Kap Kiekut → *Altonaer Balkon*

Kappheisterwasser (auch: Kapeisterwasser) ist (meist billiger) → *Köm.* Koppheister ist Plattdeutsch für kopfüber, und vielleicht ist diese Namensgebung darauf zurückzuführen, weil man nach Genuss einer bestimmten Menge angeheitert auf die Idee kommen könnte, „Koppheister zu schießen", also einen plattdeutschen Purzelbaum zu versuchen (oder weil man sich nach noch mehr Genuss alsbald unfreiwillig den Kopp vornüberbeugen muss).

Karoviertel oder Karolinenviertel wird der Teil St. Paulis westlich der Karolinenstraße zwischen Feldstraße und der Verbindungsbahn am Sternschanzenbahnhof genannt. Der Bestand an Wohnhäusern noch vom Ende des 19. Jahrhunderts wurde im Zweiten Weltkrieg kaum zerstört. Das Karoviertel prägten das 1989 stillgelegte HEW-Heizkraftwerk „Karoline" (2002 abgerissen) sowie der Zentralviehmarkt und der Zentralschlachthof (1996 geschlossen). Etwas im Windschatten der größeren → *Schanze* stehend, zog das Viertel seit den 1980er Jahren aber ganz ähnliche Sorgen auf sich wie jenes, und zwar sowohl wegen wachsender Armut, Drogenmissbrauch, sehr hohem Ausländeranteil und Hausbesetzungen als auch durch die Befürchtung, dass mit der üblichen Gegenkeule ungebremster Spekulations- und Sanierungsgeschäfte das Kind mit dem Bade ausgeschüttet und lebendiges urban-alternativ-kreatives Flair links und rechts der Marktstraße unwiederbringlich verloren gehen könnte. *Tschä, jetz willst wohl wissn, wie's da hoide aussieht – muss ma ehm inne* → *Ringlinie springn bis „Feldstraße". Gehst büschen spaziern, machs dein eignes Bild. Würst viele renovierte Fassadn sehn, aber Schickimicki eher wenich. Den Loiden kann man ja nicht in die Köppe gucken, aber totzicha wolln viele von den, die früha schon hier wohnten, weder die Uhr zurückdrehn noch wechziehn, wenn's ergendwie geht.*

Karpfenschnut ziehen oder **Flunsch ziehen** Mit gesenktem Blick, vorgeschobener Unterlippe und krauser Stirn ziehen Kinder eine „Karpfenschnut" oder einen „Flunsch". Sie sind trotzig-eingeschnappt und spielen die „beleidigte Leberwurst". Geschieht dies beim Essen, wird also ein Gericht verweigert, folgt die Ermahnung, nicht so → *krüsch* zu sein.

kattameng *„Das machen wir nu kattameng!"* ist im gesamten plattdeutschen Land zwischen Ost- und Nordsee überliefert für:
„Das machen wir nun beide zusammen", oder vielleicht genauer: „Du hilfst mir jetzt!" Solo kann es auch kein Mensch
schaffen, dem eigentlichen Sinn des französischen Begriffs zu
entsprechen: Er stammt aus der Musik und meint mit „à quatre
mains" das vierhändige Klavierspiel.

Katteker lautet der plattdeutsche Name des Eichhörnchens.

Kaukau – gern auf der ersten Silbe betont (!) – lautete früher die
weitverbreitete Aussprache für Kakao. In Vorfreude auf den
leckeren Trunk halten sich Kinder auch heute nicht lange mit der
korrekten, zweifellos doch sehr → *vigelienschen* Aussprache auf.

Kehrwieder heißt eine Straße auf der durch Zollkanal und
Binnenhafen von der Stadt getrennten Kehrwiederinsel. Sie
ist der westliche Teil der alten Brookinsel (den östlichen bildet

Blick vom Kehrwieder auf „Hamburgs Schiffe Mastenwald". Wilhelm
Heuer überlieferte die Szenerie des Binnenhafens mit unzähligen
Details um 1860. Gut zu sehen sind die vielen Schuten, mit denen die
Ladungen der an → *Duckdalben* liegenden Seeschiffe umgeschlagen
werden. Im Vordergrund der Fähranleger für alle, die an der Kehr-
wiederspitze nicht umkehren wollen.

die Wandrahminsel). Der Name leitet sich, leider, weil viel hübscher, nicht davon ab, dass hier Hamburgerinnen ihren „nach See" gehenden Männern „Kehr wieder!" nachriefen, sondern davon, dass man am Ende der Kehrwiederspitze buchstäblich wiederumkehren musste. Dies änderte sich erst 1878 mit dem Bau der Niederbaumbrücke als Verbindung zum → *Baumwall*. Das dicht mit Hamburger Bürgerhäusern bebaute Kehrwiederviertel musste ab 1883 dem Bau der Speicherstadt weichen.

keinein niemand

Kemm'sche Kuchen oder „Braune Kuchen" sind eine Hamburger Spezialität, die jedoch ursprünglich aus Altona stammt. Die ersten der dünnen rechteckigen Kekse wurden 1782 in der Altonaer Bäckerei und Konditorei Kemm in Sirup und mit intensivem Gewürz-Aroma gebacken. Bis 1889 wurde das Rezept innerhalb der Familie vererbt. Der spätere Hersteller gab 1994 seinen Lokstedter Betrieb auf, den Traditionsnamen und das Rezept der „Kemm'schen Kuchen" übernahm ein Krefelder Unternehmen.

Kerdel steht für „Kerl".

Ketelklopper → *Schwarze Gang*

Ketelkloppersprook → *Barmbeker Latein*

Kibbelkabbel Ein Kibbel ist ein zehn bis 15 Zentimeter langes, beidseitig zugespitztes Stöckchen. Darum dreht sich alles beim heute weitgehend vergessenen Kinderspiel namens „Kibbelkabbel". Im Hamburgischen Wörterbuch sind die Regeln wie folgt zusammengefasst: „Ein *Kibbel* wird über ein in die Erde gebohrtes Loch gelegt und von einem Spieler mit einem längeren Stock, dem *Kabbel*, möglichst weit in die gegnerische Spielhälfte geschleudert, wo die Mitspieler den *Kibbel* zu fangen versuchen; gelingt dies, gibt es Punkte, und der Fänger muss versuchen, mit dem *Kibbel* den vom Gegner niedergelegten *Kabbel* zu treffen; beim erfolgreichen Versuch

ist der Gegner *af* und wird abgelöst; im anderen Fall schlägt
dieser Spieler mit dem *Kabbel* so auf das eine Ende des *Kibbel,*
dass dieser hochspringt und nun möglichst oft in der Luft mit
dem *Kabbel* getroffen werden muss, wofür es ebenfalls Punkte
gibt."

kiddelich heißt natürlich kitzelig und ist hier nur deshalb noch
einmal genannt, weil schon das Wort fast so *nüddelich* ist, wie
das Lachen eines sich windenden → *Buttje* beim *durchkiddeln.*

Kiek mol wedder in lautet die zum Abschied ausgesprochene plattdeutsche Aufforderung, einmal wieder vorbeizuschauen (Guck'
mal wieder rein!).

Kieker ist das plattdeutsche und seemännische Wort für Fern-
rohr bzw. Fernglas. „Sie hat ihn schon lange auf dem Kieker"
bedeutet, dass sie ihn schon lange beobachtet, vermutlich ohne,
dass er davon weiß.

Kiez Wer in Hamburg „auf'n Kiez geht", steuert das links und
rechts der → *Reeperbahn* in St. Pauli gelegene Vergnügungs-
viertel an (früher → *St. Liederlich*). Die vermutlich im frühen
Mittelalter im slawisch-nordostdeutschen Siedlungsraum entstandene Bezeichnung „Kiez" (oder „Kietz") meinte zunächst
kleine, Burgen vorgelagerte Siedlungen niederer Dienstleute.
Später wurde daraus umgangssprachlich spöttelnd: „ärmliche
Vorstadt". Mittlerweile fahren die S-Bahnen am Wochenende
nachts durch, noch in den 2000er Jahren war der Kiez mit
„Öffentlichen" nur per Nachtbus (alle 600er) zu verlassen oder
sonntagmorgens mit der S-Bahn *(… abbe ers ehm noch kurz
auf'n → Fischmarkt).*

Kille, Kille → *Wandsbek*

Kinken bezeichnen eigentlich seemännisch die Fehler im Tau,
können sich aber in allen Dingen als mitunter erhebliche Mängel
verbergen, obwohl diese bereits fertiggestellt und in Betrieb
genommen wurden *(„Da sind man noch paar Kinken drinne!").*

K   **Kirchspiele** hießen früher die einzelnen Teile des nach Kirchen-
gemeinden aufgeteilten Stadtgebiets. Ihre Namen waren die
ihrer Hauptkirche. Im 17. Jahrhundert kam mit St. Michaelis
in der neu entstandenen Neustadt (→ *Ring* 1) ein fünftes Kirchspiel hinzu. An einem überlieferten Spruch lässt sich eine
Grundtendenz der Sozialstruktur im alten, seit 1529 gut/stramm
lutherischen Hamburg des 17./18. Jahrhunderts nachempfinden:

> St. Petri de Rieken (die Reichen)
> St. Nikolai desglieken (desgleichen)
> St. Katharinen de sturen (die Stolzen, Vornehmen)
> St. Jacobi de Buren (die Bauern)
> St. Michaelis de Armen (die Armen)
> Dat mag woll Gott erbarmen.

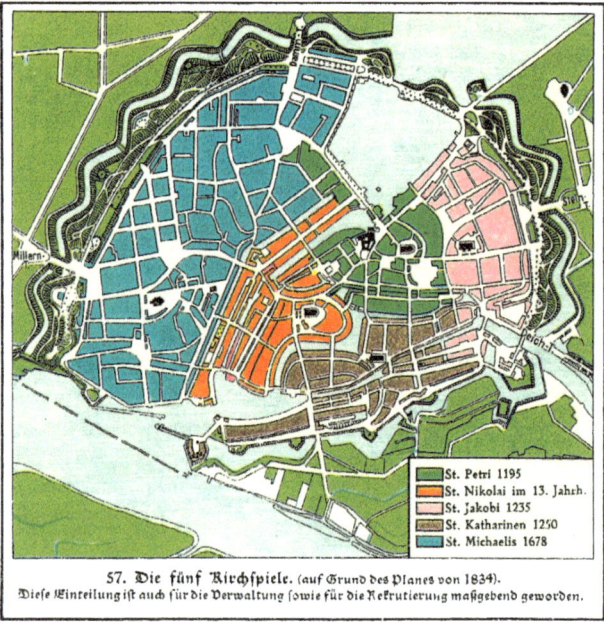

57. Die fünf Kirchspiele. (auf Grund des Planes von 1834).
Diese Einteilung ist auch für die Verwaltung sowie für die Rekrutierung maßgebend geworden.

Die historische Kirchspielgliederung, dargestellt im „Hamburger
Geschichtsatlas". Oberlehrer Karl Wölfle gab ihn 1926 zum Gebrauch
im Heimatkundeunterricht als Buch heraus.

Klacks „… dat is'n Klacks for'n Hamborger Jung", heißt es in dem bekannten Hamburger Lied, in dem zuvor besungen wird, wie der betreffende Junge beim Spiel mit dem → *Tüdelband* erst mit dem Kopf auf den Kantstein fällt und sich dabei noch gehörig auf die Zunge beißt! Ganz im Gegensatz dazu bezeichnet der „Klacks" in der Regel jedoch eine Kleinigkeit, ein kleines bisschen. *„Is doch 'n Klacks"* meint eine Angelegenheit, die ohne großen Aufwand zu erledigen ist. Wer im Bericht über eigene Taten von einem „Klacks" spricht, gerät leicht in den Verdacht, die → *Mütze voll Wind zu nehmen,* also durch Untertreibung zu prahlen: *Kolbenfressä in mein Gelännewoogen hab ich ratzfatz repperiert, is doch 'n Klacks.* Sollte sich jedoch herausstellen, dass der Motor hinterher doch nicht so *assrein* (astrein) läuft, hat der Angeber bei der Reparatur gepfuscht und somit „Klacksarbeit" gemacht: „klacksen" heißt auch „kleckern".

klamüstern oder **klamüsern** ist plattdeutsch und heißt so viel wie „über etwas nachdenken" oder „grübeln"; wer jedoch „was ausklamüstert", heckt etwas aus und schmiedet Pläne.

Klapperdeckelschute → *Schute*

Klappskalli Ob er nun liebenswert ist oder nicht – ein Klappskalli ist und bleibt ein Vollidiot.

Klecker- oder **Klackerbuuschen** ist eine Bezeichnung für das Kinderlätzchen. „Kleckerbüdel" lautet somit das Schimpfwort für das Kind, das sich bei Tisch benimmt wie ein → *Puttfarken.*

kleien heißt auf Hochdeutsch kratzen. Das Wort ist vor allem in Verbindung mit einem Fluch von Bedeutung: „Klei di an 'ne Feut! (oder „Klei di an 'n → *Mors*"), was so viel meint wie „Lass mich in Ruhe und kümmere dich um deine eigenen Angelegenheiten". Somit ist es viel züchtiger als der „Schwäbische Gruß" („Legg me am Arsch"), den Goethe seit 1774 seinem Götz von Berlichingen über die Zunge und somit hochkulturlich abgesegnet in die Ohren des Theaterpublikums rollen lässt.

Klein Erna ist der Name einer Hamburger → *Deern*, um die sich die von der Schriftstellerin und Zeichnerin Vera Möller (eigentlich Mohr-Möller, 1911–1998) gesammelten Geschichten drehen. Sie sind abgefasst in → *Missingsch* und handeln zumeist von Alltagserlebnissen Klein Ernas oder ihres jüngeren Bruders Klein Bubi, die häufig als Dialogreden mit der Mutter, Frau Pumeier, geschildert werden. Die beiden ersten „Klein-Erna"-Bücher erschienen 1939/40, weitere Bände und Auflagen folgten seit 1949/50, darunter auch die in den 1950er Jahren erschienene vier- und später fünfbändige Ausgabe „Klein Erna in Tüte". Im vierten Band befindet sie sich „In Taaliatiater": „Klein Erna is mit Mamma in Taaliatiater und inne Pause gehen sie da in Gang spazian und sehn da mittema 'n Foto vonne Schauspielerin, die sie ehm gesehn ham. Da sagt Mamma: ‚Ne Schönheit issi scha gerade nicht!' Klein Erna: ‚Tscha, aber bein Spieln holt sie auf!'"

Klein Jerusalem war der volkstümliche Name für das Grindelviertel. Es liegt im Stadtteil Rotherbaum und entspricht in etwa dem heutigen Universitätsviertel. Die Benennung als „Klein Jerusalem" ist darauf zurückzuführen, dass hier vor Beginn der NS-Zeit ein Großteil der fast 17.000 Hamburger Juden lebte. Im Grindelviertel lagen neben anderen auch die Hauptsynagoge, deren Grundriss im Belag des Joseph-Carlebach-Platzes eingelassen ist, die Talmud-Tora-Schule und das Haus des Jüdischen Kulturbundes; es beherbergt heute die Hamburger Kammerspiele. Bis 1945 war die Gemeinde durch Emigration und vor allem durch die Judenverfolgung der Nationalsozialisten auf knapp 650 Mitglieder zusammengeschmolzen. Somit hatte auch „Klein Jerusalem" in dem von Bomben teilweise stark zerstörten Grindelviertel endgültig aufgehört zu bestehen. Aber wer heute dort durch die Straßen geht, erhält durch die vielen zum Andenken an die Deportierten und Ermordeten des Viertels in die Bürgersteige eingelassenen „Stolpersteine" eine Ahnung von der Allgegenwärtigkeit der NS-Verbrechen in Klein Jerusalem.

klöben Das plattdeutsche Wort „klöben" (oder „klöven") bedeutet „spalten" oder „teilen" und lässt sich bis ins Altsächsische zurückverfolgen. Was beim „Klöben" gespalten aussieht, ist der Hefeteig für ein besonderes Festgebäck (→ *Stuten*). Mit Rosinen, Korinthen, Gewürzen und viel Butter und Zucker versehen, wird der Teig dick ausgerollt und nach innen zusammengeklappt. Dadurch entsteht beim Backen in der Mitte der typische Spalt.

Klönen wird das behagliche Plaudern genannt. Wenn sich zwei gute Bekannte treffen, halten sie erst mal einen kurzen „Klönschnack". Wie jedoch bei Michael Richey aus dem alten Hamburg überliefert ist, hatte das Wort im 18. Jahrhundert durchaus die gegenteilige Bedeutung von einem gemütlichen Plausch, zumindest für einen der Gesprächspartner. Wer sagte, er „klöhnt my de Ohren vull", beschwerte sich, dass er von seinem Gegenüber mit Jammern und Klagen über Gebühr belästigt wird.

Klönkassn würden Telefone vielleicht immer noch genannt werden, hingen sie noch wie vor über hundert Jahren groß und kantig-hölzern mit Drehkurbel an der Seite im Wohnungsflur an der Wand – statt am Ladekabel (wenn sie nicht gerade in Hand- und Hosentaschen stecken oder über Stöpsel im Ohr).

klöterig steht im Plattdeutschen für etwas, das zusammenschlägt, das klappert. Wer sich „klöterig" fühlt, dem geht es schlecht. Vielleicht fühlt man sich klapprig, die Knochen „klötern" aneinander, oder man ist → *breegen*- oder → *melanklöterig*. Aus dem Hamburger Sprachgebrauch des 18. Jahrhunderts überlieferte Michael Richey „klöterig" auch in der Bedeutung von „ärmlich" oder „unreinlich".

Klookschieter ist plattdeutsch und bezeichnet jemanden, der sehr viel redet und stets alles besser zu wissen glaubt – „klook" bedeutet auf Hochdeutsch „klug" (siehe auch → *Schiete*).

Klüsen heißen die Öffnungen an der Bordwand, durch die die Taue zum Festmachen des Schiffes führen. Die Ankerkette verläuft durch die Ankerklüsen. An Land steht der Begriff auch umgangssprachlich für die menschlichen Augen. Wer „dicke Klüsen" hat, hat zumeist am vorigen Abend zu viel gefeiert oder sich ein bis zwei blaue Augen geholt.

K

Klüten heißen Mehlklöße im Hamburger Platt. Michael Richey kannte sie auch als „Klütjen" und dokumentierte ferner die Begriffe „Roggen-" und „Weeten-Klütjen" (→ *Idioticon Hamburgense*). Auf spöttische Weise wurden im 18. Jahrhundert so die Geest- und Marschbauern voneinander unterschieden, denn in den fruchtbaren Marschen konnte Weizen sehr viel ertragreicher als auf der sandreichen Geest angebaut werden. Wenn Kinder im Winter „klütern", dann ist eine Schneeballschlacht in → *Gang*. Sollten sich die Eltern derweil einen → *Grog* zu viel aufgegossen haben, haben sie sich einen „Klüten" eingehandelt, nämlich einen Schwips (geht auch mit Klütenköm, dem Eierlikör).

Knacken Brot bezeichnet eine dicke Scheibe Brot, und wer einen „Knacken" vom Sonntagsbraten erhalten soll, dem wird ein großes Stück abgeschnitten. Noch Anfang des 20. Jahrhunderts war auch der „Kniebel" eine geläufige Bezeichnung dafür.

Knallköm ist ein schönes Wort für Schaumwein, Sekt oder Champagner. In einer Geschichte von „Hans ut Hamm" findet sich die Passage: Eine Bardame *„ernährt sick vun Bonbeuker, Soltmandeln, Cognac-Sauer un Whisky-Soda. Se drinkt ober ok Flipse, Cocktails un Sekt, de in Hamborg Knallköm heet. An besten leewt se vun de Buddels, de gor nich drunken, sünnern bloß betohlt war. Ober dat sünd ‚Bar-Geheimnisse‘, de bloß de Mixer un de Kellners kennt."* (siehe auch → *Puffbrause*)

Knolle ist eine Bezeichnung für die kleinen, braunen 0,33-Liter-Bierflaschen mit kurzem Hals. Vielen gelten sie als nicht gerade elegante Erscheinung – aber diese Meinung mit einem abschätzigen Blick auf eine angebotene „Knolle" zum Ausdruck zu bringen, könnte ein scharfes *„Was dagegn?"* nach sich ziehen (siehe auch → *Is was?*).

Koberer werden die Portiers vor den Türen von Nachtklubs auf dem → *Kiez* genannt. Mit teils wüsten Versprechungen, blumigen Verheißungen nackter Tatsachen und schrägsten Argumenten versuchen sie, Kundschaft in die Etablissements zu locken (noch harmlos: „Kommste rein, hastes hinter dir"). „Kober" stammt

aus der Gaunersprache Rotwelsch und heißt dort „Zuhälter".
Die Fenster in der → *Herbertstraße*, in denen sich die Prostituierten ihrer Kundschaft zeigen, werden als „Koberfenster"
bezeichnet.

Köksch leitet sich ab von dem plattdeutschen Wort „Köken"
(Küche) und heißt Köchin. „Kökschen" gehörten noch bis vor
dem Ersten Weltkrieg zu allen gehobenen Haushalten und
fanden somit besonders in den Stadtteilen Harvestehude und
Rotherbaum ihre Anstellungen.

Zwei Frauen als Hausangestellte zu Anfang des 20. Jahrhunderts.
Manche „Kökschen" und „Mädchen" sahen zu, dass sie so bald wie
möglich kündigten, andere blieben ein Leben lang und wurden fast
zu Angehörigen der Familien, bei denen sie arbeiteten und lebten.

Köm steht für „Kümmel", der wiederum ist bedeutungsgleich mit „Korn" und somit als Bezeichnung für einen klaren Schnaps in Gebrauch (→ *Lütt un Lütt*). „Köminsel" war noch Anfang des 20. Jahrhunderts eine gängige Bezeichnung für die kleinen Kneipen, die es früher in Hamburg an vielen Straßenecken gab (siehe auch → *Fleegenweert*, → *Pieselei*).

Kondideln → *kandidel*

Kontor ist der ältere Ausdruck für „Büro". Er hat sich in Hamburg länger gehalten als anderswo und überlebt im Begriff → *Kontorhausviertel* bis heute. Abgeleitet vom französischen „Comptoir", der Bezeichnung für den Schreib- und Geschäftsraum des Kaufmanns (compter = zählen, [be]rechnen), hatte das „Kontor" seinerseits die plattdeutsche „Skrivekammer" (= Schreibzimmer) verdrängt – das ist aber sämtlich Schnee von gestern, denn heute heißt ohnehin praktisch alles „Office". Umso besser also, dass das Museum für Hamburgische Geschichte eine historische begehbare Hamburger Kaufmannsdiele und den Arbeitsplatz eines Kaufmanns authentisch erlebbar macht.

Kontorhausviertel wird das seit den 1920er Jahren vollends neu aufgebaute Quartier zwischen Steinstraße und → *Meßberg* rund um den Burchardplatz genannt. Hier stehen die massigen Bürobauten, die zu ihrer Zeit die Dimensionen gewöhnlicher Kontorhäuser um ein Vielfaches übertrafen und mit ihren enormen Ausmaßen bei der Entstehung ganze Straßen einfach überspannten und zu Durchfahrten machten, wie das 1924–26 errichtete Chilehaus die Fischer- und der Sprinkenhof die Springeltwiete. Neben diesen beiden berühmtesten Bauten des Viertels sind besonders bedeutend der Meßberg-, der Mohlen- und der Montanhof. Das erste moderne, aber noch den Hamburger Heimatstil zeigende Gebäude im heutigen Kontorhausviertel entstand 1906–08 als Sitz der Landherrenschaften und der noch heute darin untergebrachten Polizeidienststelle (Klingberg 1). Als eines der letzten wurde 1938 am Domplatz das Pressehaus fertiggestellt. Auf seinen Etagen arbeiteten lange die Redaktionen von „Der Spiegel",

Hamburgs berühmteste Dachspitze hoch über der Ecke Pumpen/
Burchardstraße. Der Architekt des 1922–24 errichteten Chilehauses
war Fritz Höger, sein Bauherr der mit Salpeterimport aus Chile sehr
erfolgreiche Kaufmann Henry Brarens Sloman.

„Stern" und „Hamburger Morgenpost". Heute ist darin „DIE
ZEIT" zu Hause, was übrigens dem Gebäude namentlich zum
Verhängnis wurde, denn seit Januar 2016 heißt es nach dem
langjährigen Mitherausgeber der Wochenzeitung „Helmut-
Schmidt-Haus". *Zack, issa wech, der alte Name, wo „Schmidt
Schnauze" schon 'ne ganze Universität und mit „Hamburg
Airport Helmut Schmidt" dann ja auch noch den Fluchhafn Fuhls-
büttl gekricht hat!* Kann schon sein, bloß ist das historische
„Pressehaus" bis 1945 jahrelang auch nur mit großem Haken-
kreuz und jeder Menge gedruckter Gewaltverherrlichung und
Kriegshetze der Redaktion des „Hamburger Tageblatts" zu
haben gewesen. Eine reine Freudenmeldung erreichte dagegen
ein halbes Jahr vor der Umbenennung alle Hamburger
Redaktionen: Am 5. Juli 2015 hatte das so massive und einheitlich mit rotem Backstein als Fassadenmaterial eingekleidete
Kontorhausviertel seinen lang ersehnten Platz auf der Liste
des UNESCO-Welterbes erhalten, wenn auch nicht allein,
sondern zusammen mit der zur HafenCity gehörenden Speicherstadt, und ganz präzise als „Ref. 1467: Speicherstadt and
Kontorhaus District with Chilehaus".

krall und kregel Wer „krall und kregel" ist, fühlt sich kerngesund und zeigt sich quietschfidel.

Krambolaasch klingt schick nach einem aus dem Französischen nach Norddeutschland importierten Verkehrsunfall mit Blechschaden oder sonstigen Zusammenstoß und ist als Hamburger Begriff „Krambool" für „Lärm, Krakeel" belegt. Dem Historiker und Autor Dr. Jan Zimmermann verdankt dieses Büchlein einen besonders schönen Satz aus dem Mund eines alten Veddelers, den Zimmermann 2001 interviewte und der ihm aus seiner Rothenburgsorter Kindheit und von den häufigen Kneipen- und Straßenschlägereien dort berichtete: *„Do war ja dauernd Krambolaasch, un denn hadde mein Vadder ergenwann genuch davon und sachte: ‚Wir ziehn jetz auf die Veddel!'."*

Kreek ist ursprünglich die Bezeichnung für einen kleinen kastenförmigen Handschlitten mit eisenbeschlagenen Seitenbrettern. Besonders in Blankenese, aber auch in Marschgebieten wie Altenwerder und Finkenwerder bot er Kindern ein beliebtes Wintervergnügen. Gesteuert wird die Kreek, die keine Ähnlichkeit mit heutigen Rodelschlitten aufweist, mit einer langen, hinterherschleifenden Stange. Auf ebener Strecke dient sie beim „Rüschen",

Drei Kreekpiloten mit stählernen Nerven (oder ganz ohne) donnern in Richtung Schinckels Park – solche Kreeks sind kaum noch Kellerbastelei, sondern feine Tischlerarbeit.

wie das Fahren mit der Kreek heißt, durch Abstoßen zugleich zur
Fortbewegung auf vereistem Untergrund. Doch wofür die Kreek
noch heute berühmt ist, sind rasante Abfahrten mit weit mehr als
60 Stundenkilometern an steilen Hangwegen der Elbvororte.

kriegen steht nicht nur für „bekommen", sondern kann auch für
„zu tun haben" verwendet werden. „Mit der Sache hast du überhaupt nichts zu kriegen!" *„Damit happich nix zu kriegen"*, kann
auch heißen, dass der Betreffende von der Angelegenheit nichts
weiß. Kinder spielen nicht „Fangen" oder „Haschen", sondern
„Kriegen", und wer beim Raufen oder „Kloppen" seinen Kon-
trahenten nicht bezwingen, ihn nicht niederringen konnte, der
wurde dann selbst *„runnergekricht"* oder auch *„übergekricht"*.

Krinten → *Stuten*

krosch oder **kroß** → *rösch*

Kruken sind mehr oder weniger stark verschrobene Menschen,
die auf Hochdeutsch als „Originale", „Figuren" oder „Typen"
bezeichnet werden.

krüsch ist → *jederein*, der sich „anstellt". Vor allem Kinder bekommen es zu hören und häufig bei Mahlzeiten: „Iss jetzt deinen
Teller leer, und sei nicht so krüsch mit dem Spinat." Wenn Erwachsene gemeint sind, kann das abfällige „Krüsch" eine unangenehme Spitze bedeuten. Die Wortherkunft ist unsicher. Eine
Herleitung erkennt eine Buchstabenverdrehung von „küren"
(= wählen) und meint „wählerisch", eine andere sieht „krüt,
krüde" (= mittelhochdt. für „Gewürze" und „Kräuter") als Wur-
zel, womit sich „krüsch" auf jemanden beziehen soll, der lieber
schmackhaft gewürzte und somit teuer zubereitete Speisen essen
möchte als das, was er vor sich hat. Sicher dagegen ist: Auch an
Schweizer Tischen wird getadelt, dort aber mit „(g)schnädder-
frässig".

Krüsel wurden die früher in den Vierländer Bauernhäusern am
Krüselhaken von Decke oder Wand hängenden → *Tran-* oder

Rüböllampen genannt. Die Qualität ihrer Ausfertigung und Verzierung richtete sich nach dem Verwendungszweck. Aber ob Stuben-, Küchen- oder Stallkrüsel: Ein „Krüsel" hing frei und war drehbar, weshalb sich sein Name auch von → *küseln* oder *krüseln* ableiten könnte.

kuckig heißt es, wenn man das unangenehme Gefühl hat, dass einem die Nachbarn ins Fenster gucken können: *„Zieh ma ehm die Gadien voa, iss sons so kuckich!"*

Kuddel Daddeldu „Kuddel" oder „Kuttel" steht hochdeutsch für „Karl", und „Kuddel Daddeldu" ist der Spottname für einen Seemann (→ *Daddeldu*). Der → *Ökelname* ging durch den Schriftsteller Joachim Ringelnatz (1883–1934) in die deutsche Literaturgeschichte ein. Seine drastisch-humorigen Verse erschienen 1920 unter dem Titel „Kuttel Daddeldu" als „Mischung seemännischen Vagabundentums und anrührender Herzenseinfalt".

Kuddelmuddel bezeichnet ein Durcheinander. Das im 19. Jahrhundert verstärkt aufgekommene Wort hatte früher jedoch noch eine ganze Reihe weiterer Bedeutungen, darunter „Trödel" oder „Menschenauflauf". Im Hamburgischen Wörterbucharchiv findet sich mit „Kuddelmuddel, nix in Büdel!" auch eine schöne Variante der Redewendung „Viel Lärm um nichts!".

küseln oder **krüseln** Der Wind küselt, wenn er wirbelt. Der Begriff bedeutet auch „taumeln" oder „rundherumlaufen", kursierte auch als „kreiseln". Der „Wasserküsel" oder „-krüsel" benennt dementsprechend einen Wasserstrudel. Mit „Krüselding" bezeichnete man schon im alten Hamburg das Kinderspielzeug, bei dem ein Kreisel durch Peitschenschläge in der Drehung gehalten wird. Der „Brummkrüsel" dreht sich als „Brummkreisel" noch heute in Kinderzimmern.

Kuse Die Kuse ist der Backenzahn, mit Kusen können aber auch generell die Zähne gemeint sein. Um ein → *Bontje* länger zu genießen, sollte man ihn „hinter die Kusen klemmen" (siehe auch → *Prüntje*).

längskommen *tut man* sagen für hin- oder auskommen, wenn einem also etwas für einen bestimmten Zweck als ausreichend erscheint: „Mit der Menge Getränke sollten wir die Fahrt über längskommen." Eine weitere Bedeutung ist „jemanden begleiten" oder „besuchen". „Ich komm' noch eben (mit) längs."

Lassas nach! → *nach sein, nach haben, nachlassen*

Leinpfad lautet die Bezeichnung für einen neben Wasserwegen verlaufenden Treidelweg oder -pfad. Von ihm aus können mit Menschen- oder Pferdekraft Boote und selbst kleinere Schiffe gezogen werden. Somit ist die Vorgeschichte der 1866 benannten Straße Leinpfad im Stadtteil Winterhude schon erklärt: Hier wurden die Alsterkähne („Alsterböcke") auf der Alster, die auf diesem Abschnitt des Flusslaufs bis 1914 noch → *Streek* hieß, flussaufwärts getreidelt.

lehren und **lernen** wurden und werden im → *Missingsch* schon mal verwechselt. Dies ist vermutlich auch der Fall in einer schönen → *Klein-Erna-Geschichte*, die Dirks Paulun als „In Schule" und in einer älteren als der von Vera Möller überlieferten Fassung erzählt: Klein Erna scheint der Lehrerin nicht ausreichend gewaschen zu sein, und so notiert sie für die Eltern Pumeier: *„Ihre Tochter riecht leicht etwas strenge."* Der Vater schreibt zurück: *„Fräulein! Klein Erna is keine Rose. Sie solln da nich an duften. Sie solln ihr was lern."*

leicht zu geschieht, was „schnell passiert", meistens ein Versehen, z. B. das Abschicken einer E-Mail ohne den vorgesehenen Anhang.

Leuwagen bezeichnet in Hamburg eine hartborstige Scheuerbürste mit langem Stiel. Zum Reinigen wasserunempfindlicher Fußböden wird darum ein → *Feudel* gewickelt, und die Arbeit kann bequem im Stehen erledigt werden. Der historische Schiffbau kennt das Wort als Begriff für eine metallene Vorrichtung zur Verringerung der Reibung bei der Bewegung der Ruderpinne.

Libertatem quam peperere maiores digne studeat servare posteritas lautet der lateinische Sinnspruch über dem Eingangsportal des Hamburger Rathauses. Auf Deutsch bedeuten diese mahnenden Worte sinngemäß, dass die Hamburger Bürgerinnen und Bürger all das, was für die Stadt bisher an Gutem und vor allem für ihre Freiheit (lat. libertas) erreicht wurde, nach Kräften hüten, pflegen und vermehren sollen. Der Satz war schon an den alten Stadttoren Deich- und Millerntor sowie später im Ratsgehege (→ *Senatsgehege*) des Alten Rathauses am → *Neß* an der → *Trostbrücke* zu lesen.

LiLaLe hieß ein legendäres Künstlerfest, das 1951–68 alljährlich an der Hochschule für bildende Künste am Lerchenfeld veranstaltet wurde (das „Le" stand für Lerchenfeld). Die Studierenden der in Bergedorf ansässigen Fachbereiche der Fachhochschule Hamburg haben 1975 mit der Benennung ihres traditionellen Faschings-festes als „LiLaBe" („Be" für Bergedorf) den verwaisten Namen für sich entdeckt und übernommen. Ihre Party hat jedoch nichts mehr mit den zahlreichen Künstlerfesten gemein, die an der Kunstschule am Lerchenfeld in den Jahren nach dem Ersten Welt-krieg organisiert wurden. In zum Teil wochenlanger Vorbereitung waren die Veranstaltungsräume ebenso üppig wie fantasievoll dekoriert worden, z. B. für Mottos wie „Die Dämmerung der Zeitlosen", „Die Götzenpauke" oder „Der himmlische Kreisel".

Lord von Barmbeck Der „Ein- und Ausbrecher", wie er sich selbst nannte, war Hamburgs berühmtester Krimineller. Er hieß mit richtigem Namen Julius Adolf Petersen (1882–1933) und stammte aus dem südlichen Hamm. Im Alter von 13 Jahren wurde er zum ersten Mal inhaftiert. Nach außen führte der stets elegant auf-tretende Petersen ein unauffälliges Leben als Inhaber eines Keller-lokals. 1917 musste er zum wiederholten Male einsitzen, konnte sich jedoch durch einen Ausbruch befreien. Bevor er 1921 wieder gefasst wurde, glückten der von ihm geführten Bande, der „Barm-becker Verbrechergesellschaft", mehrere Einbrüche und Raubüber-fälle, wobei mitunter hohe Summen erbeutet wurden. Im Gefäng-nis gestand er 1922 mehr als 50 Einbrüche und Räubereien. 1932 wegen guter Führung entlassen, wurde Petersen kurz darauf wieder straffällig und 1933 erneut verhaftet. Einen Monat später erhängte er sich in seiner Zelle. Seine 1973 veröffentlichte Autobiografie wurde noch im selben Jahr verfilmt, und 2005 spielte Ulrich Tukur die Rolle Petersens im St. Pauli-Theater (→ *Warmtee*).

Lot mi an Land! lautet ein alter plattdeutscher Ausruf, der in erster Linie hochdeutsch zu lesen ist als: „Lass mich (damit) in Ruhe!" Wer das sagt, möchte – im übertragenen Sinne – offenbar sofort aussteigen aus dem Boot des gemeinsamen Gesprächsgegenstands und zurück an Land. Das wiederum entspricht der modern-knappen umgangsprachlichen Redensart: „Ich bin raus!" Eine zweite Bedeutung ist die eines erstaunten Ausrufs und lässt sich (besser als ins Hochdeutsche in die Sprache des Ruhrgebietes) übersetzen als: „Donnerlüttchen!"

Lübeck → *beiderstädtisch,* → *Hanseaten,* → *hanseatisch,* → *Ring 1*

Luden werden auch in Hamburgs Rotlichtmilieu die Zuhälter genannt. In früheren Zeiten sprachen die Prostituierten (→ *Mietje*) von ihrem Louis *(Luui)*, was aber auch die Bezeichnung für einen männlichen Kollegen sein konnte.

Lünk heißt der Spatz, der eigentlich ein Haussperling ist, auf Platt. Ganz andere Sperlingsvögel wurden in Hamburg lange vom → *Engel von St. Pauli* betreut.

Lütt un Lütt heißt auf Hochdeutsch „Klein und Klein". Wer an einem Hamburger (Eck-)Kneipentresen mit „Lütt un Lütt" bestellt, möchte 'n → *Köm un 'n Beer* trinken, also einen Korn (zwei Zentiliter) sowie ein helles Pils, und zwar ein ganz kleines (höchstens 0,25-Liter-Glas). Der Korn wird gekippt und mit dem Bier nachgespült. Noch vor ein bis zwei Jahrzehnten kannte jeder Hamburger Gastwirt diese Bestellung, heute muss man schon Glück haben, einen Kundigen zu finden.

Lusche wird genannt, wer bummelt und eigentlich anstehende Arbeiten nur nachlässig („luschig") oder gar nicht verrichtet.

luschern steht für heimliches Abgucken, z. B. während der Klassenarbeit.

machen In Geschäftsangelegenheiten galt der Begriff „machen" als Ausdruck für „geschickt jemanden übervorteilen". Carl Reinhardt gibt in seinem 1866 erschienenen Roman „Der 5. Mai", der um die Zeit des → *Großen Brandes von 1842* spielt, einen Einblick in das Leben der Hamburger Kaufmannschaft: Wenn es in einem → *Kontor* gelungen war, den Geschäftspartner auszutricksen, wussten die entsprechenden Kreise bald, wer wen wie und womit „gemacht" hatte. Sofort ging die Runde: „Meier ist von Behrens mit einer Ladung Reis gemacht worden", oder „Ich habe Schulzen mit den Heringen gemacht". Wer gemacht wurde, war also für den Augenblick das ganze Gegenteil eines gemachten Mannes nach heutigem Sprachgebrauch.

maddelig sind Hamburgerinnen und Hamburger, wenn sie sich matt, müde oder ganz allgemein schwach fühlen.

mall, malle oder **mallerich** kommt aus dem Niederländischen und bedeutet so viel wie „nicht bei Trost" oder „verrückt" sein. *Bissa wohl mall!*

man ist ein kleines, aber wegen seiner unzähligen Anwendungsmöglichkeiten „man" sehr wichtiges Wörtchen, das in diesem Satz soeben für „doch" oder „schließlich" stand. In *„Der soll mir man nich dumm komm!"* bedeutet es „nur" oder „ja" und wirkt verstärkend, ebenso in *„Man bloß nich hinsehn!"* oder *„Man jaah nich anfassn!"*. Oder es steht für „aber": *Dassis man noch nich alles an feschiene Bedeutungk!* So kann z. B. *„Tu man!"* sowohl die Ermunterung zu einer Tat („Sicher, das solltest du unbedingt tun!") ausdrücken als auch ein „Meinetwegen, mach doch, was du willst". Auch hier macht man der Ton die Musik („man" für „also"). Wenn es über einen Dritten heißt „Lass ihn man!", könnte „machen" ergänzt werden, und wie beim vorigen Beispiel wäre entweder die Einschätzung geäußert, dass der Betreffende durch sein Können die Sache „schon schaukeln" bzw. durch sein Nichtkönnen „schon baden gehen" werde. Und nach all den Verwandlungen des zauberhaften Wörtchens „man" am Schluss noch der Hinweis, dass es manchmal auch ganz verschwindet bzw. durch das Wort „ein" vertreten wird: *Ein glaubt das nich, dascha doll, is dascha!*

man sinnig bekommt zu Ohren, wer in einer Sache unangemessen stürmisch vorgeht und es gefälligst besser *„immä mit die Ruhe"* halten soll (siehe auch → *man* und → *suhtje*).

Man tau! wird in Hamburg eher wie „Man too" oder „Man tou" gesprochen und ist wohl die plattdeutsche Kurzfassung des Schnacks, der im Wesentlichen dem hochdeutsch-hamburgischen → *Denn man zu* entspricht.

Man zuh! ist die Kurzfassung von → *Denn man zu* und zugleich eine alte kindliche Bettelformel: *„Ooch, man zuh, man zuh, wir wolln nochma auf'n → Dom!"* Auf Hochdeutsch würde es also „Bitte, bitte …" heißen.

mang oder **mittenmang** heißt „zwischen" oder „unter" *(„… und → mit eins war ich mittenmang bei die Leute, die ausm Stadion zue U-Bahn drängeltn")*. Im Englischen ist es als „among" anzutreffen.

Mann inne Tünn! lautet ein alter Ausruf des Erstaunens oder der Bekräftigung der Größe, der Bedeutung oder auch der Bewunderung einer Sache. Der „Mann in der Tonne" kann in Hamburg „Alle Wetter" oder „Donnerwetter" ersetzen und ist – ganz ohne Fass – in der deutschen Sprache als „Mannomann" verankert und in der Kindersprache eher trotzig als „Och Menno".

-markt Die Benennung eines Areals als „Markt" muss in Hamburg nicht unbedingt bedeuten, dass dort etwas gehandelt wird oder wurde. „Markt" und „Platz" werden in der Stadt bedeutungsgleich verwendet. So gab es weder auf dem Gänsemarkt, dem Rathausmarkt oder dem Zeughausmarkt regelmäßig etwas zu kaufen. Einen Sonderfall stellt die Straße Rödingsmarkt dar, deren seit dem 13. Jahrhundert geltende Bezeichnung sich von „Rodigesmarke" ableitet. „Mark" steht in diesem Fall für Grenze, und zwar die des Geländes eines Mannes namens Rodiger (Rüdiger).

Marschlande Den allgemeinen Unterschied zwischen der tiefgelegenen Marsch mit ihren fruchtbaren Böden und der höher gelegenen und vor Überflutungen sicheren Geest kann man ganz

Am 8. Juli 1771 brach der Neuengammer Elbdeich (oben links).
Es kam zu verheerenden Überflutungen weiter Teile der tiefliegenden
Marschgebiete: grün eingefärbt die Vierlande, rosa die Marschlande
(noch mit Moorwerder) und gelb die Wilhelmsburger Gebiete mit
Georgswerder und Reiherstieg; darunter eine Ansicht der Schadens-
gebiete vom Deichtor bis Hamm.

sachte in der → *Bergstraße* erfahren oder sehr prägnant am → *Altonaer Balkon*. Auf diesem steht man in mehr als 25 Metern Höhe auf der Geest und kann bei gutem Wetter kilometerweit südwärts ins wasserreiche Urstromtal der Elbe schauen. Wenn aber in Hamburg von den Marschlanden die Rede ist, sind die Stadtteile Ochsenwerder, Tatenberg, Spadenland und Reitbrook sowie Billwerder, Moorfleet und Allermöhe gemeint und seit 2011 auch Neuallermöhe. Die Marschlande sind „Gemüseland" und Hamburgs Hausgarten. Sie werden häufig zusammen mit den → *Vierlanden* genannt und bildeten mit diesen bis Februar 2008 ein gemeinsames Ortsamtsgebiet.

Matjes ist eine aus dem Niederländischen stammende Bezeichnung für den jungen, noch nicht geschlechtsreifen Hering, der von Mitte Mai bis Anfang Juni vor schottischen und irischen Küsten gefangen wird. Vor allem mit Pellkartoffeln und einer Apfel-Zwiebel-Sahnesoße („nach Hausfrauenart") ist er ein in ganz Norddeutschland verbreiteter Leckerbissen. Für Hamburger empfiehlt sich ein Ausflug Mitte Juni nach Glückstadt, wenn hier die Eröffnung der Matjessaison gefeiert wird und der Fisch in vielen Variationen auf den Tisch kommt.

Mecker kommt vom Verb „meckern" und kann auch in Hamburg als ganz herrlicher Begriff für eine scharfe Rüge erklingen: *„Der weiß genau – wenn'er kommt, kricht'er Mäggä von mia, abbe richtich!"*

Mehrere Kleine aus machen kann man aus jeder beliebigen Sache, die im blumigen Gespräch als besonders groß und gewaltig geschildert werden soll – wenn man will, auch aus lebendigen Dingen: *„Der Kerl war sonn Schrank, da konnsu mehre Kleine aus machn!"*

Meile Alten Landes, Erste bis Dritte Das Alte Land erstreckt sich auf einer Länge von ca. 25 Kilometern und auf einer Breite von bis zu acht Kilometern am Südufer der Elbe von der Süderelbe bis zur Schwinge nach Stade. Es wird von den Flüssen Lühe und Este in drei etwa gleich große Gebiete unterteilt, die nach dem alten deutschen Wegemaß „Meilen" genannt werden (= ca. 7,5 km).

Die Erste und Zweite Meile liegen zwischen Schwinge, Lühe und Este und gehören zu Niedersachsen. Der größte Teil der Dritten Meile zwischen Este und Süderelbe liegt mit den Orten Francop, Neuenfelde und Cranz auf hamburgischem Gebiet und gehört zum Bezirk Harburg (seit 1948 heißt auch eine Straße im Stadtteil Neugraben-Fischbek „Dritte Meile"). Das Alte Land ist geprägt vom Anbau von Obst, das in Kühlhäusern monatelang frisch gehalten wird. Nur kurze Zeit dagegen ist im späten Frühjahr der Augenschmaus zu genießen, wenn im Alten Land mehr als zwei Millionen Obstbäume in Blüte stehen.

„Mein Feld ist die Welt" stand in großen goldenen Buchstaben über dem Portal eines 1903 von Hamburgs Stararchitekten Martin Haller am Alsterdamm, dem heutigen Ballindamm, fertiggestellten Verwaltungshauses. Es gehörte der 1847 gegrün-

Der Dampfer „Imperator" auf einem Werbeplakat der Hapag. Die gewaltige Bugzier des 1913 fertiggestellten Schiffes zeigt einen bekrönten Adler mit der Weltkugel in seinen Klauen. Die Idee von Deutschland als Weltmacht ging im Ersten Weltkrieg baden und das größte Schiff der Welt an die Siegermächte. Von 1921 bis 1938 fuhr es als „Berengaria" der britischen Reederei Cunard.

deten Hamburg-Amerikanischen Packetfahrt-Actien-Gesell-schaft (HAPAG), die sich selbst Hamburg-Amerika-Linie nannte. Der Spruch war das Motto ihres Direktors Albert Ballin (1857–1918), unter dessen Leitung das Unternehmen zur größten Privatreederei der Welt wurde. Besonders erfolgreich war sie im Geschäft mit der Auswandererbeförderung in die USA. 1970 kam es zur Fusion mit der seit 1857 bestehenden Bremer Kon-kurrenz des Norddeutscher Lloyds, und es entstand die Hapag-Lloyd AG. Der berühmte Spruch blieb erhalten und ist noch heute in der Eingangshalle des stark erweiterten Gebäudes an der → *Binnenalster* zu lesen. Im Herbst 2019 verfügte die Hapag-Lloyd über 231 eigene und gecharterte Schiffe und eine Containerkapazität von 2.555.867 → *TEU*.

meinswegen ist schönstes Hamburger Hochdeutsch (→ *Missingsch*) und bedeutet nichts anderes als das hochdeutsche „meinetwegen".

melanklöterig fühlt sich, wer tieftraurig und somit melancholisch ist. „Melan" stammt übrigens aus dem Altgriechischen und bedeutet „schwarz" (melancholisch = schwarzgallig).

Meßberg Der Name des Platzes in der Hamburger Altstadt in der Nähe der gleichnamigen U-Bahn-Station ist als „mesberch" seit 1458 belegt. Die Gegend war niedrig gelegen und besonders von Überflutung gefährdet. Dass die Namengebung daher rührt, dass die Bewohner sich hier auf ihrem eigenen Mist buch-stäblich in die Höhe gewohnt hätten, ist nicht zu belegen. Zusammen mit dem Hopfenmarkt war der Platz zunächst Hamburgs traditioneller Großmarkt für Gemüse aus den → *Vier-* und → *Marschlanden*. Hier drängten sich zu Anfang des 20. Jahrhunderts über 400 Anbieter. 1911 siedelte das Markt-treiben auf den nahe gelegenen Deichtorplatz über.

Mette oder **Mettke** ist der plattdeutsche Name für den Regenwurm.

Mi sagen die Hamburger Kinder für das Mal, an dem beim Versteck-spiel erst abgezählt (= „*abgemält*" → *abmählen*) und sich dann freigeschlagen wird.

Michel ist der allgemein gebräuchliche Kurzname für die Hauptkirche St. Michaelis, Hamburgs Wahrzeichen schlechthin. Sie steht in der Neustadt, oberhalb des Hafens zwischen Krayenkamp und Ludwig-Erhard-Straße. Ihr Turm misst 132 Meter und gewährt von seinem offenen Säulenumgang in 82 Metern Höhe – vorausgesetzt, das Wetter spielt mit – einen wunderschönen Blick über die ganze Stadt, den Hafen und weit entlang der Elbe. Schon der erste, 1661 an selber Stelle eingeweihte Bau wurde 1750 durch ein Feuer zerstört, und 1906 bot der lichterloh brennende und schließlich einstürzende Turm des Michels zum Entsetzen der ganzen Stadt ein zweites Mal das tragische Schauspiel seiner Vernichtung. Auch im Zweiten Weltkrieg wurde die Kirche, die zu den bedeutendsten barocken Sakralbauten Norddeutschlands gehört, stark in Mitleidenschaft gezogen. 1996 war die aufwendige Turmsanierung abgeschlossen und 2008/09 auch das Dach des Kirchenschiffes neu gedeckt worden. Seither wartet Hamburg in Ruhe ab, bis seine „Große Michaeliskirche" wieder mit dem klassischen Grün der Patina seiner Kupferkleider vollständig überzogen ist.

Der Hamburger Michel am Krayenkamp aus der Luft. Über seiner Spitze ist der „Kleine Michel" zu sehen, an dessen Stelle um 1600 die erste St. Michaeliskirche der Neustadt noch als Filialkirche der Hauptkirche St. Nikolai errichtet worden war.

M **Mietje** ist eigentlich das plattdeutsche Wort für „Mariechen", die Koseform von Maria. Der Name diente im 19. Jahrhundert als abfällige Bezeichnung für die Arbeiterinnen der rasch wachsenden Industrie, vor allem der Nahrungs- und Genussmittelproduktion. Wie schlecht es diesen armen Mietjes gehen konnte, zeigt, dass „Mietje" auch als Begriff für Prostituierte verwendet wurde (→ *Slamaitjenbrücke*).

Missingsch war ursprünglich eine auch in Hamburg ganz typisch klingende Vermischung von Hochdeutsch mit Plattdeutsch, die im 19. und bis ins 20. Jahrhundert vor allem in den Hafen- und Arbeiterstadtteilen zu hören war. Sie will eigentlich hochdeutsch klingen, verrät jedoch durch Wortwahl, Aussprache und Satzbau den im Plattdeutschen beheimateten Sprecher. Ihre Verbreitung nahm im Laufe der letzten einhundert Jahre stetig ab und ist als eigentümliches Mischmasch schon lange verschwunden. „Missingsch" ist als „messingsch", „missensch", „mischens" und „mysensch" schon im 15./16. Jahrhundert belegt. Eine naheliegende Wortherkunft wäre die Verbindung mit Messing als eine durch „vermischen" von Metallen hergestellte Legierung. Vieles aus dem Missingsch hat sich jedoch in Spracheigenheiten des inzwischen stark bereinigten „Hamburger Hochdeutsch" erhalten. Sie hat der als Sohn eines Schiffsarztes in Shanghai geborene Schriftsteller Dirks Paulun (1903–76) in einer Art selbst entwickelter Freistil-Schriftsprache in vielen Buch- und Zeitungspublikationen sehr gut nachvollziehbar als „sein Missingsch" („Paulunisch") praktiziert und dokumentiert. Somit ist das eigentlich ausgestorbene Missingsch zur Bezeichnung des einfachen, direkten Hamburger Straßenjargons geworden, der in seiner breiten, gemütlichen Aussprache in vielen Ecken und Kanten älterer Wohnviertel der Stadt zu hören ist, besonders, wenn dort die Mieten „*noch nich so durche Degge gegangn*" sind. Auch Vera Möller verwandte dieses Missingsch für ihre Nacherzählungen der Geschichten von → *Klein Erna*.
Zur Erklärung, wie Pauluns „Missingsch" denn zu schreiben sei, ließe sich formulieren: „*Stellimafoa, ain schraip so, wie er sprich*" (Stell dir einmal vor, einer schreibt so, wie er spricht) oder

„Hassas in vorign Satz sehn, wie in Hamburch Wörter in'nanner verschmelzen?" (Hast du das …). Der dritte Band von Pauluns vierteiligen und damals äußerst erfolgreichen „Studien in Hamburger Hochdeutsch" heißt „Wommasehn". Er beginnt mit dem gleichnamigen Gedicht, in dem es über Paulun und „sein Missingsch" selbst geht.

Oppich weite son Missingsch schreip?
Wommasehn!
Denks fescheinch, ich happs geschaff,
wie Missingsch direck ein Soiche geworn is
unt schnein sich viele ausse Zeitunk
ode kaufn mein Büche.
Unt denn knohbln sie dran rum
unt schüttln' Kopp übe frückte Wörte
unt laufn rum unt frahng jehn,
wassas wohl heißn kann.
Dabei is fleich nur ein Druckfehler.

Abe stellimafoe:
ich mach sons mah pah gute Verse –
klein niedlichs poethisches Gedich
in prihma Hochdoitsch
unt will das nu auch mah gedruckt hahm!
denn mussich meist beikomm
und muss das eers in Paulunisch übesetzn,
damittes mein Velehge mit ins Buch nimp.

Abe ein Guhtes is da je bei,
in diese form wirz jehnfallz gelehsn,
unt kannsein geht mehr zu Herzen,
als wennz in feeielichn Schriftdoitsch da stenne.

mit eins ist die hamburgische Variante von „auf einmal" und kommt anstelle von „unversehens" oder „plötzlich" zum Einsatz.

mittenmang → *mang*

Mitschnacker klingt nur harmlos, ist aber das schlimmste Wort, das dieses Buch zu bieten hat: Es bezeichnet die „Onkels", die arglose Kinder ansprechen und in böser Absicht zum Mitgehen überreden.

Moin bedeutet auf Hochdeutsch „schön" und dient als Universalbegrüßung an der deutschen Ost- und Nordseeküste sowie in den Landen dazwischen. Auch in Hamburg ist sie mehr als *appunzuh* zu hören. Wie sie ausgesprochen wird, hängt natürlich von jedem Einzelnen und seiner augenblicklichen Gemütsverfassung ab, wenn aber die Verdoppelung „Moin Moin" erklingt, wird sie eher selten über eine schlecht gelaunte Zunge gegangen sein.

Mookt wi! ist ein plattdeutscher Schnack, der auf Hochdeutsch „machen wir" heißt und bei entsprechender Betonung dem dienst- und eilfertigen „wird erledigt" gleichkommt (siehe auch → *Geht los!*). Eher dämpfend und wohl mit weniger Arbeitsfreude heißt es: „Mookwi-dookwi".

Mors ist das plattdeutsche Wort für „Hintern" oder den derben „Arsch". Die besondere Bedeutung dieser vier Buchstaben für die Hansestadt leitet sich von dem vermutlich noch ewig und drei Tage existierenden Schnack → *Hummel, Hummel – mors, mors* ab (siehe auch „Klei di an'n Mors" unter → *kleien*).

Mottenburg ist ein im 19. Jahrhundert aufgekommener volkstümlicher Name für Ottensen. Die bekanntere Herleitungsvariante ist der Vergleich der von Schwindsucht (= Tuberkulose) zerstörten Lungen der Ottenser Glasarbeiter und Zigarrendreher mit Mottenfraß. Die Männer hatten unter extrem schlechten Arbeitsbedingungen zu leiden, und besonders der feine Glasstaub wirkte sich fatal auf die Gesundheit der Schleifer aus: *„Dat's feleicht ne Orbeit – krichs' die Motten von!"* Eine zweite Deutung legt die Berliner Polit-Gesangsposse „Die Mottenburger" (gemeint sind die Charlottenburger) zugrunde. Sie war 1868/69 auch im Thalia Theater (→ *Thaalja*) zu sehen und thematisierte für jedermann offensichtlich Politintrigen von der Art, wie sie

auch im damals boomenden Ottensen auf dem Weg zur Stadt-
werdung an der Tagesordnung waren. Das holsteinische Kirchdorf hatte von 1840 bis zum Ende des 19. Jahrunderts durch
zahlreiche Gewerbe- und Industrieansiedlungen seine Bevölkerung versechzehnfacht! 1871 wurde es durch kaiserlichen Erlass
zur Stadt erklärt, aber bereits 1889 nach Altona eingemeindet
und mit diesem 1937 hamburgisch.

Mucksch ist auch in Hamburg ein geläufiger Ausdruck für „schlecht
gelaunt sein". Wer „mucksch" ist, setzt ein eingeschnapptes bis
grimmiges Gesicht auf. Man sagt, wenn überhaupt etwas, nur
das Nötigste und schon gar nichts zu der Person oder Sache,
die den Ärger verursachte. Bei Kindern kann „mucksch" auch
„maulig sein" bedeuten und somit eine mildere Form der
„Bockigkeit" bezeichnen.

muddelig und **muddeln** „Muddeliges" Wetter ist *annfesich* schon
trübe und wird vielleicht bald schlechter. Auch „unsauber" und
„unordentlich" kann „muddelig" bedeuten. Und so kommt es,
dass ein „muddeliger" Mensch schnell etwas → *vermuddelt*, nämlich verliert. Wer sich durch eine Sache „durchmuddelt",
der wird sie irgendwie schon auf seine Weise hinkriegen. Beim
Muddeln kommt in der Regel kein Dritter zu Schaden, weshalb
es als die harmlose Variante von → *tschinschen* bezeichnet werden
könnte.

Mühlstein wird inoffiziell die traditionelle Halskrause der Pastoren
im alten Kirchenkreis Alt-Hamburg (und in Lübeck und Eutin)
genannt. Sie herzustellen und instandzuhalten ist ein kleines
Kunststück, das kaum noch eine Handvoll Textilnäherinnen
beherrscht. Jede der in zwei Lagen umlaufenden 100 Tollen
muss einzeln und bis zu sechsmal mit speziellen Heizstäben
bearbeitet werden. Die Mühlsteine waren auch Teil der bis 1919
bei offiziellen Anlässen getragenen schwarzen Amtstracht der
Mitglieder des Senats. Sie war dem historischen spanisch-
niederländischen Vorbild nachempfunden und bestand ferner
aus einem mit Astrachanpelz besetzten geschlossenen Umhang,
Kniehosen, Schnallenschuhen und dem schweren, interessan-

terweise gar nicht als Kopfbedeckung zu nutzenden und daher unter dem Arm getragenen Hut. Die Mühlsteine um den Hals der Senatsmitglieder hatten übrigens eine dem höheren Rang der Stadtväter gegenüber den Geistlichen verpflichtete dritte Lage Tollen. (siehe auch → *Pedd di man nich up'n Slips*)

Mümmelmannsberg → *Bunny-Hill*

Mutter Grün → *Tante Meier*

Mütze voll Wind sagen Segelschiffer, wenn sie „wenig Wind" meinen. Wer dagen selbst die „Mütze voll Wind nimmt", der prahlt nicht durch Über-, sondern durch Untertreibung – *un dassa aunich richtich.*

Murks bezeichnet etwas Wertloses, z. B. eine halbherzig ausgeführte Sache und generell Pfuscharbeit. „Murksbüdel" ist ein Schimpf-wort und könnte wie „Taugenichts" verwandt werden. Als weitere Begriffe für Dinge oder Menschen, die „murks" sind, stehen „Nieselpriem" oder die allgemein bekannte „Niete".

Hamburgs bedeutender Bürgermeister der Kaiserzeit, Johann
Heinrich Burchard (1852–1912), in der zu besonderen Anlässen
getragenen, traditionellen Amtstracht des Senats mit dreilagiger
Halskrause. Sie wurde als „Mühlstein" bewitzelt und mit
der Einführung der ersten demokratischen Verfassung Hamburgs
samt dem Rest der zweifellos beeindruckenden Ausstaffierung
der Stadtväter 1919 abgeschafft. Foto von Rudolf Dührkoop aus dem
Jahr 1905

nach sein, nach haben In Hamburg lautet die Frage nach dem verbliebenen Rest einer Sache häufig nicht, ob noch etwas „übrig" sei, sondern: *„Is' noch was nach?"* Oder: „Wie viele Tage Urlaub hast du noch nach?"

Nachbrandarchitektur ist ein Begriff für den Teil der hamburgischen Architektur, der nach dem → *Großen Brand von 1842* errichtet wurde und dabei den Stil aufweist, der seine prominenteste Ausführung mit den Alsterarkaden an der Kleinen Alster erfuhr (Alexis de Chateauneuf, fertiggestellt 1846). Nachbrandarchitektur zeichnet sich durch eine Vermischung des damals modernen Rundbogenstils mit zumeist klassizistischen Formelementen aus. Der überwiegende Teil der vorderen Gebäudefassaden war hell verputzt, aber auch die roten Backstein zeigende Alte Post z. B. gehört zur Nachbrandarchitektur.
Ebenso kann der Begriff auf die städtebauliche Neuplanung Hamburgs zu dieser Zeit angewandt werden. Ihr Kennzeichen sind neben der architektonischen Gestaltung des Rathausmarktes das Kanalisationsnetz und die geordnet angelegten breiten Straßen mit zumeist gleichmäßigen Höhen der traufständigen Gebäude.

nachlassen Wer etwas nicht tun soll, soll es nicht „unter-", sondern *„nachlassn"*: „Lasse das nach!" *(Lassas nach!)* Weiter könnte es heißen: *„Mussas sain?"*, *„Hassas nöhtich?"* und *„Finzas guhut?"* oder schon ganz abgeschwächt: *„Wilzas werklich?"* Äußerster Ernst kann dagegen in der knappen Warnung stecken: *„Machas nich!"*

Nachtjackenviertel Mit „Nachtjacke" bezeichnete man ursprünglich einmal das, was man nachts im Bett am Leibe trägt. In Hamburg steht der Begriff „Nachjackenviertel" jedoch für die dunklen Höfe und Hinterhäuser der → *Gängeviertel*. 1909 wurde „Das Nachtjackenviertel" der Titel eines Erfolgsstücks im St.-Pauli-Theater, das damals noch Ernst-Drucker-Theater hieß. Der gefeierten Premiere folgten über ein Jahr lang tägliche Vorstellungen. Ort der Handlung war das Gängeviertel rund um den Michel in der südlichen Neustadt. Es wurde bis 1914 fast vollständig abgerissen, das Gängeviertel östlich der Straße Kohlhöfen folgte 1933–37.

Naschen kaufen sich Kinder auf dem Schulweg von ihrem Taschen-
geld, aber auch die meisten Erwachsenen naschen gerne
Naschen, nämlich Süßigkeiten (→ *Schnoop*).

Naucke – Holl di! → *Holl di!*

nech? Jeder Mensch wünscht sich Zustimmung, und zwar so oft
es eben geht, am liebsten nach jedem Satz, der ihm so über die
Lippen kommt, „*nech?*" „Nech" oder „nich" oder, ganz schlimm:
„nääääh?" hören Hamburgerinnen und Hamburger wie viele
Norddeutsche statt des hochdeutschen „Nicht wahr?" so oft, dass
sie es längst nicht mehr wahrnehmen – oder doch erst dann,
wenn sie in anderen deutschen Gegenden damit angesprochen
werden, „gelle", „newoa", „ne-wah", „newwa"? Nach einem Satz
Anerkennung für die darin soeben geäußerten Schlauheiten ein-
fordern lässt sich auch mit dem noch jungen → *Ahnma!* Aber
schon seine Befehlsform verrät einnehmenden Charakter, *nech?*

Neß Mit scharfem „S" gesprochen stammt aus dem Mittelniederdeutschen und bedeutet so viel wie „Landzunge". Die Hamburger
Ur-Straße in der Altstadt erhielt einst diesen Namen, da sie auf
dem Ende der früheren Reichenstraßeninsel verläuft. Auch die
nordwestliche Spitze von Finkenwerder und ein Elbsand („Neß-
sand") tragen diesen Namen. Weitaus berühmter wurde der
Begriff jedoch durch eine „blanke Neß". Gemeint ist *'tührlich*
die weiße, sandige Landzunge, von der einst eine kleine Hang-
siedlung am Geestrücken ihren Namen „Blankenese" erhielt.
Hier wohnten lange vornehmlich Fischer, Seeleute und Lotsen,
bis Blankenese im 19. Jahrhundert zeitweilig Heimathafen für
eine größere Anzahl von Schiffen wurde, als sie die gesamte
Hamburger Reederschaft unterhielt. 1867 wurde das holsteinische Blankenese preußisch, 1927 nach Altona eingemeindet und
kam 1937 zu → *Groß-Hamburg.* Ende des letzten Jahrhunderts
wandelten sich weite Teile zu einem Villenvorort der Hansestadt.
Insgesamt ist aber ein dörflich-malerisches Ambiente erhalten
geblieben, das Blankenese zu einer der schönsten Hamburger
(Wohn-)Ecken macht. (Zum Stadtteil siehe auch → *Bergziegen,*
→ *Kreek* und die Frauentracht auf dem vorderen Umschlag)

N

nicht in Tüte kommen darf, was „keinesfalls in Betracht kommt", was „unannehmbar" ist. Den weiblichen Artikel „die" vor „Tüte" zu sprechen, bürgerte sich erst mit der weiteren Verbreitung des Hamburger Schnacks ein. *Kommp gaanich in Tüte, dass wir all sonn neumodschen Krams mitmachn, zun Beispiel wie inn hochdeutsche Versoon vonne Redewendung ’n „die" vor Tüte sprechn!* Gar nicht hamburgisch und erst seit einigen Jahren belegt ist die Wendung „in die Tüte gesprochen", was so viel bedeutet wie „in Kladde" oder „nur mal so als Idee geäußert" und die somit verbindlich Unverbindlichkeit einfordert.

niedrig von Decke „*Ziemich niedrich von Degge*" ist eine entwaffnend einleuchtende Umschreibung für einen Raum mit geringer Höhe.

nix für können, nix an machen und **nix auf geben** „Nix" steht im Plattdeutschen für „nichts". In drei Kombinationen erklingt es im Hamburger Hochdeutsch besonders prägnant: Wer in einer Angelegenheit jegliche Verantwortung ablehnt, bringt dies durch den Ausspruch „Da kann ich nix für" zum Ausdruck. Als kopfschüttelnder Kommentar zu einer hoffnungslosen, nicht mehr zu ändernden Tatsache eignet sich: „*Da kannsu nix an machen*" (plattdeutsch: „Dor kannst’ nix bi moken"), und wer von etwas nichts hält, sagt: „*Da geb’ ich nix auf!*" (siehe auch → *daran, darauf …*).

NMS wird in machen Hamburger Kraftfahrzeugen gedeutet als „Nie Mit Streiten", denn an der A7-Abfahrt Neumünster-Nord liegt eine Wache der Autobahnpolizei – wer das nicht weiß, buchstabiert sich (oder wehrlosen Mitfahrenden): „Nur Müde Schleicher".

nölen oder „nödeln" entstammt dem Plattdeutschen und steht für „maulig" oder sogar → *mucksch* sein, vielleicht deshalb auch für „langsames Arbeiten", das auch lautmalerisch gut passt. Solch träges Tun wird auch als „nuddeln" bezeichnet, ein „Nuddelbüdel" ist also jemand, auf den man ewig warten kann.

Nuddelbüdel → *nölen*

Nüdelkastenlüüd ist die plattdeutsche Bezeichnung für Leierkasten- oder Drehorgelleute. Vor Anbruch des multimedialen Zeitalters sorgten sie für musikalische Unterhaltung in den Straßen, wenn auch nur aus der mechanischen Konserve und nicht hand- und mundgemacht wie die → *Pankokenkapellen*.

„Von mi gifft dat nix, schieb ab mit dein' Nüdelkasten!" Den anderen auf dem kolorierten Holzstich des 19. Jahrhunderts gefällt, was sie hören. Und wenn er schlau ist, ärgert sich der Drehorgelspieler auch gar nicht, sondern verlässt die Szene und denkt sich:

Nüdschanix Ganz gleich ob seufzend, aufmunternd, leicht trotzig oder alles drei zusammen im Sinne eines herzhaften „Schietegol": Die Redewendung „Es nützt ja nichts …"wird auch in Hamburg platt poliert zum Sprachedelstein.

O

Ochsenzoll Der Ochsenzoll in Langenhorn lag früher an der Grenze zu Schleswig-Holstein. Seit Beginn des 17. Jahrhunderts bis in die 1860er Jahre bestand hier eine Zollstelle, an der auch die von Jütland und Schleswig-Holstein nach Hamburg getriebenen Schlachtochsen verzollt werden mussten.

OD Ohne Durchblick, → Ökelname für Kfz-Bad Oldesloe

Oha, Oha oha und **O haua haua haua ha** „Oha" wird als erstaunter oder stutzender Ausruf verwendet und erklingt mit abgehacktem „a" *(O-Hà)*. Bei einem Anlass von größerer Bedeutung kann es als „Oha oha" wiederholt werden, und wer es in der gebundenen Form als „O haua haua haua ha" zu hören bekommt, der weiß spätestens in diesem Augenblick, dass irgendetwas ziemlich schiefgelaufen ist und Ärger zu erwarten steht.

Ökelname Ein Ökelname ist ein Spitz- oder Neckname, manchmal nicht sehr freundlich (und auch mit „Ekelname" verwandt). Im vormotorisierten Hamburg waren vor allem die Droschkenkutscher fleißige Ökelnamendichter: Sie nannten sich z. B. „Fiete Schneidig", „Chinesenmoppel", „Hein Punschmuul" oder „Schimmelreiter". Aus dem Alltag auf den Fleeten und im Hafen sind von den Ewerführern (→ *Schute*) eine lange Reihe von teils äußerst kuriosen Namengebungen überliefert: Chronische Zahnschmerzen eines Kollegen machten aus ihm „Hein Tähnpien" (Zahnpein). Er muss entweder eine sehr prägnante Persönlichkeit gewesen sein oder ein Mensch mit schlechten → *Kusen* tief im Erbgut, denn Sohn und Enkel wurden „Tähnpien 2" und „Tähnpien 3" genannt. „Wilhelm Granot", abgeleitet von einer Stimme so laut wie der Einschlag einer Granate, machte doch ohne Zweifel etwas her, während sich „Demgemäß Extrem" sicherlich mehr als einmal gefragt haben wird, ob er seine ständig wiederkehrende Redewendung nicht lieber hätte ablegen sollen, bevor sie als Ökelname (vermutlich für ein Leben lang) an ihm haften blieb. Auch die stadtbekannten Originale → *Aalweber*, → *Hummel* oder → *Zitronenjette* hatten sich ihre legendären Namen natürlich nicht selbst gegeben, sondern sie einfach so von ihren lieben Mitmenschen um den Hals gehängt bekommen.

Ollen „*Unse Ollen*", sagen Kinder untereinander für „unsere Eltern" (plattdeutsch: Öllern).

Olsch ist die Alte, mit der sprachlich derb die Mutter oder die Ehefrau gemeint sein kann. „De Olsch mit de Lücht" (Die Alte mit dem Licht) war der Titel eines 1922 am Ernst-Drucker-Theater, dem späteren St.-Pauli-Theater, uraufgeführten vieraktigen Volksstückes mit großem Erfolg. Auch die schönwetterliche Spaziergangsaufforderung „Rut mit de Olsch in de Freuhjahrsluft!" war von der Bühne ins Publikum gesprungen und von dort in den Hamburger Wortschatz gelangt (Erstaufführung 1941).

Onkel Pö ist der Name einer legendären Hamburger Musikkneipe. Sie eröffnete 1968 zunächst am Mittelweg in Pöseldorf und 1971 erneut am Eppendorfer Weg/Ecke Lehmweg, dann als „Onkel Pö's Carnegie Hall". Durch sein unkonventionelles, musikalisch breit gemischtes Programm mit Auftritten auch internationaler

Onkel Pö: Zwei große Karieren beim Durchbruch – wer in den 1970er Jahren dabei war, erzählt noch seinen Enkeln von Udo Lindenberg (links) und dem Gastauftritt von Otto Waalkes im „Pö".

Künstler und Künstlernachwuchs wurde das „Pö" weit über Hamburg hinaus bekannt. 1985 schloss das Lokal: Die Standsicherheit des Gebäudes, so hieß es, sei durch den dauernden Schalldruck der lauten Musikanlage zu sehr in Mitleidenschaft gezogen worden. *Oha!*

Oohne Enne, sach ich dia! hört man häufig zur Bezeichnung von allem, was im Überfluss vorhanden ist, „ohne Ende" vorrätig eben.

opsternatsch ist plattdeutsch für widerspenstich, aufsässig

original *„Abba ori-gi-naal!"* ist ein Kommentar, der allerhöchste Zustimmung ausdrücken soll. Sie kann auch per Frage eingefordert werden: *„Ogginaal, → nech?"*

Oskar vom Pferdemarkt → *Wucht in Tüten*

palen bedeutet „pulen". Das Wort leitet sich ab von den Palen, den Hülsen von Erbsen und Bohnen, die ihre reife Frucht schon in sich tragen. Palerbsen sind also vor dem Kochen *ersma* zu palen.

Palmaille → *Jungfernstieg*

Pankokenkapellen haben nichts mit Pfannkuchen zu tun. Ihr Name geht auf den Musiker Leberecht Pankoken zurück, der im 19. Jahrhundert wohl aus der Kremper Marsch nach Hamburg gekommen war. Er organisierte ein Blasorchester, das jedoch weniger bekannt wurde als seine kleinen Musikertrupps. Noch lange nach dem Zweiten Weltkrieg zogen solche Gruppen mit schwarzen Hüten, meist „Eierkakern" (Melone/Bowler) auf dem Kopf, entlang behördlich genehmigter Routen durch die Stadt. Mindestens drei oder vier Bläser, die übrigens alle eine Ausbildung durchlaufen hatten, konnten eine Pankokenkapelle bilden. Bei entsprechenden Anlässen kamen sie auch in größerer Besetzung. Pankokenkapellen kann man noch heute mieten; haufenweise tanzende Kinder, die früher sofort nach den ersten Tönen um die Musiker als schönstes Beiwerk zusammenliefen, gibt es dann allerdings nicht mehr.

Als Musik noch fast nur Livemusik und somit Mangelware war, konnte eine Pankoken-Kapelle schnell einen Straßenball einleiten. Die Postkarte um 1910 zeigt, wie die Kinder nachahmen, was die Großen zur Musik in Tanzlokalen machen.

Pärrisch leben lautet eine ältere Redewendung, die „sich einen guten Tag machen" oder, bemüht-moderner, „man gönnt sich ja sonst nichts" bedeutet. Sie geht auf den Hamburger Kaufmann John Parish (1742–1828) zurück. Der Sohn schottischer Einwanderer begründete seinen Reichtum durch den Großhandel mit Getreide aus dem Baltikum. Der aufwendige Lebensstil und vor allem die prunkvollen Feste, die Parish in seinem Landhaus an der Elbchaussee ausrichtete, waren der Anlass, dass „Pärrisch leben" in Hamburg zu einem Begriff für Genießen und Feiern im großen Stil wurde.

Pascha, Gehscha, Krischan! Damit werden Kinder in den → *Vierlanden* noch heute zugleich ermahnt und belehrt: „*Pascha nich auf! Gehscha ganz krumm! Krischan Puckel!*" In seinem 1965 in erster Auflage erschienenen Band „Hein und Fiete. Hamburger Dööntjes" überliefert Lovis H. Lorenz (1898–1976) eine weitere Variante: „*Du pascha nich auf, gehscha in'n Rinnstein, krischa 'n Drecksaum!*".

Passage → *Terrasse*

Paternoster → *Proletenbagger*

Patrioten waren und sind die Mitglieder der 1765 gegründeten Patriotischen Gesellschaft im besten Sinne des Begriffs. Sie sind bereit, freiwillige Leistungen zum Wohlergehen ihres Gemeinwesens, der Stadt Hamburg, zu erbringen. Michael Richey übersetzte daher das Wort Patriot einmal treffend mit „Stadtfreund". Die Vereinigung, deren korrekter Name „Hamburgische Gesellschaft zur Beförderung der Künste und nützlichen Gewerbe" lautet, war der institutionelle Mittelpunkt der Hamburger Aufklärung. Ihre Mitglieder suchten Mittel und Wege, allgemeine Reformbestrebungen in die Tat umzusetzen. So praktizierten sie religiöse Toleranz, widmeten sich der Wirtschaftsförderung, z. B. durch Ausbildungsverbesserung, Gewerbeausstellungen, Bekanntgabe von Erfindungen oder durch Effektivierung der Armenfürsorge. Aus der Gesellschaft kamen zahlreiche Anstöße zur Einführung von Neuerungen in technischen Bereichen, wie

1769/70 zur Montage des ersten deutschen Blitzableiters ("Wetterstange") und aus wirtschaftlich-sozialen Motiven, wie der Gründung der ersten europäischen Sparkasse 1778. Ihr Bemühen zur Verbesserung der Lebensverhältnisse der Industriearbeiterschaft im 19. Jahrhundert ist noch heute in Hamburgs → *Terrassen* zu erwandern. Hamburgs heutiger Behördenapparat übernahm die meisten der früheren Betätigungsfelder der Patrioten. Ihr 1844–47 an der → *Trostbrücke* errichtetes Haus ist jedoch nach wie vor häufig Forum grundsätzlicher Angelegenheiten in der Stadt und offen für fruchtbringende Initiativen.

patuh oder **petuh** wird das französische "Partout" (= überall) ausgesprochen. Es wird als beliebtes Verstärkungswort eingesetzt: *"Se will patuh nich mitte S-Bohn faan, sonnern immä mitt 'n Waagen!"* Im Flensburger Raum bezeichnet(e) "Petuhtante" eine von Arbeit oder anderen Verpflichtungen befreite Frau mit viel Zeit und Lust, sich z. B. mit Freundinnen auf den Fördedampfern zu Kaffee, Klatsch und Kuchen zu verabreden. *Hä, un wieso nu "Petuhtante"?* Der Name ereilte sie durch die jährliche Dauerkarte auf den Fördeschiffen, das Partout-Billet.

Pedd di man nich up'n Slips heißt auf Hochdeutsch "Tritt dir bloß nicht auf den Schlips" und gilt als Ausspruch demjenigen, der sich über Gebühr aufbläht und wichtigtut. Edith Oppens berichtet in ihrem Buch aus dem "Hamburg zu Kaisers Zeiten", dass es der "'Pedd-di-man-nich-up'n-Slips-Mentalität' der unteren Schichten" entsprach, sich z. B. über die Zeremonien des Senats mit spöttischen Bemerkungen lustig zu machen und sich ganz allgemein "durch kein noch so ehrwürdiges Schauspiel beeindrucken" zu lassen. Zu solchen kam es besonders bei Kaiserbesuchen, wenn die Stadtväter in voller, spanisch-niederländischem Vorbild nachempfundener Amtstracht samt → *Mühlstein* um den Hals auftraten. Dieselbe Bedeutung hat "Pust di man nich up!".

Pennschieter wird genannt, wer ein Geizhals ist und "pennschietrich" auf jeden Pfennig ("Pennich") schielt. Der berühmteste Träger dieses → *Ökelnamens* war kein Geringerer als der Hamburger Bürgermeister Herbert Weichmann (1965–71). In seinem

Falle klang in der Titulierung als „Pennschieter" und „Dukaten-scheich vom Gänsemarkt" jedoch viel Respekt mit, denn er geizte und häufte nicht für sich selbst, sondern als Finanzsenator und Chef der Finanzbehörde am Gänsemarkt (1957–65) für die Stadt Hamburg.

Perdelkette/Perlhuhn Noch vor wenigen Jahrzehnten waren alltags zu gedecktfarbenem Kostüm getragene *Perdelketten* (= Perlenketten) sicheres Erkennungszeichen von Damen aus gehobenen Kreisen. Auch heute noch hört man gelegentlich ein abfälliges „(Blankeneser) Perlhuhn" für die Trägerin dieses eigentlich doch sehr schönen und schlichten Schmucks – der echt natürlich auch nicht billig ist. Es könnte also auch Neid im Spiel sein, wenn jemand abfällig von einem Perlhuhn spricht (*„Guck' se dir an – schon vormittach inn Alsterpavilljong – völlig → überkandidelt, un von Ahbeit netüülich kaine Ahnunk"*), es sei denn, es geht um eine → *Elbnatter*, diese Art Tierchen ist in allen Kreisen gefürchtet.

Peterwagen Angeblich aufgrund eines Verständigungsproblems zwischen einem englischen Kontrolloffizier und einem Hamburger Polizeiangehörigen entstand diese Benennung für Funk-

Ein Peterwagen um 1960 mit Blaulicht, Kennung und Funkantenne auf dem Dach. Die Blinker befinden sich bei diesem Mercedes der Baureihe W110 auf den Kotflügeln, das Glas vorne rechts neben dem Megafon gehört zu einem Nebelscheinwerfer.

streifenwagen. Als im Herbst 1946 die ersten fünf als „Radio-
wagen" von den britischen Besatzungsbehörden genehmigt
werden sollten, galt es zunächst, die Aufgabe der Fahrzeuge zu
klären. Der englische Offizier hatte dabei das Wort „Patrolcar"
nicht verstanden und ließ es sich buchstabieren: „Listen, Sir:
‚P' like Peter …", und schon hatte er genug gehört und *seine*
Namensversion notiert. Heute fahren in der Stadt ca. 280 Peterwagen, deren Bezeichnung auch von „Peter" für das Funk-
zeichen „P" in der Abkürzung von P(olizei)-Wagen abgeleitet
wird. Die Hamburger Peterwagen werden im polizeilichen
Funkverkehr vom „Michel"-Sprecher dirigiert und heißen „Peter".

peute → *Veddel*

Pfeffersäcke ist ein allgemeiner Spottname für reiche, geizige
Menschen, der aber besonders häufig auf Hamburger bezogen
zu hören ist. Es gibt ihn schon seit dem Mittelalter. Ein früher
Beleg für seine Anwendung stammt aus dem 17. Jahrhundert und
keiner geringeren Feder als der des dänischen Königs Christian
IV.: „Hochmütige Krämer und Pfeffersäcke, schmierige Herings-
händler und Bärenhäuter" nannte er einmal die Hamburger, mit
denen er sich durch die 60 Jahre seiner bis 1648 andauernden
Regierungszeit mal mehr, mal weniger heftig herumstritt, zumeist über die Frage seiner Hoheitsrechte in der Stadt (→ *Freie
und Hansestadt Hamburg*). Tatsache ist, dass das Geschäft mit den
wertvollen, zum Teil wie Bargeld benutzten Pfefferkörner den
europäischen Gewürzhändlern seit dem Mittelalter hohe Ge-
winne bescherte. Wie erfolgreich auch die Hamburger Kaufmannschaft über die Jahrhunderte darin mitmischte, zeigt das
private „Spicy's Gewürzmuseum", passend untergebracht in der
Speicherstadt, in der sich mit ihrer schrittweisen Errichtung von
1888 bis 1927 auch der Gewürzhandel konzentrierte und bis
heute vertreten ist. 1999 ist der NDR mit seinen „Pfefferkörnern"
nicht nur erfolgreich gestartet, sondern auch geblieben: Die von
der Studio Hamburg GmbH produzierte und mehrfach aus-
gezeichnete Fernsehserie um vier bis fünf Kinder und Jugendliche, die gemeinsam als Detektive Kriminalfälle lösen, spielte
zunächst im Umkreis einer Gewürzhandlung in der Speicher-

stadt und heute in ganz Hamburg. Doch während man sonst auf dem Sofa mit manchen TV-Ermittlern reichlich an Jahren gewinnen kann, müssen bei den Kinderkommissaren, weil sie beim Älterwerden auch noch wachsen, alle naselang neue Darstellerinnen und Darsteller ran: 2019/20 ist das mittlerweile zehnte Detektivteam von seinem Speicherboden-Hauptquartier aus in Hamburg unterwegs (= 15. Staffel, Folgen 186–208).

Pferdestall Ausgerechnet die sinnigsten und genauesten Denker der Universität Hamburg, die Philosophen, hatten ihr Domizil lange in einem Gebäude, dessen früheren Mitnutzern, zumindest einem uralten Kalauer nach, man doch das Denken besser überlassen solle, nämlich, ihrer größeren Köpfe wegen, den Pferden. Der massige, im Unialltag nur „Pferdestall" genannte Komplex dient heute der Fakultät für Wirtschafts- und Sozialwissenschaften. Er wurde 1908 am früheren Bornplatz (heute Allende-Platz), mitten im entstehenden → *Klein Jerusalem*, im Auftrag des „Luxusfuhrunternehmens" J.A. Schlüter Söhne errichtet, damals das größte Kontinentaleuropas. Die Fassade entstand getreu nach der des königlich-preußischen Marstalls in Berlin. Sie schmückte ein technisch hochmodern ausgestattetes Gebäude, denn neben Büros und Werkstätten gab es darin Stallungen für mehr als 200 Pferde, die, schlau ausgedacht, über Rampen ins Obergeschoss geführt wurden und so im Erdgeschoss Platz ließen für Fahrzeuge und schweres Speditionsgut, das ja keine Läufe hat. Dann zogen die Schlüters aus, und 1929 ging das Gebäude an die junge Universität Hamburg. Maßgeblicher Kopf ihrer zehn Jahre zuvor erfolgten Gründung war Senator Werner von Melle (1853–1937), und ihm zu Ehren heißt der autofreie Campus im Grindelviertel postalisch „Von-Melle-Park" – ist im Studierendenalltag aber nicht so wichtig, denn analog zum „Pferdestall" (mit dem passend „Pony-Bar" benanntem Studierenden-Café und Miniaturkulturzentrum im Erdgeschoss) sind dort ebenso eindeutige Namen im Umlauf: Die „Mensa Studierendenhaus" (Von-Melle-Park 2) ist trotz sehr gutem Essen und Ruf als „Schweinemensa" und „Schweinestall" bekannt, die Wirtschaftswissenschaften residieren hinter charmanter Betonfassade im „Wiwi-Bunker" (Von-Melle-Park 5) und ihnen gegenüber diverse geisteswissenschaftliche Institute im 14-geschossigen „Philoturm" (sprachlich früher und eleganter ohne „o" als „Philturm", allerdings dann auch noch mit brutal zugigen und klappernden Stahlrahmenfenstern, vor allem bei Ostwind, Von-Melle-Park 6). Namentlich besonders hübsch und vermutlich durch findig-finstere Assoziation neurologischer Tierversuche ist die Psychologie zu Hause im „Rattenstall" (Von-Melle-Park 11).

PI Die Auflösung der Abkürzung geschieht in Hamburger Kraftfahrzeugen nicht einheitlich, sie wird entweder als „Provinzidiot" oder „Pennt Immer" weitergegeben. Beiden Varianten steht nicht entgegen, dass um die Mitte der 1980er Jahre im 8. Pariser Arrondissement auf der Avenue des Champs-Élysées an der Einfahrt zur Place Charles-de-Gaulle ein ziemlicher Blechschaden entstanden sein soll, und zwar in alleiniger Verantwortung zweier sich bis dahin völlig unbekannter Fahrer. Dass sie dann doch schnell eine Gemeinsamkeit herausfanden, lag an ihren Nummernschildern: Auf allen vieren gings vorne los mit: „PI" (zu „HH" siehe → *Hummel, Hummel*).

Piep, piep, piep – oder eigentlich ist es ja englisch-international „beep, beep, beep" zu schreiben, denn so ist es gemeint, damit es auch alle verstehen können, egal welche Sprache sie sprechen –, so mahnt ein akustisches Signal Fahrgäste von S- und U-Bahnen (zusammen mit rotem Blinklicht für die, die gar nichts hören), dass die Türen *in'n allenechstn Aumblick* schließen werden. Das war früher anders, aber ganz anders. Statt elektronisch erzeugter Töne gab es Personal zu hören, das entweder in den Bahnhöfen etwas erhöht von kleinen verkleideten Abfertigungspulten aus oder in den Zügen als (mit-)fahrende Kollegen „Zurückbleiben, bitte" (*Zuuhrückbleim, bidde*) durchsagten und in Fällen von Nichtbefolgung auch eindrucksvoll durchbrüllten, dann aber mit „*happichgesaacht!!*" am Ende anstelle von „bitte". Auch in den Zügen selbst erfolgte die „Nächste Station Soundso"-Ansage noch über leicht knackende Wagenlautsprecher mündlich durch das Fahrpersonal und somit (zwar nicht immer, aber auch nicht gerade selten) von eher tonlos-nuscheligen Hamburger Normalsprecherinnen und -sprechern am Mikrofon des Führerstandes. Alle Älteren mit HVV-Erfahrung dürften ihre eigenen Erinnerungen daran haben, und nur für die Jüngeren soll hier stellvertretend für alle Stationsnamen noch einmal die auf der ersten Silbe betonte und ansonsten häufig bis zur Unkenntlichkeit verstümmelte Wortleiche „*Haubano*" vor die Ohren geführt werden, die einem z. B. in der S-Bahn zwischen den Ansagen „*Be'lina Toa*" und „*Jungfnschtiech*" oder „*Dammtoa*" und „*Hammabrook*" entgegenknarzte – also immer vor „Hauptbahnhof", wer Sprache und Liniennetz noch nicht so kennt. Im Laufe der 1990er Jahre waren durch Modernisierungen der alten und Einführung einer neuen Wagenreihe die Ansagen (inklusive Hinweis auf Ausstiegsseiten, Umsteigemöglichkeiten usw.) nach und nach nicht mehr live, sondern als aufgezeichnete Stimmen präziserer Zungen zu hören, und seit Februar 2014 gibt es bei Zugabfertigung und Türenschluss auch auf Hamburgs traditionsreicher → *Ringlinie* der U-Bahn fast nur noch lingualneutrales Piepen – *annersdenn, du machs ne Thür nich frei, krichste totzicha direkt ergentwas à la „Zurückbleim happichgesaacht!" abbe sowas von anne Ohrn gebölkt – is' dann auch springlebennich un gaanix von wegen Nostalgie.*

Piepgöschen sind eigentlich die *nüddelichen klain Gänseküggn* und bezeichnen auch Kindergarten- oder Kitaschützlinge. Aber der Begriff ist in Hamburg auch schon ewig zur Hänselei von leicht ängstlichen oder vielleicht einfach nur sehr vorsichtigen Menschen in Umlauf. „Piepgöschen" können somit den hochdeutschen „Weicheiern" entsprechen sowie den nur männlich verfügbaren „Muttersöhnchen" und „Warmduschern".

Piepmantjes heißen die kleinsten, zu „Matten" zusammengeflochtenen Schwarzpulver-Knallkörper, mit denen auch schon Kinder zu Silvester hantieren dürfen oder heimlich tun – also, wenn keine → *Piepgöschen* in der Nähe sind.

Pieselei ist ein hamburgisches Wort für eine kleine („billige") Kneipe, der Wirt ist der Piesel. „Pieseln" steht dagegen für „dünnes, leises Regnen" und ist außerdem eines der vielen Wörter, die dieselbe Bedeutung haben wie → *pischern*.

Pik As Diese Karte müsste eigentlich herzfarben sein, weil vom Pik As sozial viel Gutes und vor allem Menschenwärmendes ausgeht – wäre aber gefühlsduselig und wider die Geschichte, denn der Name entwickelte sich als Begriff aus der offiziellen Abkürzung „P.As", die wiederum für das 1913 in der Neustädter Straße eingerichtete „Polizei-Asyl" stand, eine Übernachtungsstätte mit mehreren Schlafsälen und insgesamt 748 Betten. Heute stehen männlichen Obdachlosen 210 Betten in Zwei- bis Zwölfbettzimmern zur Verfügung. Im Rahmen des „Winternotprogramms" und anderen Sonderlagen können weitere Schlafgelegenheiten bereitgestellt werden.

pischern ist eine verbreitete Bezeichnung für das „kleine Geschäft", dessen Verbform nördlich der Elbe somit sehr viel weicher ausgesprochen wird, als es mit „pinkeln" oder „pissen" andernorts zu hören ist. Weitere Ausdrücke lauten „seegen" und für Kinder „lötern", „püschen" oder „pieen".

Planten un Blomen war 1935 der Name einer Gartenschau. Sie fand größtenteils auf dem Gelände am Dammtor statt, wo 1863–1930 der Zoologische Garten gelegen hatte, und auf der Fläche des alten Botanischen Gartens. Der Name bedeutet hochdeutsch „Pflanzen und Blumen" und ging auf den heutigen Park über. 1953, 1963 und 1973 wurde dieser anlässlich der Internationalen Gartenbauausstellungen (IGA) um- und neugestaltet. Eine besondere IGA-Attraktion war von Beginn an die Wasserlichtorgel. Mehrfach modernisiert, lockt sie seither mit bunt angestrahlten, sich rhythmisch zu bewährten Melodien (wie Smetanas „Die Moldau") aufbauenden Wasserfontänen weithin viel Publikum. Ganz undenkbar ist aus heutiger Sicht und modernem Stadtmarketing, was Hamburgs damaliger Bürgermeister Max Brauer zur Wasserorgel harsch bemerkte: „Kitschorgel". Bundespräsident Theodor Heuss äußerte sich ähnlich, aber deutlich diplomatischer: „Etwas zu viel Bonbon." Zur IGA 1963 kamen die heute denkmalgeschützten Tropengewächshäuser des Architekten Bernhard Hermkes dazu. Große Neuerungen brachte auch die finanziell verlustreiche IGA 1973: Mit ihr wurde die Straße Bei den Kirchhöfen im westlichen Teil als Marseiller Straße zum tiefergelegten Betonsarg umgebaut und der seither den Ostrand von Planten un Blomen 118 Meter hoch überragende Hotelbau beim Congress Centrum Hamburg (CCH) fertig. Den Planern wurden dafür nicht nur Blumen überreicht – der Volksmund jedenfalls, der natürlich selten modern fühlt, gratulierte mit bitter angepasstem Parknamen: „Platten un Beton". 2013 richtete Hamburg die Internationale Gartenschau (IGS) aus, aber nicht erneut in Planten un Blomen, sondern auf der Elbinsel Wilhelmsburg.

Platz vor de Glitsch! ist ein schöner Warnruf der auf dem Eis der → *Glitsche* Glitschenden. Außerhalb des Eises entspricht er dem mehr oder eher weniger humorigen Ausruf *„Vossicht – heiß und fettich!"*, mit dem jemand versucht, Durchlass durch eine seinen Weg versperrende Ansammlung von Menschen zu erhalten. Wer jemandem einen Plan vereitelt, ihm in die Quere kommt, der *„piet ihm inne Glitsch"* (→ *pischern*).

plietsch ist, wer sich pfiffig und gewitzt anstellt, wer auch in verfahrener Situation nie um einen Ausweg verlegen ist oder auf unangenehme Fragen stets eine schlagfertige Antwort parat hat.

P-Liner Ein P-Liner gehört zur Flotte der Reederei Ferdinand Laeisz (gesprochen: Leiß). Bis heute beginnen alle Namen ihrer Schiffe mit einem „P". Die noch lange auch zu Dampfschiffzeiten auf die Reise gehenden „Pamir", „Passat", „Peking", „Potosi" oder „Preußen" machten die „Flying-P-Linie" so legendär wie Hans Albers glasigen Blick im Film Große Freiheit Nr. 7, mit dem er in seiner Rolle als „Hannes Kröger" an glückliche Tage auf der „Padua" denkt. Die schnellen, vielfach im Liniendienst nach Südamerika und in der Salpeterfahrt nach Chile eingesetzten Großsegler umfuhren regelmäßig Kap Hoorn. Sitz der Firma ist der Laeisz-Hof an der → *Trostbrücke*. Auf dem 1898 fertiggestellten Gebäude ist von der gegenüberliegenden Fleetseite aus ein Pudel auf dem Dach zu sehen. So hieß der erste Neubau der Reederei, und so lautete zugleich der familiäre Spitzname von Sophie Laeisz (1831–1912), der Schwiegertochter des Firmengründers, die wegen ihrer krausen Haare und aufgetürmten Lockenfrisur so genannt wurde. Und damit ist auch die Frage nach dem „P" in sämtlichen Schiffsnamen geklärt.

Eine Kraushaarfrisur schreibt Schifffahrtsgeschichte. Sie gehörte
Sophie Laeisz, die nach dem Tod ihres Mannes 1901 Inhaberin der
Firma F. Laeisz blieb. Sie gründete ihre eigene Stiftung und betätigte
sich vielfältig als großzügige Mäzenatin. So rief sie u. a. 1907
die Hamburgische Wissenschaftliche Stiftung mit ins Leben und
verwirklichte im Jahr darauf den Bau der „Musikhalle" (seit 2005
nur noch: „Laeiszhalle").

plöör sind Kaffee, Grog oder sonstige Getränke, wenn sie zu dünn sind, also lediglich „Plörre".

Plünnen ist ein Begriff für Lumpen oder zerschlissene Kleidung und ebenso geringschätziger Ausdruck für Kleidung oder Stoffe allgemein. *„An- un ausplünn'n"* steht für die hochdeutschen Verben „an- und ausziehen".

Plünnenhöker zogen noch bis Anfang des 20. Jahrhunderts mit Handwagen durch die Straßen und nahmen verwertbare Kleidung oder Stoffreste, aber meist auch allgemein Altmaterialien an. Im Hamburgischen Wörterbucharchiv ist einer ihrer Ausrufe überliefert: „Plünn un Knocken, ohle Buddel, oles Isen" (= Eisen). Alles wurde in den „Plünnkeller" verbracht, den Raum, der meist tatsächlich in einem Keller lag und als Lager-, Verkaufs- und oft auch Wohnraum zugleich diente.

Plünnkreuzer ist ein Spottname für Faltboote, die im Sommer auf Hamburgs vielen Wasserwegen und vor allem in den → *Vier*- und → *Marschlanden* oder im Alten Land unterwegs sind. Er leitet sich ab von dem wasserdichten Stoff, mit dem die zerlegbare, den Schwimmkörper bildende Holzkonstruktion des Bootes überzogen ist.

Pöseldorf „Pöseln" hat ähnliche Bedeutung wie das Wort → *püttjern* und meint das mehr oder eher weniger effektive, aber unbedingt stressfreie Vor-sich-hin-Basteln, „Schrebern" oder „Herumpusseln". Dass ein solcher Begriff dem heute so exklusiven Viertel an der Alsterseite auf der Grenze der Stadtteile Harvestehude und Rotherbaum in Höhe Mittelweg/Milchstraße einmal den Namen gab, lag möglicherweise daran, dass es hier bis ins 19. Jahrhundert viele kleine Grundstücke und Gärten gab. Handwerker und Krämer sollen sich hier durch ihre freie Zeit „gepöselt" haben.

Pottschemanotsche oder „Pottjemonottje" oder *man noch anners* gesprochen, heißt das Portemonnaie – und bei entsprechender Laune, also wenn's schön voll ist, wird es zum „Pottjuchee".

PRO Zu den Verteilungsstellen und Geschäften der „PRO" ging
lange Zeit halb Hamburg → *einholen.* Die Abkürzung steht für
den Konsum-, Bau- und Sparverein Produktion e.G.m.b.H. 1899
wurde er als Konsumgenossenschaft gegründet. Die Organisation
diente erfolgreich der besseren und kostengünstigeren Versorgung von Beziehern kleiner Einkommen und hatte großen Zulauf.
Nach der Gleichschaltung in der NS-Zeit 1946 neu ins Leben
gerufen, bekamen die deutschen Konsumvereinigungen ab den
1960er Jahren die starke Konkurrenz durch Selbstbedienungs-
läden zu spüren. 1974 schlossen sich daher rund 100 deutsche
Genossenschaften unter dem Dach der neu gegründeten co op AG
zusammen. Als sie 1989 insolvent wurde, gingen ihre unterneh-
merischen Reste als Deutsche SB-Kauf AG später im Metro-
Konzern auf. Mit Bezug auf das bisherige co-op-Absatzgebiet-
Nord bestand der Name PRO seit demselben Jahr 1989 in der
PRO Verbraucher-Handels-AG fort bis 1998, als ihre Übernahme
durch die SPAR Handels-AG erfolgte (gehört seit 2005 zur
Edeka Zentrale AG & Co. KG). *Ischa frückt, wassa so abgeht –
schlurfst ers immä zur PRO, dann 'ne Weile nach BOLLE bei
bis zunn Ungewöhn für EXTRA, un jezz is REWE. Da loift mehr
Kulissenschiebn als in →* Thaaljathiota, *abbe isso – doppelt ver-
tüddelt, ne? Die Unnernehmens un Akschonäre wollen alle immä
mehr fe'dien, abbe anners denn als billich für die Loide daafs auch
nich sain, sonns blaimse nemmich wech un gehn woanners nach –
uh, schon so schbeet? Dammi nomol, issa gleich zu, ALDI.*

Proletenbagger war ein Spottname für die Paternoster, also die
Personenumlaufaufzüge mit offenen Kabinen, die in Hamburgs
Bürolandschaft massenweise ihre Runden drehten. Gab es für
die Chefetage außerdem einen geschlossenen Aufzug, war dieser
im Gegensatz zum „Proletenbagger" der „Bonzenheber". Der
erste deutsche Paternoster fuhr im 1885/86 erbauten Dovenhof,
dem Prototyp des Hamburger Kontorhauses und ersten seiner
Art in Deutschland (1967 abgerissen). Ein Jahr später gab es bereits neun weitere, und von den 1936 in Deutschland gezählten
679 Anlagen lief etwas mehr als die Hälfte allein in der Hanse-

stadt. 1890–98 notierte die Polizei 29 Unfälle, fünf davon mit tödlichem Ausgang. Die Kabinen hängen an einer durchgängig umlaufenden Kette, was man mitteilen muss, wenn auch das Wort „Paternoster" erklärt werden soll: Es leitet sich ab vom lateinischen Namen des „Vaterunser", dem zentralen christlichen Gebet, das zusammen mit anderen in endlosen Gebetsketten wie dem „Rosenkranz" gebetet wird. Im Juni 2015 teilte der Senat auf eine Schriftliche Kleine Anfrage dreier Bürgerschafts-abgeordneter der FDP-Fraktion mit, in Hamburg seien 30 Pater-noster in Betrieb.

Prü(ü)ntje ist ein in Hamburg verbreitetes Wort für den Priem, das Stückchen Kautabak, das man sich „achter de Kusen" schieben kann (hinter die Backenzähne, siehe → *Kuse*). Beide Begriffe haben ihren Ursprung in dem niederländischen Wort für Pflaume. „Prüntje" kann zugleich etwas ganz Kleines von geringem oder gar keinem Wert bezeichnen. Wenn ein Kind ein „Prüntje" im Mund hat, dann ist der Bissen Fleisch gemeint, auf dem es schon ewig herumkaut. Ein „Prüntjer" kann also auch ein Langsam-esser sein. „Prüüntje-Böhn" wurde der Zweite Rang des St.-Pauli-Theaters genannt, dessen früher heiß begehrte, unnummerierte „billige Plätze" (auf schmalen, harten Holzbänken) erst 1969 gegen Klappsessel ausgetauscht wurden. Auf dem „Prüüntje-Böhn" durfte übrigens geraucht und Kautabak genossen werden. Besonders appetitlich: Der ausgekaute „Prüüntje" wurde regel-mäßig an die Decke geklatscht.

Puffbrause wird auf → *St. Liederlich* der sonst auch → *Knallköm* heißende Sekt genannt, ganz gleich in welcher Flaschengröße er zu haben ist.

Puffbuddeln heißen bei eingesessenen Hamburger Getränke-lieferanten die kleinen 0,25-Liter-Einheiten, die in bestimmten *Etablissemangs* mit hohen Preisen zum Geschäft gehören.

Pulvermanns Grab wird wegen ihrer besonderen Schwierigkeit eine Sprungkombination beim Deutschen Springderby in Klein Flott-bek genannt (Hindernis Nr. 14: 1,40 Meter Steilsprung, Wassergraben, 1,20 Meter Aussprung). Namensgeber war der „Vater" des Klein Flottbeker Parcours, der Hamburger Kaufmann und leidenschaftliche Reiter Eduard F. Pulvermann. In der NS-Zeit galt er seiner jüdischen Großeltern wegen als „Halbjude" und wurde 1941 wegen angeblicher „Heimtücke" und Spionage verhaftet und ins KZ Fuhlsbüttel gebracht. An den Folgen der jahrelangen Lagerhaft schwer erkrankt, wurde er am 1. April 1944 ins Gefängnislazarett Langenhorn gebracht, wo er acht Tage darauf verstarb.

Pumpesel ist eine von vielen volkstümlichen Bezeichnungen für den Rohrkolben, die hohlschäftige Pflanze, die in den Marschgebieten an Gewässern wächst und auch als Zimmerschmuck Karriere machte. Andere Namen sind „Kanonen-" oder „Lampenputzer". Einem etwas deftigeren Bild verdankt der Begriff „Pumpesel" seine Entstehung: Er leitet sich ab von „Bommpesel", einer Abschleifung von „Bullenpesel", und bedeutet also nichts anderes als „Bullenpenis".

Purks bezeichnet einen kleinen, vielleicht sogar noch Windeln benötigenden Jungen, aber auch ein klein gewachsener Mann, ein Knirps, kann gemeint sein.

Püsch Eine „Püsch" kennen vor allem die Kinder der → *Elbvororte*, die viel am Strand spielen. Tun sie es mit einer „Püsch", ist eine Räucherdose gemeint. Eine Konservendose ist schnell gefunden oder aufzutreiben, dann sind kleine Löcher in den Boden zu stechen und am oberen Rand zwei weitere zur Anbringung eines Schleuderdrahtes. Dann werden Treibholzstückchen durch etwas Glühkohle zum Rauchen und die Dose in Bewegung gebracht – *feddich ist die qualmende Stinkerei, äh: Püsch!*

Puschen ist in ganz Norddeutschland häufig als Kurzwort von „Pampuschen" für (Filz-)Pantoffeln oder Hausschuhe zu hören. Das Wort stammt ursprünglich von weit her, nämlich aus dem Arabischen („Babusch"), und gelangte über das Französische „babouche" in die deutsche Sprache zwischen Nord- und Ostsee. Auch in Hamburg ergeht mit „Komm in die Puschen!" die Aufforderung, sich gefälligst ein bisschen zu beeilen.

püttjern ist der plattdeutsche Ausdruck für „töpfern" (Pütten = Töpfe). Wer in Hamburg jedoch „Püttjer" genannt wird, ist zumeist jemand, der sich in Kleinarbeit verliert, daher wenig produktiv ist und somit nur noch „rumpüttjert"; der „Püttjerbüdel" wird mit seiner Arbeit nicht nur diesmal nicht, sondern eigentlich niemals fertig. Zwei weitere Bedeutungen des Verbs sind beim Ein- oder Ausgießen, Trinken oder Flüssigkeiten verschütten und, wie im Hamburgischen Wörterbucharchiv belegt ist, „von einer Eisscholle zur anderen springen".

Puttfarken ist ein alter Familienname in den → *Vier-* und → *Marsch-landen.* Wenn jedoch kleine Kinder mit „Na, du Puttfarken" angesprochen werden, spielt nicht ihr Nachname eine Rolle, sondern die Tatsache, dass sie sich beim Toben (auch: buttjern, → *Buttje*) oder am Esstisch wie kleine „Ferkel" (= Farken) benommen haben, also völlig verdreckt oder bekleckert sind. *Bissa selbs in Schuld, muss den Klain ehm 'n* → *Kleckerbuuschen umtüdeln!*

Putzbüdel war ein früher gängiger Begriff für „Friseur" – der natürlich in dessen Hörweite möglichst vermieden wurde. Als es noch üblich war, dass Friseure auch Barbiere waren und die tägliche Morgenrasur anboten, hießen sie im Volksmund auch „Babutz", „Bartschraper" oder „Snutenfeger".

Putzlaputz gelangte aus dem Plattdeutschen in das Hamburger Hochdeutsch und bezeichnet im positiven Sinne einen Alleskönner und zumeist einen guten Hand- oder zumindest Heimwerker, der einfach *alles hinkricht*. Es ist aber auch ein geringschätziger Ausdruck für ein „Mädchen für alles", das für die anspruchslosen Haushaltsarbeiten zuständig ist. Eine Mutter z. B. könnte mit der unmissverständlichen Feststellung, sie sei doch keine „Putzlaputz", ihre handydaddelnden Kinder auffordern, doch gefälligst mal den Müll runterzutragen, aufzuräumen oder eben: auch mal selbst zu putzen!

Puvogel ist der plattdeutsche Name des Pfaus.

Quaddeln sind Hautrötungen oder Schwellungen, die z. B. durch eine allergische Reaktion oder einen Insektenstich hervorgerufen sind und nicht von einem Sturz („Beule", „Schramme") oder von ähnlichen äußeren Einwirkungen herrühren.

Quarkbüdel oder „Quarkpott" ist die Bezeichnung für den, der ständig quarkt (hochdeutsch: quakt), also meckert, und an allem und jedem etwas auszusetzen hat.

Quartiersleute heißen die Lagerunternehmer im Hamburger Hafen. Ihr Name zeugt noch davon, dass sie früher meist in Vierergruppen organisiert waren (Quartiersleute = Viererleute). Sie nannten sich nach dem Namen ihres Vormanns, wobei die Teilhaber, die Consorten, im Firmennamen als „& Cons." erschienen. Die heutigen Lagerunternehmen haben diese Tradition beibehalten.

Selbstbewusste Herren in der Speicherstadt vor 1914: Quartiersleute stellten einen wichtigen Unternehmenszweig im System des Hamburger Hafenumschlags dar. Sie waren Spezialisten in der Lagerung empfindlicher Güter wie Tee, Kaffee oder Gewürzen.

Q

Quäsen sind Hautblasen. Sie stellen sich vorwiegend an Händen oder Füßen ein, z. B. durch ungewohnte Handarbeiten oder zu langes Laufen in neuen Schuhen. Auch durch Quetschungen kommt es zu „Kwehsen", bei leichten zu Wasser- und bei schweren zu „Blutquäsen".

quasen oder **quosen** Kinder „quasen", wenn sie langsam und lustlos auf ihrem Essen herumkauen, ohne zu schlucken. Wenn sie lange genug auf ihrem Bissen Fleisch „herumgequast" haben, ist daraus vermutlich ein → *Prüntje* geworden.

Quiddje oder „Quittje" ist eine halb scherzhafte, halb spöttische Benennung für Nichthamburger oder Zugezogene in der Stadt (→ *geboren und gebürtig*). Die Herkunft des nach dem heutigen Stand der Forschung erstmals 1865 in einer Hamburger Zeitung aufgetauchten Wortes ist unbekannt. Der nur in Hamburg vorkommende Begriff bezeichnet aber auch allgemein Vornehmtuer oder Personen mit ungewohntem, z. B. süddeutschem, Dialekt und auffallender Sprachmelodie. Als der populäre Bürgermeister Herbert Weichmann am 19. Juni 1968 den ersten Rammstoß zum Bau des Neuen Elbtunnels in Gang setzte, kam der Kreis der Ehrengäste in den Genuss einer unfreiwilligen Dusche durch Spritzwasser aus der Dampframme. In Hamburg machte daraufhin der Ausspruch eines Umstehenden die Runde, dass nun der „Quiddje aus Schlesien endlich mit Elbwasser getauft" sei.

Raboisen Witzbolde behaupten, dieser Straßenname der Altstadt gehe auf einen Oberbayern zurück, der meinte, das schlechte Pflaster sei so holprig wie ein Reibeisen *(„Dös is jo wie an Rab-oisen")*. Tatsächlich wird der schon im Mittelalter belegte Name auf einen hier an der alten Stadtmauer gelegenen Befestigungsturm zurückgeführt. Er seinerseits soll nach einem hier wohnenden, in städtischen Diensten stehenden „Kriegsmann" benannt worden sein.

ramentern oder auch „rumramentern" heißt herumlärmen, Spektakel machen, und entsprechend ein Radaumacher „Ramenter".

Ränzel lautet die in ganz Norddeutschland verbreitete Verkleinerungsform des ursprünglich aus der Gaunersprache stammenden Begriffs „Ranzen", mit der die auf dem Rücken getragene Schultasche oder der Rucksack der Kinder bezeichnet wird.

Rattenstall → *Pferdestall*

Rattjes (auch „Rottjes") ist die Verkleinerungsform des plattdeutschen Wortes „Rott" für Ratte. Im Hamburger Straßendeutsch wurden Fabrikarbeiterinnen abschätzig „Rattjes" genannt. Die „Spritrattjes" waren in der Produktion und mit der Abfüllung von Schnaps beschäftigt, die „Fischrattjes" in Fisch verarbeitenden Unternehmen.

Räuberbahn → *Reeperbahnen*

Rauchfleisch → *Hamburger Rauchfleisch*

Rauhes Haus „Das Rauhe Haus" ist der Name einer diakonischen Stiftung mit Sitz im Stadtteil Horn. Er leitet sich ab von einer kleinen, strohgedeckten Kate, die einmal einem Mann namens Ruge gehört hatte. Aus „Ruges Haus" wurde nach und nach „Rauhes Haus". Gebäude samt Grundstück erhielt der evangelische Theologe und Sozialreformer Johann Hinrich Wichern (1808–81) von der Familie Sieveking zum Geschenk, um darin seine „Rettungsanstalt" für verwahrloste Kinder und Jugendliche einzurichten. Die heutige Stiftung ist auf vielfältige Weise im Kinder-, Jugend- und Altenbereich mit Sozialarbeit und Ausbildung und ca. 1200 Beschäftigten an mehr als hundert Standorten in Hamburg und Schleswig-Holstein aktiv. Zum Rauhen Haus gehören unter anderem die Evangelische Fachhochschule für Sozialpädagogik und die Evangelische Fachschule für Altenpflege.

raus, Ich bin → *Lot mi an Land!*

Redder bezeichnen mit Knicks eingefasste (Feld-)Wege, häufig Sackgassen. Es gibt *zich* Hamburger Straßen mit dem schön platt klingenden „-redder" im Namen, allein drei hübsche z. B. im Walddorf Duvenstedt: Bruunsteen-, Specksaal- und Todtenredder. Apropos Plattdeutsch, hier noch die zweite „Redder"-Bedeutung, zitiert aus dem Hamburgischen Wörterbuch: „Redder² m., Plur. -s, Retter, jem., der Leben rettet [...]; früher setzten sich die Feuerwehrleute (Füürlüüd) aus Sprüttenlüüd und Redders zusammen [...]."

reell Das französische Wort „réel" bedeutet „wirklich" oder „echt". Im Plattdeutschen auch als „rejell" überliefert, ist im Hamburger Hochdeutsch eine „reelle" Sache schon von sich aus immer etwas Gutes, und genauer: etwas „Vernünftiges". Was etwas taugt, das ist „reell", das lässt sich verwerten, als Gegenteil könnten die Worte albern und „*affich*" gelten (→ *akademsch*). Gar nicht so selten werden auch „reell" und „real" bedeutungsgleich verwendet, und das ist dann zwar oft „reell witzig", aber real, *nemmich in Werklichkeit*, falsch. Wie im letzten Satz gezeigt, kann „reell" eben auch wie „sehr" als generelles Verstärkungswort eingesetzt werden. So und damit *reell richtig* eingesetzt hat das Wort eindeutig Hamburgs Tattoolegende Christian Warlich (1891–1964). Durch vier Jahrzehnte und die Haut vieler Tausender stach er seine Tinte zu Motiven aller Art, an allen Stellen. Warlich war zugleich Gastwirt auf St. Pauli und tätowierte in einem abgeteilten Bereich seiner Grog-Kneipe in der heutigen Clemens-Schultz-Straße, und zwar unter dem exquisiten Motto: „Streng reell! Wundervollste Muster! Giftfrei! Und unverwüstlich bis über den Tod hinaus!"

Würfel, Karten, Schnaps und rote Lippen sind der „Ruin des Mannes",
ganz eindeutig. Dass die Musik dazu rückwärts spielt, kann Christian
Warlichs Kunst nicht schmälern. Oben zeigt er das Motiv am Tresen
seiner Kneipe im Musterbuch – und das Foto insgesamt viel Hamburgisches: Einen → *Elbsegler* auf dem Kopf des Mannes links am Tresen,
eine Art „Altstädter" auf dem Kopf des Kollegen neben ihm, und ganz
rechts stehen → *Lütt un Lütt.*

Reeperbahnen war ursprünglich die Bezeichnung für die einst in allen Hafen- und Werftstandorten benötigten, mehrere hundert Meter langen Bahnen der Reepschläger (oder Reeper), die auf ihnen Schiffstaue herstellten (Reep = Tau). Nördlich der heutigen Straße „Reeperbahn" wurde zwischen 1626 und 1883 auf zehn solcher Bahnen Hanf zu Tauen gedreht. Schon im 18. Jahrhundert waren südlich davon Vergnügungsbuden entstanden, die den Anlass für den Straßennamen „Spielbudenplatz" gaben. Sie stehen am Anfang einer Entwicklung, die die Straße Reeperbahn zur „sündigsten Meile der Welt" und damit den Namen St. Pauli berühmt machte. Der Preis der Bekanntheit seines früher auch abschätzig „Räuberbahn" genannten „Kiez-Boulevards" war, dass bald der gesamte Stadtteil bei vielen sich als *an-stännich* dünkenden Leuten nur noch mit Rotlicht (→ *St. Liederlich*) und Vergnügen (St. Lustig) in Verbindung gebracht wurde. Diese Namen sind schon lange wieder Geschichte. Aber vermutlich nie vergessen werden wird der Refrain des berühmtesten Walzerliedes der Hansestadt „Auf der Reeperbahn nachts um halb eins" aus dem Jahr 1912:

Blick nach Südosten auf die Straßen Reeperbahn (links mit Straßenbahn) und den parallel verlaufenden Spielbudenplatz um 1900

Auf der Reeperbahn nachts um halb eins,
ob du'n Mädel hast oder ob kein's,
amüsierst du dich,
denn das findet sich
auf der Reeperbahn nachts um halb eins.
Wer noch niemals in lauschiger Nacht
einen Reeperbahnbummel gemacht,
ist ein armer Wicht,
denn er kennt dich nicht,
mein St. Pauli, St. Pauli bei Nacht.

Reihe findet sich als Bestandteil von Straßennamen (z. B. in Lange Reihe). Auf diese Weise wurde zur Zeit der Benennung auf die einseitige Bebauung der Straße hingewiesen. „Reihe" darf jedoch nicht verwechselt werden mit „Reye" (z. B. in Schlankreye) oder „Rei" als Hinweise auf einen kleinen Wasserlauf.

Resterkaffe → *Zampel*

Ring 1 ist in der Stadt öfter im Radio zu hören, und zwar meistens dann, wenn er „verstopft" ist, man mit dem Auto nicht „durchkommt" zwischen Millerntordamm und Hauptbahnhof. Stillstand und Zeit zur Erinnerung daran, dass sich hinter dieser technisch-knappsten Verkehrswegebezeichnung mehr städtebauliche Bedeutung verbirgt als in jeder anderen der mehr als 8000 Hamburger Straßen. Der Ring 1 wird gebildet von den Straßen Holstenwall, Gorch-Fock-Wall, Glockengießerwall, Steintorwall und Klosterwall. Wie beim → *Baumwall* tragen sie als „-wallstraßen" ihre militärische Herkunft im Namen. Diese ist gut ablesbar auch in der Straße „Alter Wall". Dort endete das lange von einer festen, nur von einigen starken Torbauten unterbrochenen Steinmauer geschützte Hamburg. Im 16. Jahrhundert wurde die Befestigung durch Errichtung des „Neuen Walls" in nordwestlicher Richtung noch stärker gesichert. Doch wegen rasant verbesserter Rüstungstechnik und immer stärker schießenden Geschützen musste im kriegerischen 17. Jahrhundert eine ganz neue Art der Verteidigung her. Jetzt halfen nur noch hohe Erdwälle, breite Wassergräben und kanonenbestückte Bastionen. Hamburgs moderne Lebensversicherung entstand im Wesentlichen von 1616 bis 1628 und mit ihr die heutige Neustadt. Nach der → *Franzosenzeit* wurden die Bastionen geschliffen und als Park der Vorläufer der heutigen Hamburger Wallanlagen. *Un wennu jetz immer noch am Ring1 in Audo sitz un von Alt-Hamburch träumst, muss sofort pahken und am Holstenwall ins „Museum für Hamburgische Geschichte" – da issas fiel bessa zu sehn als hier in Buch.*

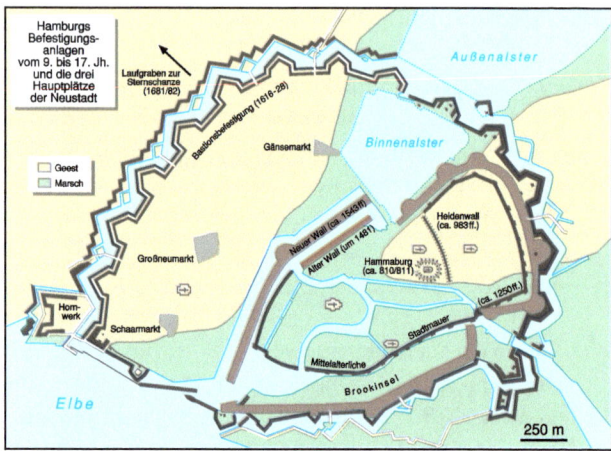

Die Trasse des heutigen „Ring 1" entspricht dem Verlauf von Hamburgs 1616–28 entstandenen Verteidigungsring. Durch ihn galt die Stadt lange als uneinnehmbar. Die Anlage bestand im wesentlichen aus 21 großen Bastionen und elf vorgelagerten Außenwerken. Zu den späteren Erweiterungen gehörte auch die → *Sternschanze.* Kopf der Planung war Johan van Valckenburgh, ein niederländischer Festungsspezialist, der auch für Bremen, Lübeck und weitere norddeutsche Städte tätig war. Der Alte und Neue Wall, in braun eingezeichnet, zeigen die ältere Stadtbefestigung im 15./16. Jahrhundert. In schwarzer Linie sind die mittelalterlichen Wehrmauern zu erkennen, die auf die Palisaden-Graben-Konstruktionen der ersten Schutzanlagen des Urhamburgs folgten.

Ringlinie wurden Züge und Gleise der 1911 gegründeten Hamburger Hochbahn AG genannt (und zuvor bereits eine Straßenbahnstrecke). Ihrem Namen gemäß verlief die ab 1912 schrittweise eröffnete Strecke ringförmig durch die Stadt und verband Hafen und Innenstadt mit den Wohngebieten in Hohenfelde, Barmbek, Winterhude, Eppendorf und St. Pauli. Mit Ausnahme eines Abzweigs nach Wandsbek-Gartenstadt entspricht der Kurs der heutigen Linie U3, Hamburgs aktueller Ringlinie. Sie bietet somit neben der eigentlich nur bezahlten Beförderungsleistung gratis eine auf vielen Abschnitten wunderschöne Stadtrundfahrt. Nach und nach wurde die Ringlinie der Hochbahn (seit 1947 offiziell: U-Bahn) auf ihr heutiges Streckennetz erweitert und bedient mit inzwischen vier Linien 93 Haltestellen entlang von 106 Streckenkilometern – noch, denn die U5 ist geplant.

rödeln → *dödeln*

rösch ist ein anderes Wort für „kross" oder „krosch" und somit für das hochdeutsche Wort „knusprig".

rumdibbern Kinder dibbern rum, wenn sie z. B. bei ihren Großeltern um etwas betteln oder ihre Eltern bewegen wollen, in einer Angelegenheit nachzugeben. Auch Erwachsene können das, aber es heißt dann nicht „dibbern", was es nicht besser macht, sondern sie → *belemmern* jemanden oder „kommen angekötelt" (→ *anköteln*).

Rummelpott oder **rummeln** Der Hamburger „Rummelpott" (auch: „-putt") oder einfach nur das „Rummeln" ist eine alte, heute vor allem in der Gegend der Elbvororte noch rege ausgeübte Kindersitte. Am Silvesterabend (früher auch am Martins-, Fastnachts- und Weihnachtsabend) ziehen die Kleinen verkleidet in Grüppchen in ihrer Nachbarschaft von Tür zu Tür und bitten um kleine Geschenke und vor allem um → *Schnoopkrom*. „Rummeln" bedeutet so viel wie „poltern", und das tun die Kinder, die „Rummelpott laufen", traditionell mit selbst gebastelten Trommeln, die auch im Takt die kleinen, von ihnen aufgesagten Sprüche begleiten. Wichtigste Requisite war früher ein mit einer Schweinsblase überzogener Topf (plattdeutsch „Pott", „Putt" oder „Pütt"), in dem ein eingesteckter Rohrstängel hoch und runter bewegt wurde, sodass ein brummendes Geräusch ertönte. Die Texte variierten in den verschiedenen Teilen der Stadt, galten aber in den → *Vier-* und → *Marschlanden* als besonders handfest. Ein ganz kurzer Vers lautete: „Rummel, rummel, rooken, schenk mir'n Appelkooken!"

Rundstück heißen in Hamburg und im angrenzenden Schleswig-Holstein Brötchen, sofern sie mit weißem Mehl gebacken sind, ihr Äußeres rund und nicht zu länglich ist und weder Kniff noch Falte aufweist. In dieser Form wurden sie schon im 17. Jahrhundert in der Stadt gebacken. Für ein „Rundstück warm" wird ein solches Brötchen in zwei Hälften geschnitten und mit gekochtem Schinken oder warmem Braten und dunkler Bratensoße serviert.

Rüschen → *Glitsche,* → *Kreek,* → *verrüschen*

Mögen ihre Geest-Kollegen in den Elbvororten auf modernsten → *Kreek*modellen per Hangabtriebskraft bis zu 70 km/h erreichen – die beiden Altenwerder Jungs beim Rüschen mit Peekhaken haben ihren Spaß auch in der platten Marsch.

Sabbelbüdel wird genannt, wer viel redet und dabei häufig auch
→ *dumm Tüch* von sich gibt. Wird es schlimmer, kann noch
mit „*Sabbelmors*" (→ *Mors*) gesteigert werden. „Sabbel" ist im
Plattdeutschen ursprünglich ein Wort für Speichel oder Mund,
was sich in der Verschmelzung mit dem französischen
„Serviette" – und in dieser Bedeutung – als „Sabbeljette" erhalten hat, die aber zugleich eine rein weibliche Form des „Sabbel-
büdels" benennen kann. Vielsprechern (m/w/d) gebietet
man Einhalt mit „Halt den Sabbel!" oder „Sabbel di doot!".
Wer in früheren Zeiten jemandem „sabbel" war, der hatte sich
mit ihm zerstritten und war ihm böse.

Sabbeljette → *Sabbelbüdel*

Santa Fu ist der umgangssprachliche Name für die Justizvollzugs-
anstalt Fuhlsbüttel. Sie geht zurück auf das 1879 eröffnete
„Central-Gefängnis", das jedoch nach Grenzverschiebungen
heute zum Stadtteil Ohlsdorf gehört. Sofort nach dem Beginn
der NS-Zeit wurde im März 1933 in einem eigentlich zum
Abriss vorgesehenen Haus das Konzentrationslager Fuhlsbüttel
(KoLaFu) eingerichtet, und von Oktober 1944 bis Februar 1945
bestand zusätzlich ein Außenlager des KZ Neuengamme auf
dem Gelände. Zahlreiche Gefangene wurden hier gefoltert und
ermordet. Der Scherzname „Santa Fu" geht wie beim → *Pik As*
zurück auf eine behördliche Abkürzung (St.Fu = Strafanstalt
Fuhlsbüttel). „Santa Fu" geriet in den 1970er Jahren wegen ge-
lockerter Haftbedingungen als „Haus der offenen Tür" in die
Presse und nach Ausbruchsvorfällen mit der hübschen Schlag-
zeile „Santa Fu und raus bis du".

Scha'snichbeiwas! ist ein besonders schöner Ausruf aus Dirks
Pauluns → *Missingsch*. Er lautet auf Hochdeutsch „Schade, dass
du nicht dabei warst!" und betitelte ein Gedicht im ersten Band
seiner „Studien in Hamburger Hochdeutsch" (1950).

schallern tut eigentlich, wer laut singt – oder laut „Aua" schreit,
weil er eine „geschallert" bekommen hat, eine Ohrfeige nämlich
(siehe auch → *Backs*).

Schangs und **Schanze** „*Mit Schangs schaff' ich's noch, alles rechtzeitig zu* → *beschicken*", könnte jemand in höchsten Terminnöten sagen, aber noch mit Hoffnung auf ein gutes Ende. Das Wort leitet sich vom französischen „la chance" (= das Glück) ab. In Hamburg ist es häufig in dieser Bedeutung in Gebrauch, was Auswärtige wundern mag, die mit dem Ausdruck zunächst nüchterne Wahrscheinlichkeitsüberlegungen verbinden. Chancen im Sinne von guten Gelegenheiten gibt es häufig im Sport, meistens werden sie jedoch vergeben – sehr zum Ärger der Fans und der „Kritischen Zaungäste". Unter diesem Titel veröffentliche Dirks Paulun 1951 eines seiner Gedichte zum Thema Fußball:

> Flaschee! Schiieß! –
> Soon toozichre Schanze!
> Musst er doch bloß felengern
> übern rechtn Außnspann,
> denn gink er unhaltbar inne linke Ecke.
> Abe muss den Ball netührch stoppn!
> Son Rastelli is je nich glücklich,
> wenne nicht fummln kann un toischn.
> Das' je kein Fußball – das' je Spielerei!

Schanze oder zuerst „Schanzenviertel" entstand als Begriff erst in den 1980er Jahren. Er bezeichnet das ehemalige Arbeiterwohnquartier in der Altbaugegend um das → *Schulterblatt* bis zur Schanzenstraße mit dem Sternschanzenpark samt ehemaligem Wasserturm als Wahrzeichen und hat sich in den 1990er Jahren durch junges, multikulturelles Leben, aber auch durch Armut und Drogenprobleme weiter ausgeprägt. Namengebend war die 1682 fertiggestellte Sternschanzenbastion, ein vierzackig-sternförmiger Vorposten des Verteidigungssystems aus Erdwällen und Wassergräben, das Hamburg bis Anfang des 19. Jahrhunderts umgab (→ *Ring 1*). In den 1980er Jahren erhielt das Viertel durch anhaltende Hausbesetzungen, zahlreiche Polizeieinsätze und vehemente Protestaktionen, z. B. gegen den Ausbau der alten → *Flora*, einen „radikalen" Ruf. Viele alteingesessene Unternehmen und Geschäfte zogen sich ohne Nachfolge zurück, und das besondere Flair mit dem Mix aus Altbaucharme und

„Anarchoimage" verfestigte sich. Ein Grund dafür war auch, dass die Stadt im etwa 15 Hektar großen Gebiet nach jahrelangem Zögern zwar Missstände beseitigen und für alle dort Lebenden und Arbeitenden irgendwie eine Art Besserung herstellen wollte, sich dabei aber mit ihren drei darin aufeinander-stoßenden Bezirken Hamburg-Mitte, Altona und Eimsbüttel immer wieder selbst auf den Füßen herumstand. Dies sollte im Jahr 2008 enden mit der Bildung des neuen, zu Altona gehörenden Stadtteils „Sternschanze". Seither ist die Schanze weiter in Bewegung und im Gespräch, sei es durch Gentrifizie-rung, also die Verdrängung der bisherigen Bewohnerschaft durch das Einströmen zahlungskräftiger Miet- und Kaufkund-schaft in schick sanierten Altbauten, oder als Krawallaustragungs-ort linksradikalen Protests, wie besonders extrem geschehen beim Hamburger G20-Gipfel im Juli 2017, der alles Mögliche war – außer hinnehmbar.

Schapp kommt aus dem Plattdeutschen und bedeutet Schrank. Eine Sonderform sind originale „Hamburger Schapps", also große zweitürige Schränke mit kunstvollem Schnitzwerk und stark auskragendem Kranzgesims. Hergestellt in Hamburger Möbeltischlereien, fanden sie seit dem 17. Jahrhundert entlang der Niederelbe bis nach Dithmarschen Verbreitung. Das Museum für Kunst und Gewerbe am Steintorplatz bewahrt wertvolle solcher Stücke.

Schauerleute Ein „Schauermann" ist ein Hafenarbeiter, der zusam-men in einer Arbeitsgruppe (→ *Gang*), für das Löschen (Entladen) und Laden (Beladen) von Seeschiffen zuständig ist. Der Name leitet sich ab vom niederländischen „sjouwen" (= hart arbeiten), und auch im Zeitalter des Containerverkehrs und moderner Technik kann manchmal nicht auf Muskelkraft verzichtet werden. Offiziell sind „Schauerleute" ungelernte, meist nur für eine Schicht engagierte Arbeiter, die jedoch auch das kor-rekte Stauen der Ladung übernehmen, was der „Stauervize" (→ *Vize*) kontrolliert.

Schaufel → *Handeule*

scheesen Womit oder in welcher Angelegenheit auch immer – wer in Hamburg „scheest", der ist rasant schnell *unnerwegens*.

Scherbeln ist für die Angehörigen der (inzwischen nun sehr viel) „reiferen Jugend" ein selbstverständliches Hamburger Wort für das Tanzen. Traditionslokale, in denen so richtig schön „gescherbelt" wurde, gibt es jedoch kaum noch. 1995 schloss auch das einst berühmte „Lübscher Baum" in Hohenfelde, nachdem für viele Generationen hindurch in der Lübecker Straße galt: „In Erfüllung geht so mancher Traum, beim Tanz im Lübschen Baum." Auch „Eheschmiede" genannt, war der Nachkriegsbau Ecke Lübecker Straße/Güntherstraße lange sehr beliebt und letzter Nachfolger von Jahrhunderten Gastwirtschaft, Tanz und Unterhaltung am Lübecker Schlagbaum, einer Wegezollstation am damaligen östlichen Ende von Hamburgs Stadtgebiet.

schettrig oder **schetterig** Wer „schettrig" ist, sieht blass aus, fühlt sich körperlich unwohl und elend. Der Begriff eignet sich auch zur Umschreibung eines Feierkaters oder sonstiger Menschen und Sachen in etwas heruntergekommenem Zustand.

Scheun greun but'n Dammtor! lautet eine alte Redewendung, deren Inhalt an das Grün der Felder und Gärten erinnert, die vor der Erschließung und Bebauung der heutigen Stadtteile Rotherbaum und Harvestehude das Gebiet prägten. Doch bedeutungsvoller als diese Aussage wurde die Eignung und Nutzung des Spruchs zur Verdeutlichung des *heerlich* prägnanten Klangs der hamburgischen Sprache.

schick/schägg/schääck In Nutzung des französischen „chic" steht das Wort im ganzen deutschen Sprachraum seit Langem für „modisch", „schön" oder „geschmackvoll gekleidet". Die flachere Bedeutung als generell positiv wertendes Adjektiv ist in Hamburg häufig (und vor allem *scheun brait* ausgesprochen) zu hören. Dirks Paulun notierte dazu: *„Schick* kann nicht nur ein Kostüm oder sonstiges Kleidungsstück sein. ‚Religionsstunde war schick!' – Alles, was gefällt oder in den Kram passt, wird mit dem Ruf schick! *(schääck!)* bedacht."

schier Das Wort wird verwendet, um etwas als rein oder makellos zu beschreiben. Qualitätvolle Stoffe oder auch ein hervorragendes Stück Fleisch – ohne Sehnen oder Knochen – können als „schier" bezeichnet werden, das Gleiche gilt für besonders glatte Haut, und wer die hat, ist „schierschnutig" und wird damit als hübsch anzusehen bezeichnet. Schier kann auch Umstände benennen und z. B. für „direkt", „geradezu" oder „reinweg" stehen – *dascha schier unglaublich!*

Schiet oder **Schietkrom** sind zum Fluchen geeignete Begriffe, die es in vielen Variationen gibt (z. B. „Schiet ok" oder „Schietwedder"). Ein bedächtig ausgesprochenes „Schiet" oder „Schiete" sollte aber für Norddeutsche zum Abreagieren ausreichend sein (→ *sollen*). So oder so klingen die Wörter deutlich weniger ordinär als ihr hochdeutsches Pendant für Dreck oder Kot im weitesten Sinne (*„Verdammte Schaiße!"*). In der Anrede „Na, mien kleinen Schieter" (und vollends beim nächsten Stichwort!) kommt dagegen eine freundlich-liebevolle Bedeutung zum Vorschein.

Schietbüdel werden plattdeutsch-liebevoll Kinder genannt, die noch gewickelt werden (siehe auch → *Büdel* und hier die nächste Seite).

Schietegol → *Nüdschanix*

Schietgeld ist die bei besonders dreckverursachenden Arbeiten oder Tätigkeiten in besonders unsauberer Umgebung früher sehr bekannte „Schmutzzulage" zum regulären Stundenlohn.

Schiffszimmerer ist ein alter Handwerksberuf, der seinen Gegenstand im Namen trägt. Wenn jedoch in Hamburg von den „Schiffszimmerern" die Rede ist, geht es um die Allgemeine Deutsche Schiffszimmerer-Genossenschaft. Sie wurde 1875 von Mitgliedern des Deutschen Schiffszimmerer-Vereins gegründet und ist die älteste bestehende Genossenschaft Hamburgs. Zunächst sollten auf eigenen Werften nur Arbeitsplätze gesichert werden, doch dann kam die sozial motivierte Aufgabe der Wohnraumbeschaffung dazu. Die „Schiffszimmerer" bewirt-

Ganz gleich, ob meine Eltern Punks aus der → *Schanze* sind oder
Hausbesitzer in der → *Blumenstraße* – solange ich noch nicht
richtig rennen und aufs Klo gehen kann, bleibe ich ein umsorgter
→ *Schietbüdel!* Das gilt auch für Friedrich Hülsenbeck, Hamburgs
berühmtesten, im Leiterwagen festgehalten von Philipp Otto Runge
1805/06 in dem Gemälde mit dem Titel „Die Hülsenbeckschen Kinder" und im Original zu bewundern in der Hamburger Kunsthalle
(Öl auf Leinwand, 131x141 cm).

schaften heute in Hamburg und Umgebung rund 9000 Wohnungen und engagieren sich auch für die soziale Entwicklung in den Quartieren ihrer Standorte.

Schluntsche war einst in Hamburg für „Schlampe" zu hören.

Schmidt Schnauze → *Flutkatastrophe* (siehe zu Helmut Schmidt auch → *Brehm,* → *Elbsegler,* → *Fiese-Miese-Isestraße,* → *Kontorhausviertel,* → *Stein, spitzer, Hamburger Vokalverziehungen u. a.*)

Schmooktaim! ist die Ankündigung einer kurzen Arbeitspause. Sie dauert regulär etwa halb so lang wie die → *Fofftein,* genaugenommen eine Zigarettenlänge oder eben eine „Rauchzeit" lang, wie die Übersetzung des englischen Ursprungswortes lautet. Noch kürzere Unterbrechungen einer Tätigkeit zum „Verpusten" lassen sich mit *„Ma'ehm Aumblick Pause!"* einleiten.

Schmuddelwetter herrscht bei schwachem Wind, hohem Luftdruck, tiefhängender, dichter Wolkendecke und gegebenenfalls leichtem Niesel- oder Sprühregen. Besonders häufig zieht Schmuddelwetter im Herbst auf, es kann aber bei entsprechenden Lagen zu allen Jahreszeiten entstehen. Dass Hamburg generell die „Traufe Deutschlands" ist (weil das Wetter hier in einer Hälfte des Jahres schlecht sei, während es in der anderen regnet), wird vor allem von Zugereisten aus milderen oder beständigeren Klimazonen häufig so empfunden und gefühlt von der Mehrheit der 1,8 Millionen Hamburgerinnen und Hamburgern gern bestätigt.

Schnack oder **Snack** leitet sich ab von „snacken", dem plattdeutschen Wort für „sprechen". Ein „Schnack" ist ein zumeist regionaltypischer Spruch, eine Redewendung, manchmal nur ein Wort, oder, um es ganz genau auszudrücken, *was man ehm in Hamburch so sacht.* So dürftig diese Erklärung klingen mag, so treffend ist sie. Die verschiedenen Gesellschafts-, Sprach- und Altersschichten haben jeweils ihre eigenen „Schnacks". Mit → *Scholle sein,* „springlebennich" und „überwech sein" finden sich jedenfalls treffliche Beispiele nur ein paar Zeilen weiter unten.

Schnööf heißt (treffend lautgemalt) der Schnupfen.

schnoopen heißt „naschen" und „Schnoop" oder „Schnoopkrom" stehen somit wie → *Naschen* für Süßigkeiten. „Schnoop" zu kaufen, gehört bekanntlich zu den schönsten Beschäftigungen von Kindern, ob es nun für einen Ausflug ist oder nur zur Versüßung des täglichen Schulwegs *(„Hass noch Schnoopkrom?")*. Wer sich nach den Hausaufgaben z. B. durch Gartenarbeit oder ähnliche Dienste als nützliche Hilfe erweist, hat Anspruch auf ein bisschen „Schnoopgeld".

Schnutenfeger → *Putzbüdel*

Scholle sein Wer Scholle ist, ist völlig ausgelaugt, total im Eimer – platt wie der namengebende Fisch eben, der übrigens im späten Frühjahr als Maischolle besonders zu empfehlen ist und garantiert neue Kräfte weckt. Er sollte möglichst so frisch sein, dass der Hinweis im Fischgeschäft *(Gaaanz frischa Fangk, noch wie springlebennich!)* auch der Wahrheit entspricht und nicht eher der Zerstreuung des Stirnrunzelns auf der anderen Tresenseite, ob die Ware nicht vielleicht schon *überwech sein* könnte, nämlich über den Zustand ihrer erhofften Qualität.

Schottsche Karre ist in Hamburg die Bezeichnung für einen zweirädrigen Handkarren, der über Jahrhunderte als vielseitiges Transportmittel in der Stadt zum alltäglichen Bild gehörte. Der namentliche Ursprung hängt mit den Anfang des 17. Jahrhunderts in Hamburg eingeführten Karrenstrafen zusammen. „Zur Karre" verurteilte Sträflinge mussten einen schweren Wagen durch die Straßen fahren und darin von ihnen einzusammelnden Müll abtransportieren. Michael Schott (oder Schotte), ein ehemaliger Karrensträfling, blieb vermutlich als Aufseher nach seiner Entlassung seinem bisherigen Metier treu und wird als Namengeber angenommen (hier im Buch ist seine Karre im → *Großen Burstah* zu sehen).

Schülpen steht für (über-)schwappen.

Schulterblatt heißt heute eine im 17. Jahrhundert als „Im Schulterblatt" benannte Straße. Ein findiger Wirt hatte sich seinerzeit
das Schulterblatt eines Wals von einem der zahlreichen Hamburger Walfänger besorgt, es bunt bemalt und als werbenden
Blickfang und Gasthausschild vor die Tür gehängt – und das
stand eines Tages Pate, als für die heranwachsende Straße ein
Name hermusste. Bis zur Schaffung des Stadtteils Sternschanze
(siehe auch → *Schanze*) lag das Schulterblatt mit seinen 135
Hausnummern zerstückelt auf dem Gebiet von gleich vier Stadtteilen, nämlich St. Pauli, Altona-Altstadt, Altona-Nord und
Eimsbüttel. Heute sind es gemäß Amtlichem Straßen- und
Gebietsverzeichnis (Straßenschlüssel S321) nur noch zwei:
Sternschanze (Ortsteil 207) und von den Hausnummern 108/115
an: Eimsbüttel (310) – *jo, dangge für die Info, hädde der ersse
Schulderblattweert sicher ein' für rausgehaun (so oder so).*

Schuten sind die Lasttiere der Hamburger Wasserwege. Die breiten
Boote ohne Kiel und Motor tragen bis zu 250 Tonnen Ladung.
Früher handelte es sich um abgetakelte → *Ewer*, weshalb auf
den Berufsstand der Führer einer „Schute" auch der Name
→ *Ewerführer* überging. Bei schlechter Witterung wurde die
offen gefahrene Ladung mit Planen abgedeckt, bis auch eine

Schuten beim Abtransport von Trümmerschutt des Zweiten Weltkriegs. Für das leichtere Beladen wurde ein Stück des Geländers der
Bleichenbrücke abgebaut.

geschlossene Variante aufkam: Als Typ „Kastenschute" genannt, ist ihr → *Ökelname* als „Klapperdeckelschute" technisch aussagekräftiger, denn als Lukendeckel fungierten offenbar geräuschvoll dicht an dicht gelegte Holzplanken. Der → *Ewerführer* kann sein Gefährt in flachem Gewässer durch Staken mit dem Peekhaken (auch: „Piekerhaken") fortbewegen, ansonsten ziehen kleine Hafenschlepper seine „Schute". Von Mai bis Oktober ist die 1913 gebaute Hamburger Kastenschute „H 11347" des Museums der Arbeit im Nikolaifleet an der Deichstraße zu besichtigen und damit die Welt der „Fleetpiraten" kennenzulernen, wie scherzhaft die Schutenführer auch genannt wurden (sehr kreative historische Bezeichnungen einzelner → *Ewerführer* sind im Hamburgischen Wörterbucharchiv der Universität Hamburg dokumentiert und hier nachzulesen unter → *Ökelname*).

Schwanenvater → *Alsterschwäne*

Schwarze Gang Der englische Ausdruck „Gang" (*Geng* → *Gang*) für eine Gruppe von Arbeitern ist auch im Hamburger Hafen die übliche Bezeichnung für zusammen in einer Schicht arbeitende → *Schauerleute*. Zur „Schwarzen Gang" gehörten die Ausübenden der besonders schmutzanfälligen Berufe, allen voran die „Ketelklopper". Sie wurden wegen ihrer extrem unattraktiven Arbeitsbedingungen und schlechten Bezahlung auch als „Schietgäng" bezeichnet. Ihre bedauernswerten Mitglieder mussten sich durch winzige „Mannlöcher" ins Innere der Dampfkessel zwängen und dort mit Hammer und Meißel und später mit Schlaghämmern die festgebrannte Dreckschicht entfernen. Andere „schwarze Schauerleute" waren für den Umschlag von Kohlen zuständig. Heute wird der Ausdruck „Schwarze Gang" nur noch auf die Mitarbeiter des Schiffsdurchsuchungstrupps des Wasserzolldienstes angewandt. Nicht sicher ist, ob in ihrem Fall die Bezeichnung darauf anspielt, dass sie in den Tiefen der Schiffe auf Staub und Schmerz stoßen, oder auf die schwarzen Uniformen, die ihre britischen Kollegen nach der Gründung der Einheit während der britischen Besatzung nach dem Zweiten Weltkrieg trugen.

Schwimmoper wird ihrer imposanten Konstruktion halber die Alsterschwimmhalle auch genannt. Der Entwurf der Dachform erinnert an einen nach dem Luftholen just wieder eintauchenden Delfin-Schwimmer, und die Statiker und Bauingenieure hatten viel zu tun, die mehr als 7000 Tonnen Beton in zwei hyperbolischen Paraboloidschalen auf nur drei Stützen zu berechnen und zu bauen. Lange bevor die zwölfjährige Realisation der Schwimmbadidee 1973 mit der Einweihung endete, hatte der Aufsichtsrat der Hamburger Wasserwerke den Namen „Alsterschwimmhalle" ausgesucht und damit „Zitterrochen", „Hanseatengroßwäscherei", „Jungfernschnauze" und Hunderte mehr per Zuschrift von Bürgerinnen und Bürgern eingesandte Vorschläge verworfen. Weniger zu lachen gab es, als nach Fertigstellung des Beckens herauskam, dass die 50-Meter-Bahn in Wirklichkeit gar keine war – denn zum Entsetzen der Verantwortlichen fehlten ihr einige Zentimeter und konnten Wettkämpfe erst nach der nicht unaufwendigen Fehlerbehebung ausgetragen werden. 2019 startete die mehrjährige Grundsanierung und Erweiterung der Hamburger „Schwimmoper", an deren Sprungturm übrigens tatsächlich ein Sänger mitbetoniert hatte, und gar kein Unbekannter: Mike Krüger während seiner Ausbildung zum Betonbauer. *Tschä, dascha 'ne Info – wüsste lieba, wo das nomma is, wo sich die Loide in Wasserbeggen abspaddeln? – Ochso, stimmp ja, in Hohnfelde anne:*

Sechslingspforte heißt heute eine Straße zwischen den Stadtteilen St. Georg und Hohenfelde. Als „Sechslingspforte" bezeichnete der Volksmund die „Alsterpforte", eine 1852 eingerichtete Zahlstelle für ein Wegegeld. Sie befand sich an einem neu angelegten Fußweg von der Lohmühle zur Uhlenhorst bei einer Brücke über den ehemaligen Wallgraben der hamburgischen Stadtbefestigung im Bereich des heutigen St. Georg. Die 1864 abgebrochene Sechslingspforte war nach dem Geldstück für sechs Pfennige, dem Sechsling, benannt worden, der zum Passieren entrichtet werden musste. Geld, das man heute sparen und anders nutzen kann, vielleicht ja als ein Teil des Eintritts in die → *Schwimmoper.*

Senatsgehege Dass ein Begriff, der an die Verwahrung wilder Tiere erinnert, in Zusammenhang mit der Hamburger Landesregierung zur Anwendung kommt, hat sprachhistorische Gründe. Die Beschränkung von „Gehege" auf Wildhaltung ist noch nicht sehr alt, in früheren Zeiten meinte man damit lediglich einen abgegrenzten Bereich. Dieses „Gehege" gab es schon im um 1290 errichteten Rathaus am → *Neß* an der → *Trostbrücke.* Dabei handelte es sich um ein Geviert, in dem das Gestühl der hier tagenden Ratsherren stand. Es galt als befriedet, das heißt, niemand durfte in Waffen vor den Rat treten. Weil sich 1860 die offizielle Benennung des Rates in Senat geändert hatte, erhielt entsprechend auch der engere Bereich des Senats im neuen, 1897 eingeweihten Rathaus die Bezeichnung „Senatsgehege".

Slamaitjenbrücke ist ein schon im 17. Jahrhundert belegter Name, der seit 1960 offiziell den Brückenabschnitt der heutigen Ludwig-Erhard-Straße über dem Alsterfleet bezeichnet. In einer

Als 1860 für den Rat die neue Bezeichnung Senat bestimmt wurde, blieb dieser Raum außen vor – die Ratsstube. Dienstags um elf Uhr tagen dort die Senatsmitglieder, der Erste und Zweite Bürgermeister (m/w) sitzen auf den Plätzen vor dem großen Hamburger Wappen

Verbindung des plattdeutschen „slampig" (= unordentlich, schlampig) mit „Maitje" (= Mädchen) sollte der Name auf das lose Weibsvolk anspielen, das in dieser Gegend seinem Gewerbe nachging.

Smuttaal → *Aal*

Snuten un Poten bedeutet „Schnauzen und Pfoten", und zwar vom Schwein, als Eintopf gekocht und zusammen mit Püree auf dem Teller serviert. Nicht jeder muss dieses Gericht mögen, aber es kann nicht schaden, seinen Namen zu kennen oder, noch besser, es zumindest mal probiert zu haben.

„Snuten un Poten" war auch der Titel eines Couplets und Hamburger Gassenhauers der „Wolf-Duos" den sie 1911/12 in der Revue „Rund um die Alster" sangen. Bis 1906 waren sie nur als „Wolf-Trio" oder „Gebrüder Wolf" aufgetreten und mit ihren witzig-handfesten Texten („Mariechen, du süßes Viehchen", „An de Eck steit 'n Jung mit 'n → *Tüdelband*") sehr beliebt. Sie spezialisierten sich auf regional-plattdeutsche → *Döntjes* und

unter dem Baldachin. Natürlich erhellt wird der Raum nicht durch Fenster, sondern durch ein großes Oberlicht: Über den Stadtvätern und -müttern soll nur der Himmel und damit göttlicher Beistand den Sitzungen beiwohnen.

In ihrem 1912 erschienenen Lied „Snuten un Poten" besangen die
Brüder Ludwig und Leopold Wolf die Vorzüge der hamburgischen
Küche. Mit dem namengebenden Gericht dürften sie aufgewachsen
sein, ihr Vater führte nahe dem Michel eine Schlachterei.

standen häufig als die Hafenarbeiter Fietje und Tetje auf der Bühne – aber die Popularität schützte sie nicht vor Antisemitis-
mus: ihre jüdische Abstammung bedeutete für sie Verfolgung,
1939 völliges Auftrittsverbot und für James Wolf, ein Urmitglied
der Gruppe, die Deportation ins KZ Theresienstadt, wo
er 1943 umkam. 2008 wurde auf dem Gelände der früheren
Bavaria- und St. Pauli-Brauerei zur Erinnerung an die Erfolge
und das Schicksal der Wolfs der Gebrüder-Wolf-Platz eingeweiht.

sollen kann im hamburgischen Sprachgebrauch auch die Bedeu-
tung von „sein sollen" im Sinne von „so gehören" annehmen.
Der Ausspruch: „So ist das eben!" kann somit auch als achsel-
zuckendes „Soll ja wohl!" zum Ausdruck gebracht werden.
Vera Möller überlieferte diesen → *Schnack* in der Klein-Erna-
Geschichte „Der Schwan": „Mamma sitzt auf ne Bank an der
Alster, und Klein Erna geht in die Anlagen spazieren. Mamma
strickt zwei schlicht zwei kraus und will gaanich gestört werden
[…] Und wie da mit 'n mal 'n großer Schwan angeschwommen
konnt, da ruft Klein Erna: ,Mamma, Mamma, kuck mal den
Schwaan, der hat aber 'n langen Hals!' Mamma: ,Den lass man,
Klein Erna, der soll ja wohl.'"

Sonnabend → *Tschüs!*

Söten „Söt" (oder „seut") lautet das plattdeutsche Wort für „süß",
und ein „Söten", wenn er nicht als Kosename für einen Menschen
steht („Na, mien Söten"), meint nichts anderes als „Kuss" oder
„Küsschen".

Sottje ist eine volkstümlich-plattdeutsche Bezeichnung für einen
Schornsteinfeger. Sie leitet sich ab von der Koseform des plattdeutschen Wortes „Sott", das für den angesetzten Ruß steht.

spaddeln (eigentlich: „spatteln") kommt von „zappeln" und bedeutet
so viel wie „ungelenke Bewegungen machen". Wer z. B. ins Wasser
fällt und nur unzureichend schwimmen kann, spaddelt sich so
lange darin ab, bis er wieder festen Grund unter den Füßen hat
oder herausgezogen wird.

S

Speicherstadt → *geboren und gebürtig*, → *Kontorhausviertel*, → *Pfeffer-säcke*, → *Quartiersleute*

Spickaal → *Aal*

spiddelig oder **spittelig** Wer dies, auf sich gemünzt, zu hören bekommt, wird wegen seines mageren, „kümmerlichen" Körperbaus verspottet. Mit dürren Armen und Beinen (dann auch Scheren genannt) ist man *„spiddelich"*, und einem derart hageren Menschen dürften die Bezeichnungen „Spiddelfink" oder „Spittelfips" nicht neu sein – *un hoffenlich längs egool.*

Spijök ist ein Begriff für den spaßigen Unsinn Jugendlicher.

Spökenkieker Ein Spökenkieker (oder „Speukenkieker") ist ein Spukseher. Wenn dieser Begriff fällt, geht es jedoch meist nicht um etwas Geheimnisvolles, sondern um irgendjemanden, der zweifelhafte bis unsinnige Geschichten von sich gibt, „Spökenkiekereien" eben.

springlebennich → *Scholle sein*

St. Liederlich ist ein veralteter Name für den Stadtteil St. Pauli, der in diesem Zusammenhang wiederum als „auf St. Pauli" nur auf sein Amüsier- und Rotlichtviertel reduziert ist. Deutlich genauer unterschieden früher die Begriffe „St. Lustig" (für *„Amüsemang"*) und „St. Liederlich" (für die Bordellbereiche). Im Viertel links und rechts von → *Reeperbahn* und Spielbudenplatz wuchs um die Mitte des 19. Jahrhunderts der Amüsierbetrieb stark an, und es entstanden zahlreiche neue Häuser für Kneipen, Restaurants, Stimmungs- und Tanzlokale, Volkstheater, Varietés, Konzertveranstaltungen und auch Bordellwirtschaften, vor allem in den Seitenstraßen. Immer neue Attraktionen wurden präsentiert, und es erforderte riesiges Durchhaltevermögen, wenn man von einer Revue im → *Trichter* bis Paul Beckers Hippodrom in der → *Großen Freiheit* nichts auslassen wollte. Heute bevölkern Abend für Abend und besonders an Wochenenden Scharen von Touristen die Straßen mit den berühmten Namen wie

→ *Reeperbahn*, → *Herbertstraße* oder → *Große Freiheit*. Mittlerweile hat sich neben den Sexshops, Peepshows und Automatenspielhallen auf dem → *Kiez* ein breiteres Angebot an Kneipen und Bühnen für Theater, Kleinkunst und Kabarett etabliert, das seit einigen Jahrzehnten auch wieder das allgemeine Hamburger Publikum anzieht.

St. Lustig → *St. Liederlich*

staatsch ist plattdeutsch und heißt „stattlich, ansehnlich". Ein „staatscher → *Kerdel*" oder eine „staatsche Frau" machen aber nicht nur äußerlich, sondern rundum einen *ans-tännigen* Eindruck.

Stadt, Staat, Land *(un staatscher Welthafn!)* „Hamburg, ein Stadtstaat", ist öfter mal zu hören, aber irgendwie unklar *(Genau! Was'n nu – Stadt oder Staat – beißugleich, a'so wie 'ne Staatstadt?)*. Hamburg ist eine Stadt, die auch alle Grundvoraussetzungen eines eigenständigen Staates gemäß der „Drei-Elemente-Lehre" erfüllt: Sie umfasst, erstens, ein fest umrissenes „Gebiet", nämlich ihre sieben Bezirke mit 104 Stadtteilen (inklusive Neuwerk, das zusammen mit Schar- und Nigehörn im Nationalpark Hamburgisches Wattenmeer liegt *un glei'zeidich in Bezirk Hamburch-Midde)*. Zweitens verfügt sie mit mehr als 1,8 Millionen Seelen über viel eigenes „Volk" darin und kann, drittens, für ausreichend „funktionierende Ordnung" im Staate Hamburg sorgen. Aber im Gegensatz zu seinen Nachbarn Schleswig-Holstein und Niedersachsen gibt's in Hamburg seit 1937/38 (→ *Groß-Hamburg*) keine weiteren Städte oder Gemeinden, sondern es verwaltet sich „stadtstaatlich" als „Einheitsgemeinde". Und dann sind Stadt und Staat Hamburg natürlich vor allem noch etwas, nämlich „Land der Bundesrepublik Deutschland" (HmbVerf, Art. 1) und mit dieser so eng verwoben, dass in diesem Fall höchstens von teilsouveräner Staatlichkeit... – *abba jetz weißu nich weiter, müssen spitzfinnige Juristen sagn. Sicher is nua, Hamburch is ne* → *staatsche Stadt, sogar ne „Welthafenstadt", und so steht's auch korrek inne Verfassung, nemmich ganz vorne, noch vorwech dein Artikl eins, inne Präambl.*

Stein, spitzer, Hamburger Vokalverziehungen u. a. *Zack, wech isser, der s-pitze S-tein, über den man im Norden seit jeher s-tolperte.* „Schp-" und „scht-" haben sich flächendeckend durchgesetzt, und nur gelegentlich hört man noch bei älteren Hamburgerinnen und Hamburgern die untergegangene Eigenheit. Wer sie „auf Knopfdruck" in Reinkultur nacherleben möchte, braucht nur im Internet Videos z. B. von Altkanzler Helmut Schmidt und seiner Frau Loki oder von den Hamburger Theaterstars Heidi Kabel und Henry Vahl aufzurufen. Spätestens seit den 1970er Jahren galt diese auffällige Sprechart als unmodern und verschwand allmählich. Doch im Hamburger Raum sind viele andere Ausspracheeigenheiten geblieben, vor allem die Silbenverschmelzungen (→ *Missingsch*) und die typischen Vokalverziehungen. Im ersten Band des Hamburgischen Wörterbuches sind sie exakt erklärt, z. B. wie „das lange *a* als *ō* gesprochen" wird, denn es ist ein „geschlossener langer Monophtong" – *wie bidde, was soll los sain mit unsen „a"?* Die Feinheiten hier exakt wiederzugeben macht keinen Sinn. Stattdessen nur ein paar Beispiele: In Hamburg erklingt ein „a" mitunter für „-er" am Wortende, z. B. in „immer" als *„imma"*, und manche machen das „a" *immä* zum „ä" („Peter" = *„Pedääh"*). Berühmte „-er"-zu-„-a"-Beispiele sind auch die Eltern, wenn sie zu *„Vadda un Mudda"* mutieren. Die beiden zeigen zugleich, wie ein „d" nach Vokalen häufig das „t" ersetzt. Dieses ist übrigens am Wortende durchaus entbehrlich: *Merks selbs,* → *nech?* Hinten wird ohnehin oft gespart bzw. großer Druck auf die Silben ausgeübt, so auch im Falle → *Brehms,* der kleinen Hanseschwester. *Issoch der Hamma, wie manche Loide hier schprechn – ich machas wohl laidn!* (oi = eu und ai = ei). Eine weitere Eigenart ist es, das Wortende ungewöhnlich hart zu betonen, z. B. als *Ahnunk, Betriep, Wahtunk* oder *Zeitunk.*

Steuerbord steht nautisch für die rechte Schiffsseite und ist durch grünes Lampenlicht gekennzeichnet.

Stieben → *Grog*

Stint Im Plattdeutschen hört man manchmal, jemand freue sich „as so'n Stint". Warum es möglich ist, dass sich jemand wie der kleine, zu den Lachsfischen gehörende Fisch freuen kann, hat einen literarischen Hintergrund. Den Anstoß gab ein „klein-wonniges" Frühjahrsgedicht, das 1797 im „Neuen Berliner Musenalmanach" erschien:

> Oh sieh! wie alles weit und breit,
> Von lindem Schmeichelwind
> Mit Wonneblüten überstreut,
> An warmer Sonne minnt!
> Vom Storche bis zum Spatz sich freut,
> Vom Karpfen bis zum Stint!

Dass nicht nur der Karpfen, sondern der als „Kleine-Leute-Fisch" geltende Stint zum Gradmesser der Fröhlichkeit wurde, könnte durchaus in Hamburg beschlossen worden sein. Hier sang man den aus einem Theaterstück entsprungenen Gassenhauer „An der Eck von Steenstrat steit ne Olsch un verkauft Stint", und am Fuße eines der schönsten Hamburger Plätze, dem Stintfang (→ *Hafen-Balkon*), soll er einst mit unzähligen Artgenossen im Wallgraben herumgeschwommen sein.

Streek lautete der Name des Alsterlaufs zwischen Fuhlsbütteler Schleuse und → *Außenalster*. Nur die 1904 benannte Streek-brücke zwischen Winterhude und Harvestehude und der dort gelegene gleichnamige Anleger der Alstertouristik (→ *Alster-schippern*) halten die Erinnerungen an ihn wach, da der Fluss seit seiner Kanalisierung im Jahr 1914 auch auf diesem Teil als „Alster" fließt. (Für weitere Alsterabschnittsnamen siehe → *Binnenalster*)

Strömer sind nicht mehr ganz kleine Kinder. Sie dürfen sich schon allein zu ihren Freundinnen und Freunden aufmachen, um ge-meinsam zu irgendwelchen Unternehmungen loszuströmern. *„Aber nicht vergessen, wenn's dunkel wird, bist du wieder da und pass' bidde büschen auf deine Sachen auf!"*

Stuten hießen ursprünglich nur längliche, in einem Wörterbuch auch als „oberschenkelförmig" bezeichnete Weißbrote, der Begriff wurde dann aber als generelle Bezeichnung für feinere Weißbrote oder sogar → *Rundstücke* verwendet. Stuten wurden – und werden – in verschiedenen Variationen gebacken, bis hin zu „Buntem Stuten" mit vielen Eiern, Butter, Rosinen und Korinthen (Kindermund: *„Krinten"*), der in Hamburg eigentlich als → *Klöben* bezeichnet wird. In Norddeutschland muss man übrigens nicht erst umständlich „Eulen nach Athen tragen", um jemandem etwas anzugedeihen, über das er schon reichlich verfügt, denn hier lässt es sich einfach (und gern etwas entrüstet) „up plattdütsch seggen": „Dat weer ja noch schöner: Bäckerkinners Stuten geven!"

Suhtje Statt mit dem hochdeutschen „Sachte, sachte" können in Hamburg (und wohl in ganz Norddeutschland) auch mit dem Ausspruch „Suhtje, suhtje", „Man gaanz suhtje" oder einem exquisiten „Suthje piano" all diejenigen gebremst werden, die störende Hektik verbreiten (ebenso: → *man sinnig*). Ein mit Bestimmtheit gegen einen Drängler ausgesprochenes „Suhtje" kann aber auch heißen: *„So nich mit mir, jezz weiter, wie ich sach!"*

Tante Meier *Ich geh' ma ehm nach Tanne Meier,* lautet die einge-sessenen Hamburgerinnen und Hamburgern altvertraute Ent-schuldigung für den kurzen Gang zur Toilette. Schlecht ist es jedoch, befindet man sich z. B. auf einem Ausflug in die Natur und hat keine „Gelegenheit" zum Besuch der so herbeigesehn-ten Verwandten. Dann hilft nur noch der Weg zu einer anderen, nämlich zu „Mutter Grün" (= in die Büsche).

Tatsache wahr oder früher auch **Ehrenwort wahr** sind vor allem unter Hamburger Jugendlichen Beteuerungsformeln der höchsten Stufe, wenn also der Sprecher noch stärker als mit „bestimmt" oder *„gaanz beschtimmp!"* die Richtigkeit seiner Rede gegen even-tuelle Zweifel behaupten will – *in ech' jetz!*

Tele-Michel ist, in Anspielung auf den Turm des → *Michels*, der volksmündliche Name des Hamburger Fernsehturms, der wie-derum in offizieller Schreibweise Heinrich-Hertz-Turm heißt. Wie auch die weit sichtbare Plakette am unteren Turmschaft ausweist, ist er dem berühmten Physiker und „Sohn der Stadt Hamburg" (1857–94) gewidmet. Der Turm selbst misst 204 Meter, mit Antenne sind es 271,5 Meter. 1968 begann nach dreijähriger Bauzeit der Sende- und Empfangsbetrieb. In über hundert Metern Höhe befinden sich eine Aussichtsplattform und ein sich stündlich um 360 Grad drehendes Café-Restaurant – Asbest-funde bedeuteten 2001 jedoch das vorläufige Aus für beide Attraktionen, deren Wiederbelebung sich 2015 die „Stiftung Fernsehturm Hamburg Aufwärts" zur Aufgabe gemacht hat.

Terrasse lautet in Hamburg die Bezeichnung für geschlossene Kleinwohnungsanlagen, die in der zweiten Hälfte des 19. Jahr-hunderts zur Beseitigung der Wohnungsnot der wachsenden Industrie- und Hafenarbeiterschaft in Hinterhöfen angelegt wurden. Entstand dabei eine gerade Verbindung zu einer zweiten Straße, wurde die Anlage auch „Passage" genannt. Zahlreiche „Terrassen" und „Passagen" sind heute bereits wieder aus dem Stadtbild verschwunden. Die einst von den → *Patrioten* ange-regte Jägerpassage in der Wohlwillstraße ist eines der ältesten erhaltenen Beispiele aus der Frühzeit des deutschen Arbeiterwohnungsbaus (1866–69). Erhalten sind die Falkenried-Terrassen im Stadtteil Hoheluft-Ost sowie die Anlagen im Schrammsweg in Eppendorf (631 Wohnungen) und am Mühlenkamp in Winterhude (295 Wohnungen). Bessere Abhilfe an gesundem Wohnraum schuf aber erst die → *Hamburger Burg*.

Tesa-Film ist natürlich längst kein Hamburger Begriff mehr, aber er ist dort entstanden, und zwar als Markenname der Firma Beiersdorf. Seit 1897 produzierte sie das technische Klebeband Citoplast, das 1936 einen neuen Namen erhielt. Die Sekretärin Elsa Tesmer lieh je zwei Buchstaben aus ihrem Vor- und Nachnamen, und „Tesa" war geboren. Das Unternehmen Beiersdorf geht namentlich zurück auf den seit 1880 in der Neustadt ansässigen Apotheker Paul C. Beiersdorf. 1882 meldete er ein Herstellungsverfahren für medizinische Heftpflaster zum Patent an. 1901 kam das medizinische Selbstklebepflaster Leukoplast auf den Markt, 1922 Hansaplast, 1909 der Lippenpflegestift Labello und 1911 die NIVEA-Creme. Mittlerweile ist die Beiersdorf AG ein aus Eimsbüttel weltweit tätiger Konsumgüterkonzern und Arbeitgeber für mehr als 20.000 Menschen (2019).

TEU steht für Twenty-feet Equivalent Unit und ist die offizielle Abkürzung für die genormten Stahlcontainer, die im Verlauf der 1960er Jahre die weltweite Hafenwirtschaft extrem veränderten. Neben der 20-Fuß-Variante gibt es auch 30 und 40 Fuß lange Ausführungen. 1966 legte das erste mit ausschließlich den von vielen zunächst noch kritisch beäugten „Blechkisten" an Bord am Burchardkai an. Mehr als ein halbes Jahrhundert später wurden 2019 rund 9.300.000 TEU in Hamburg umgeschlagen. Die konjunkturbedingt schwankenden Zahlen machten den Hafen nach Rotterdam und Antwerpen für jenes Jahr zum drittgrößten Europas.

Thaalja ist noch heute regelmäßig als vertrauter Name für das Thalia Theater zu hören, eines der drei Hamburger Staatstheater. Deutlich mehr als Schauspielhaus und Oper wurde die 1843 begründete Bühne auch ein Anziehungspunkt für bildungshungriges, aber weniger bemitteltes Hamburger Publikum – man konnte sich gut mit kostengünstigen Reclam-Heften vorbereiten. Laut alten → *Döntjes* trugen die Damen bei Tragödien „bedeckte Bluse" und strichen gern auch ihrer Reihenfolge nach die auf der Bühne Verstorbenen im Programmheft durch (mit Bezug zum „Taaliatiater" siehe auch → *Klein Erna*).

Thetje oder „Tedsche" stehen für das hochdeutsche Theodor. Ein in Hamburg lange Zeit sehr bekannter Ausspruch lautete: „Thetje mit de Utsichten". Er geht zurück auf ein erfolgreiches, 1885 am heutigen St.-Pauli-Theater aufgeführtes Schauspiel mit dem Titel „Familie Eggers oder: Eine Hamburger Fischfrau". Darin wurde dem Hafenarbeiter Thetje Eggers, der Hauptfigur des Stücks, wiederholt die Frage gestellt: „Na, Thetje, hast all Arbeit?" Seine Antwort „Nee, Arbeit nich – ober Utsichten!" wurde als „Thetje mit de Utsichten" geflügeltes Wort und spöttischer Kommentar zu ungewissen Projekten und Vorhaben.

Tor zur Welt Der selbstbewusste → *Schnack*, dass Hamburg das Tor zur Welt sei, dürfte in ganz Deutschland bekannt sein. Wann er genau entstanden ist, weiß in Hamburg bislang noch niemand – sicher nicht vor der Industrialisierung im 19. Jahrhundert, auch wenn das Tor der Burg im Hamburger Wappen schon immer gut sichtbar war. → *Mein Feld ist die Welt* war als personifiziertes Firmen-Motto der Reederei HAPAG und ihres Chefs Albert Ballin 1914 mit Ausbruch des Ersten Weltkriegs erledigt, und entsprechend wehmütig klingt der Titel des zwei Jahre später erschienenen Hamburger Romans von Lotte Huebener: „Das Tor zur Welt". Spätestens von da an war der Spruch in der Welt, in der Hamburgs Schifffahrt im Laufe der 1920er Jahre wieder gut in Fahrt kam. Doch ausgerechnet im Mai 1939, als Deutschland auf dem bösen Weg war, in Kürze aus all seinen Toren mit Panzern herauszufahren, wurde zum 750. → *Hafengeburtstag* „Hamburg – das Tor zur Welt" erstmals offizieller Werbespruch der Stadt. Nach dem Krieg kam er in der Bundesrepublik erneut zum Einsatz. Fortan wurde dann in → *Brehm* flachgewitzelt, man hätte den Schlüssel dazu (Hintergrund: Wie in Hamburgs Wappen zwei Mariensterne des → *Doms* zu sehen sind, zeigt das Bremer den Schlüssel seines Petridoms). Eher etwas dämlich erscheint dagegen, dass in der DDR versucht wurde, den Spruch auch auf Rostock zu münzen.

Ende der 1930er Jahre bewarb sich Hamburg erstmals offiziell als „Tor zur Welt" – neben der weltgreifenden Gestaltung und eleganten Typografie fällt auf, dass die Mariensterne des Wappens neugefasst wurden – so erinnerten sie weniger an Davidsterne. Plakatentwurf von Bruno Karberg für den Hafengeburtstag 1939

„Flensen" nennen Walfänger das Heraustrennen der Speckschicht des erlegten Wals. Durch Kochen des Walfetts wird flüssiger „Tran" hergestellt, der im 19. Jahrhundert wichtiger Brennstoff für Lampen wurde und das Rüböl ablöste (→ *Krüsel*). „In Tran zu sein", bedeutet dagegen auf Hochdeutsch auch: betrunken sein. Vielleicht ja, weil ein Betrunkener im Vergleich zum klaren Zeitgenossen so langsam im Kopf ist, und seine Bewegung so zähfließend wie Tran im Vergleich zu frischem Wasser. Eine „Trantüte" (auch „*Tranbüdel*") ist jedenfalls nicht unbedingt betrunken, sondern lediglich „tranig", kommt also nie „in die Hufe" und ist einfach eine „Träne". In sein Verzeichnis in Hamburg gebräuchlicher Wörter nahm Michael Richey 1755 auch das Stichwort „Trahn, Trähnken" auf, was im Hochdeutschen für „Tropfen, Tröpfchen" steht, und schlug dabei mit seinem Anwendungsbeispiel sogleich den Bogen zum Alkohol: „man eben een Trähnken to sick nehmen". Viel zu viele Tröpfchen nahm vermutlich auch die von ihm direkt im Anschluss aufgeführte „Trahn-Trine" zu sich, jedenfalls wenn man seine Begriffserklärung wortwörtlich nimmt: „triefäugige Branntweinschwester". Das alkoholisch-abgewrackte ist heute von der „Trantrine" abgefallen, denn es bezeichnet einfach nur ein gerade etwas träumendes oder bummelndes Mädchen. Richeys Trahn, heute „Traan" geschrieben, steht also im Plattdeutschen für die Träne, und der Tran außer Rohstoff wohl immer *ergendwie ergend-was bremm-sennn-dessss, lang-saaah-messss.*

Treibsel heutiger Fachausdruck der Wasserbauer und Deichverteidiger für das Wort → *Feek*

Trichter war nacheinander der legendäre Name von insgesamt drei Gastronomien und somit begriffliches Wahrzeichen für das Amüsierviertel an Spielbudenplatz und → *Reeperbahn*. Der erste „Hamburger Trichter" wurde 1805 am Millerntor erbaut. Es handelte sich um einen hölzernen Erfrischungspavillon mit Spitzdach. Nach seiner Zerstörung 1813 eröffnete er 1820 als „Ballhaus Trichter" erneut. Er diente jahrzehntelang als Domizil eines erfolgreichen Revuetheaters. 1889 eröffnete etwas südwestlich

T

versetzt „Hornhardt's Etablissement" in einem prächtigen Neubau mit einer großen Kuppel über einem achteckigen Grundriss.
Nach zeitweiligem Leerstand hieß der Bau um etwa 1920 wieder
„Trichter" und bestand trotz starker Kriegszerstörungen noch in
kleinem Rahmen bis 1958 als Ballhaus fort. Nach anderer Bebauung und Nutzung („Astra-Bowlingbahn" u. a.) tanzen auf dem
alten Trichtergrundstück wieder zwei, nämlich die „Tango-Türme"
wie die beiden 2012 fertiggestellten und 75 und 85 Meter hohen
„Tanzenden Türme" auch genannt werden.

Trostbrücke heißt die geschichtsträchtige Brücke, die die bischöfliche Altstadt mit der um 1189 gegründeten gräflichen Neustadt
verband. Als „Pons Trostes" ist sie erstmals 1266 erwähnt. Ihre
Benennung hat nichts mit „aufmuntern" oder „trösten" zu tun,
sondern geht vermutlich auf einen Mann namens Trost zurück,
dem hier ein Grundstück gehörte. Die zwei Standbilder auf der
1881–83 erneuerten Brücke schuf der in Hamburg viel beschäf-
tigte Bildhauer Engelbert Peiffer in rotem Sandstein. Gold ein-
gefasst, zeigen sie Bischof Ansgar als Stadtherrn der Altstadt und
Graf Adolf III. von Schauenburg als Gründer der Neustadt und
verschönen somit sinnreich Brücke und historischen Ort gleicher-
maßen (siehe auch → *Hammaburg*).

Tschä → *Ja*

tschintschen Eine Angelegenheit wird „getschintscht", wenn sie
auf eine Art und Weise zustande kommt, die nicht dem gewöhnlich üblichen und schon gar nicht dem „offiziellen" Weg entspricht und vielleicht sogar nur halblegal und damit wohl illegal
ist. Im Vorfeld könnte es z. B. geheißen haben: „Lass ihn das man
machen, der hat gute Kontakte, der tschintscht das schon."
„Tschintschen" leitet sich ab von dem englischen Wort „change"
(= wechseln), ist seit dem 20. Jahrhundert belegt und stammt in
dieser Bedeutung aus der Seemannssprache.

Tschüs! Dieser Abschiedsgruß greift mittlerweile nach ganz Deutschland und schreckt vermutlich auch niemanden mehr in Öster-
reich und der Schweiz. Es ist jedoch kaum ein Menschenleben

In Hamburg sagt man Tschüss
Ich bin ein Hamburger Kind

Ostinato · Produktion, Hamburg 20 · Loogestrasse 28 · Tel.: 47 46 46

Ostinato

2105 · HI · FI

CHRISTINA

Nicht nur Heidi Kabel sang es: Als „Christina" zu Anfang der 1960er Jahre ihre Version aufnahm, gab es im deutschsprachigen Süden eher „Gott zum Gruße", „Pfiatdi", „Servus" und „Ade" zum Abschied.

her, da war „Tschüs" eher dem Norden vorbehalten und wurde im Rest der Republik besonders mit den Hafenstädten in Verbindung gebracht. Dort kamen viele Seeleute zusammen, unter denen früher der spanische Gruß „adiós" (= zu Gott [befohlen]) verbreitet war. Im Französischen, das in der norddeutschen Sprache auch schon vor der → *Franzosenzeit* (1806–14) starken Einfluss genommen hatte, heißt es „adieu". Im Plattdeutschen wurde daraus jedenfalls „adjüs", kurz „Tschüs". Im Rheinland wurde „Tschö" daraus, in Norddeutschland auch „Tschüsing" (und manchmal muss man auch ein gesungenes „Tschü-si!" hören). Sprache ist ja nichts Statisches, und Worte machen sich eben auf die Reise. Und wie manche Bayern um ihr „Servus" fürchten, so sorgen sich viele ältere Sprecherinnen und Sprecher nördlich des Harzes um ihren vom „Samstag" immer weiter zurückgedrängten „Sonnabend".

215

T **Tüdelband** kann ein einfacher, gerade zur Hand benötigter Bind-
faden sein, meint aber üblicherweise einen zusammengekno-
teten (Woll-)Faden, den Kinder sich für das Spiel „Abnehmen"
in komplizierten Mustern zwischen die Finger spannen und
gegenseitig eben: abnehmen. Wer → *in Tüdel kommt* oder sich
→ *vertüdelt,* hat verloren. Sehr bekannt in der Stadt ist das
Lied „An de Eck steiht 'n Jung mit 'n Tüdelband". Darin steht
„Tüdelband" jedoch für ein früher weitverbreitetes Spielzeug,
das auch „Trünnelband" heißen konnte. Gemeint ist ein Eisen-
ring von etwa einem Meter Durchmesser (z. B. ein Fassreifen),
der mit kurzen Schlägen zum Rollen gebracht wurde; die
hochdeutsche Bezeichnung lautet „Trudelreifen". Und weil es
so schön und so bekannt ist, hier nochmal der ganze Text des
1917 vom Wolf-Duo (→ *Snuten un Poten*) in Hamburg erstmals
aufgeführten Liedes:

An de Eck steiht 'n Jung mit 'n Tüddelband

An de Eck steiht 'n Jung mit 'n Tüddelband
in de anner Hand 'n Bodderbrood mit Kees,
wenn he blots nich mit de Been in'n Tüddel kümmt
un dor liggt he ok all lang op de Nees
un he rasselt mit 'n Dassel op'n Kantsteen
un he bitt sick ganz geheurig op de Tung,
as he opsteiht, seggt he: „Hett nich weeh doon,
ischa 'n Klacks för 'n Hamborger Jung".

Refrain
Jo, jo, jo, klaun, klaun, Äppel wüllt wi klaun,
ruck zuck övern Zaun,
Ein jeder aber kann dat nich, denn he mutt ut Hamborg sien.

An de Eck steiht 'n Deern mit'n Eierkorf
in de anner Hand 'n groote Buddel Rum
Wenn se blots nich mit de Eier op dat Plaaster sleit
un dor seggt dat ok al lang „bum bum".
Un se smitt de Eiers un den Rum tosomen
un se seggt „So'n Eiergrog den hebb ik geern"

as se opsteiht, seggt se: „Hett nich weeh doon,
ischa 'n Klacks för'n Hamborger Deern".

Refrain

Und wenn jetzt noch Luft zum Singen da ist, bietet sich am
Ende noch diese Refrainalternative an, gefunden auf
www.plattmaster.de:

Paul, Paul, zuckerseuter Paul
frischrasiert ums Maul
an jede Hann hett he 'n Deern
doch ansünsten is he faul.

Weiteres zur Entstehung des berühmten Klassikers und über
viele andere bekannte und weniger gesungene Stücke aus dem
großen Hamburger Liederschatz hat Jochen Wiegandt in seinem
Band „Singen Sie Hamburgisch?" zusammengetragen.

Tüdelkram, Tühnkram, Tüdelüt oder **Tüdelei** sind sämtlich
Dinge, die im Gespräch als überflüssig erachtet werden. Zum
Teil sinnverwandt ist das nicht mehr verwendete plattdeutsche
Wort „dönen", das sich jedoch im Wort „Gedöns" (für unsinniges
Gerede und besonders auch für überflüssige Dinge) wiederfin-
det und als → *dröhnen* weiterbesteht. Wem gesagt wird: „Das ist
doch Tühnkram, was du da erzählst" oder „Du tühnst ja", dem
wird nicht geglaubt, weil er übertreibt, flunkert oder einfach
aufschneidet (*„Issoch Tüdelüt, wassu da sachs!"* oder *„Hör auf mit
dein' Tüdelei"*).

Tüffel oder **Töffel** *sind ehm immä 'n büschen tüffelich oder töffelich*,
also leicht tollpatschig und *schwer von Kapee* (was übrigens vom
lateinischen „capere" für „fassen", „begreifen" abstammt und
dessen Eindeutschung als Hauptwort einem unbekannten
Worterfinder offenbar erst dann gefiel, als er seiner Idee eine
schick-französisch klingende Endung anstrickte – *kapiert?*).
Auf jeden Fall hat man Tüffel eigentlich doch ganz lieb und
schimpft sie niemals hochdeutsch Trottel.

tührlich ist die hamburgische *Spreche* nuschelig sparsam und ist das Wort „natürlich" auch ohne erste Silbe zu verstehen. Es wird in der Regel zustimmend verwendet, im Sinne von „Selbstverständlich!" oder „Na klar!", kann aber auch höhnisch besserwisserisch gemeint sein, im Sinne eines melodischen „*Abbe tührlich, happich je gleich 'saacht: Spugg ers große Töne, un nu machta nix wie → Murks!*".

Tüte → *nicht in Tüte,* → *Tütendreher,* → *Wucht in Tüten*

Tütendreher oder plattdeutsch „Tütendreiher" war eine Bezeichnung für den Krämer (→ *Heringsbenniger*) und besonders für Kolonialwarenhändler. Mit zwei, drei Handgriffen entstand auf seinem Tresen aus einem Papierbogen blitzschnell eine spitzkegelige Tüte, auch in kleinsten Formaten, z. B. für Gewürze. Daher galt die Bezeichnung „Tütendreher" im engsten Sinne für einen Gewürzkrämer.

tüterig oder **tüdelig** ist jemand, der – aufgrund hohen Alters – geistig nicht mehr ganz auf der Höhe ist, leicht → *in Tüdel kommt* oder auch „tütert", also Unsinn erzählt.

tutig Wer „tutig" dies oder jenes tut, der handelt stets in harmlosester Absicht, er zeigt sich naiv, treuherzig und – das ist nämlich die Regel – auch treudoof (für „trantutig" oder die „Trantüte" siehe → *Tran*).

Twiete ist die plattdeutsche Bezeichnung für eine kleine Gasse oder einen schmalen Gang. Häufig verbindet sie zwei größere Straßen.

Typschiff Die „Flying-P-Liner" der Reederei Laeisz (→ *P-Liner*) trugen als legendäre Großsegler vor allem in der „Salpeterfahrt" Hamburgs Namen über die Ozeane wie später die eleganten Schiffe der Cap-San-Klasse der Hamburg-Süd als „Weiße Schwäne des Südatlantiks". Klassiker der Weltmeere, Stolz der Stadt – *abba fass nie dah un vore Augn!* Täglich vor den Augen (und unter den Füßen) vieler Tausend Hamburgerinnen und

Die „Volksdorf" 1973 an den St. Pauli-Landungsbrücken vor der Abfahrt nach Finkenwerder. Die Hafenfähre vom Typ III b wurde 1956
auf der Werft Johann Oelkers (Reiherstieg) gebaut und 1977 nach
Portugal verkauft. Dort fuhr sie bis 2011 im Lissaboner Fährverkehr
über den Tejo zwischen Belém und Porto Brandão.

Hamburger fuhren ganz andere Schiffe jahrzehntelang hin und
her (und zugleich in manches Pendlerherz): die „Typschiffe" der
HADAG-Hafenfähren. Der Begriff „Typschiff" steht im Schiffbau eigentlich als neutral-technische Schiffbaubezeichnung für
das Gestaltungsmuster einer Klasse, das dann von der Reederei
einen eigenen Namen erhält (siehe oben die Cap-San-Klasse).
„Tut das nöötich?", dachte sich wohl die HADAG und machte
einfach den Begriff zum Namen ihres ansonsten durchnum-
merierten Bauprogramms. Neu zu bauen war wirklich nötig,
denn in der nach dem Zweiten Weltkrieg notdürftig zusammen-
gestückelte Flotte der 1888 gegründeten Hafendampfschiffahrts-
Actien-Gesellschaft gab es rund 50 verschiedenen Schiffstypen.
Dascha ferückt fürn Betriep unn'e Waatungk! – richtig, und deshalb wurde beschlossen, es solle künftig nur noch einen Typ geben. Von 1956 bis 1962 entstanden somit 40 Fährschiffe unter-
schiedlicher Größe, jedoch sämtlich nach mehr oder weniger
demselben Gestaltungsmuster, also im knuffig-bulligen Typ-
schiff-Look mit niedrigem Hauptdeck und gerader Fensterlinie,

Viele große und kleine Typschiffe im Einsatz bei schönstem Wetter über Hamburgs Hafenkante in den 1960er Jahren: rechts das prägnante Nordportal der Kabelkrananlage der Stülcken-Werft auf Steinwerder, und am linken Bildrand der Gasometer auf dem Grasbrook (1984 abgerissen).

wie'n Ommibus auffn Wassa – die Reederei wollte tatsächlich, dass die Schiffe Linienbussen ähneln sollten. Das gelang ausgezeichnet, ebenso die einheitliche Namengebung der Fähren durch Hamburgbezug – mit einem witzigen Finale: Elf der zwölf zuletzt indienst gestellten Schiffe (Typen IIIb/IIIc) endeten namentlich auf „-dorf" – *un dascha so nett, dass man hia ruhig nochmal an erinnan sollte: Berge-, Volks-, Alster-, Süll-, Nien-, Wohl-, Pösel-, Eppen-, Meien-, Tonn- und Kirchdorf.* Nur die „Kirchdorf", das letzte Typschiff (gebaut bei J.J. Sietas 1962) ist noch als Traditionsschiff bei der HADAG im Einsatz für Hafenrundfahrten. Alle übrigen Mitglieder dieses für Hamburg untergegangenen Wahrzeichenkollektivs mit dieselelektrischem Antrieb sind inzwischen weltweit verkauft, umgenutzt und nicht mehr betriebsbereit oder längst abgewrackt. Und noch ein Typ, äh, Tipp: Von den St.-Pauli-Landungsbrücken aus zum HVV-Tarif nach Finkenwerder und zurück mit der Hafenfähre 62 (oder weiter nach Teufelsbrück mit der 64) – *und mit → Schangs kricht ihr auch die „Kirchdorf" zu sehn.*

Udl oder **Udel** lautete noch bis ins 20. Jahrhundert hinein der Spottname für einen Angehörigen der Hamburger Schutzpolizei. Die Polizisten, die damals noch nach englischem Vorbild „Konstabler" genannt wurden, hatten ihn samt den zugehörigen Aufgaben von der 1876 aufgelösten Nachtwache unfreiwillig geerbt. Die Nachtwächter wurden nämlich schon seit langer Zeit mit dem plattdeutschen Wort für Eule als „Uhlen" bezeichnet, weil sie wie diese Vögel besonders in der Dunkelheit unterwegs waren, und aus der „Uhle" wurde der „Udl" oder „Udel". Die im Nebenberuf tätige und dementsprechend mitunter unmotivierte Nachtwächtertruppe hatte den Ruf, der hohen nächtlichen Aufmerksamkeit des namengebenden Tieres wenig gerecht zu werden. Man unterstellte den Udels häufig zwischenzeitliche Schläfchen während der Dienstzeit. Sehr pflichtbewusst verhielt sich dagegen der Udl aus dem Lied „An de Alster, an de Elbe, an de Bill" (siehe Seite 11), darin lautet eine (häufig umgedichtete) Strophe:

> Ein Udl ging des Abends
> am Hafen still entlang,
> als ganz in seiner Nähe
> ein „Hülfe!"-Ruf erklang.
> Er rettet einen Janmaat
> gerade noch am Bein,
> doch als er den an Land hat,
> springt das Luder wieder rein.
>
> Refrain:
> An de Alster, an de Elbe, an de Bill,
> Dor kann jeder eener moken, wat he will.

überkandidelt ist eine Person, deren Verhaltensweise als „übergeschnappt" zu bezeichnen ist. Das im Gebrauch nicht auf Norddeutschland beschränkte Wort leitet sich von → *kandidel*, plattdeutsch für „lustig" oder „gut gelaunt", ab und heißt somit eigentlich „überlustig" im Sinne von „überdreht".

überkriegen → *kriegen*

überwech sein → *Scholle sein*

Uhlen Lange und Kurze → *Handeule*, → *Udl oder Udel*

Ühz wird die Kröte genannt, andere plattdeutsche Namen sind „Ittsche" oder „Üttsche".

um quälen „Nur nich um quälen", lautet ein gut gemeinter Ratschlag, wenn sich jemand in einer Angelegenheit „keine grauen Haare wachsen lassen soll". „Da quäl dich ma nich um!", kann es dagegen heißen, wenn sich jemand um eine Sache kümmert, die er gar nicht wirklich beeinflussen kann, oder sich sogar in etwas einmischt, das ihn nichts angeht.

umme Hand haben Wer nichts „umme Hand hat", hat nichts zu tun und kann (oder muss) sprichwörtlich die Hände in den Schoß legen. Man kann dann nur hoffen, dass sich das entweder kurzfristig ändert oder der Mensch damit irgendwie so klar kommt wie z. B. → *Thetje* mit de Utsichten.

unnasch bedeutet so viel wie lieb-/lustlos oder nachlässig, und wer so arbeitet wird bald zur → *Lusche*. 1755 notierte Michael Richey in seinem → *Idioticon Hamburgense* zu unnasch die Bedeutung „unflätig" im Sinne von grob und ungehobelt als allgemeine Eigenschaften. Allerdings muss unnasch nicht zwingend auf das Verhalten der lieben Mitmenschen bezogen sein, es gibt auch „unnasches Weer", also unangenehmes Wetter.

und → *Freie und Hansestadt Hamburg*

Und nu komms du! oder **Und nu sachs du!** Wer eine dieser Aufforderungen zu hören bekommt, der wäre höchstwahrscheinlich auch ohne, dass sie hätte ausgesprochen werden müssen, in der Pflicht gewesen, etwas zu sagen. Der Satz wird in der Regel einer Argumentation oder Darlegung eines Standpunkts zu einem Sachverhalt angehängt und soll der angesprochenen Person vermitteln, dass seine Stellungnahme schon äußerst überzeugend sein muss, um das soeben Gehörte infrage zu stellen.

Veddel war als Große und Kleine Veddel der Name zweier früherer Elbinseln auf dem Gebiet des heutigen Stadtteils Veddel im Bezirk Hamburg-Mitte. „Veddel" bedeutete vermutlich einmal so viel wie „Weideland", der Begriff erinnert daran, dass auf den Inseln des Stromspaltungsgebietes zwischen Süder- und Norderelbe Viehhaltung und Milchwirtschaft vorherrschten. Erst in den 1880er Jahren wurden dort weiträumig Hafen- und Industrieanlagen errichtet, und das Grünland verschwand. Auf der nördlich benachbarten Insel Peute begann Anfang des 20. Jahrhunderts der Aufbau der Kupferhütte der Norddeutschen Affinerie (→ *Affi*), die als „Arubis" heute weite Teile auch der Veddel einnimmt. Ende der 1920er Jahre entstand die Großsiedlung Veddel. (Siehe auch → *Emma*, → *Krambolaasch*)

verbast ist, wer plötzlich dumm aus der Wäsche guckt, vielleicht weil er oder sie gerade durch eine unerwartete Nachricht wie vor den Kopf gestoßen ist.

verholen ist ein Begriff aus dem Hafen. Er bedeutet, dass ein Schiff von einem Liegeplatz an einen anderen gebracht wird. Wer dagegen, z. B. in einer Kneipe, die Aufforderung erhält, sich „zu verholen", sollte darüber nachdenken, ob er das Lokal alsbald verlässt, denn es meint nichts anderes als: „Verschwinde!".

verjacksen heißt „verprügeln" (→ *Jackvoll*).

verklaren Wem eine Sache „verklart" wird, dem wird sie erklärt. „Aufklaren" heißt in der Seemannssprache eigentlich „aufräumen" bzw. „alles in gute Ordnung bringen". Wenn es an Land einmal auf Plattdeutsch heißt: „Allns klar!" *(kloa)*, ist alles besprochen, verstanden und nichts weiter in der Angelegenheit zu sagen.

verknusen Wer eine Speise nicht verknusen kann, der verträgt sie nicht oder hat Schwierigkeiten, sie zu verdauen. Das Wort wird auch im übertragenen Sinne auf eine Angelegenheit angewendet, die jemandem „nicht schmeckt", die er nicht ausstehen kann.

vermuddelt hat jemand etwas, wenn er oder sie erkennt, dass es sich inmitten einer selbst verschuldeten Unordnung als unauffindbar erweist (→ *muddeln*). Bleibt es dauerhaft weg, *denn is man ganz blöd, dann hasses nemmich* → *versust.*

verpulen → *beipulen und verpulen*

Verpusten → *Schmooktaim*

verrüschen Wer „verrüscht" wird, wird → *verjackst* oder *kricht Klobbe.*

versusen bedeutet, auf etwas nicht aufgepasst und es verloren zu haben, schon wieder den Schlüssel, zum Beispiel.

vertüdelt oder **vertütert** Wem dies passiert, der hat sich verheddert, findet durch eine Sache nicht mehr durch, ist → *in Tüdel gekommen.* Man findet den Anfang oder das Ende z. B. eines zum Knäuel gewordenen Fadens nicht mehr, oder beim Spiel mit dem → *Tüdelband* naht das Ende. Wer dagegen „vertörnte" Taue nicht wieder auseinander bekommt oder, im übertragenen Sinne, in einer festgefahrenen Situation steckt, „findet sich aus dem Hanf nicht wieder heraus".

Vierlande Die namengebenden Vier in Hamburgs südöstlichen Elbmarschen sind Kirchwerder, Neuengamme, Curslack und Altengamme. Diese alten, an Deichen entlang gelegenen Straßendörfer bilden samt ihrer Feldmark die Vierlande. Bis 1868 gehörten sie zum → *beiderstädtischen* Amt Bergedorf. Ihr fruchtbarer Marschboden wird von den ehemaligen Elbarmen der Dove- und Goseelbe unterteilt. Gemüse- und Schnittblumenanbau prägen das Bild. In ganz Hamburg war die Tracht der Vierländerinnen bekannt, die sie noch im frühen 20. Jahrhundert auf dem Hamburger Großmarkt am → *Meßberg* beim Verkauf ihrer Waren trugen. Bis zur Auflösung des Ortsamtes 2008 bildeten die Vierlande zusammen mit den → *Marschlanden* das Ortsamtsgebiet Vier- und Marschlande.

Eine hübsche Vierländerin mit Erdbeeren für den Verkauf. Wer mehr
über ihre Welt wissen will, als dass die traditionelle Tracht früher
auf allen Margarine-Packungen der Marke „Rama" zu sehen war, muss
nach Curslack ins Rieck-Haus (oben). Im dortigen Heimatmuseum
wird alles zur Geschichte der Vierlande anschaulich aus- und dargestellt.

vigeliensch, vigelant und **ausklaviert** Die Violine (plattdeutsch: Vigelien) ohne Kratzen und Quietschen zu spielen, ist eine feine, aber langwierig zu erlernende Sache. Daher ist es kein Wunder, dass sich zur allgemeinen Bezeichnung von komplizierten Angelegenheiten das Wort „vigeliensch" gebildet hat. Wer etwas „vigelant" *(wiggelant)* hinbekommen hat, hat es geschickt eingefädelt oder „ausvigeliert", woraus wiederum „ausklaviert" wurde.

Vize oder „Viez" leitet sich ab von dem lateinischen Wort „vice" (= an der Stelle von) und verselbstständigte sich generell als „Stellvertreter". Im Hafen bezeichnet „Viez" den verantwortlichen Vorarbeiter. Der „Stauerviez" beaufsichtigt das korrekte Stauen der Transportgüter durch die → *Schauerleute* im jeweiligen → *Gang, 3.* Die herausgehobene und kontrollierende Stellung bringt naturgemäß auch andersherum dauernde Beobachtung mit sich, und wer den Arbeitern nicht auch fachlich mindestens ebenbürtig war, der war bald ein „Drei-Achtel-Viez". Er galt somit nicht einmal als halb so kompetent wie er eigentlich sein sollte. Im Plattdeutsch des Dichters Gorch Fock (eigentlich Johann Wilhelm Kinau, 1880–1916) ist der „Viez" der Stellvertreter des Hauswirts.

Vorsetzen lautet seit dem späten Mittelalter der Name einer Straße in der Neustadt zwischen Johannisbollwerk und Baumwall am Niederhafen. Der Name ist wörtlich zu nehmen, da zur Sicherung der Uferseite gegen Ausspülungen Eichenbohlen in der Art einer Spundwand vorgesetzt wurden. Dadurch konnten Schiffe direkt am Ufer festmachen. Vom 17. bis Ende des 19. Jahrhunderts unterteilte der Neustädter Neue Weg die Straße in „1." und „2. Vorsetzen". Über der Straße verläuft seit Anfang des 20. Jahrhunderts das Viadukt für die → *Ringlinie* der U-Bahn (U3). Kurz bevor der Straßenverlauf Richtung St. Pauli-Landungsbrücken etwas nach Norden abknickt, liegt der Zugang zur Überseebrücke mit ihrem besonderen, weithin sichtbaren Blickfang, dem Hamburger Museumsschiff „Cap San Diego". Früher reihte sich an den Vorsetzen eine Hafenkneipe an die nächste, und ein alter → *Schnack* lautete: „In Hamburg scheitern gute Vorsätze nach dem dritten → *Grog* an den Vorsetzen!"

Blick auf die Vorsetzen Ende der 1920er Jahre: im Vordergrund
die → *Ringbahnstation* „Baumwall" und die Einmündung des
Herrengrabenfleets in den Niederhafen, im Hintergrund die neue
Überseebrücke der Reederei Hamburg-Süd mit einem ihrer
großen Passagierdampfer, und ganz oben sind die Helgenkrananlagen
von Blohm & Voss auf Steinwerder zu erkennen. Das Foto wurde
aufgenommen vom Dach des 1908–10 am → *Baumwall* errichteten
Sloman-Hauses.

Walddörfer klingt so gar nicht nach der Großstadt Hamburg, aber sowohl Wald als auch dörflichen Charakter gibt es in dieser Gegend an Hamburgs nordöstlicher Grenze. Sie wird von den ehemaligen Dörfern Farmsen, Berne, Volksdorf, Wohldorf, Ohlstedt, Großhansdorf und Schmalenbeck gebildet. Der reiche, namengebende Waldbestand ist bis heute prägendes und unübersehbares Merkmal. Wer Einblicke in das Leben in den historischen Walddörfern erhalten möchte, sollte unbedingt das kleine, sehr schöne Museumsdorf in Volksdorf besuchen. Die Freilichtanlage mit sieben Wohn- und Wirtschaftsgebäuden wird getragen vom DE SPIEKER, Gesellschaft für Heimatpflege und Heimatforschung in den hamburgischen Walddörfern e.V.

Wappen → *Dom*

Wandsbecker Recht Wandsbek, bis 1879 offiziell mit „ck" geschrieben, kam als preußische Stadt durch das → *Groß-Hamburg*-Gesetz von 1937/38 zum hamburgischen Staatsgebiet und ist heute einer der sieben Bezirke (rund 440.000 Einwohner auf 147,75 Quadratkilometer Fläche). Für weite Teile Deutschlands ist bis ins 19. Jahrhundert der Spruch überliefert: „Das gilt zu Wandsbeck" (in Norddeutschland: „Dat gelt to Wandsbeck"). Er bedeutet so viel wie: „Das gilt nicht." Hintergrund waren weitreichende Aufenthalts- und Handelsprivilegien, die im 17. Jahrhundert vor allem Bankrotteure, verschuldete Spieler und zwielichtige Geschäftemacher in die Grenzen des damaligen holsteinischen Gutes Wandsbek trieben. In Wandsbek war also einiges zulässig, was andernorts undenkbar gewesen wäre. Ab 1743 wurden die Privilegien nach und nach abgeschafft, aber ein unbestraftes Verbrechen war im Hamburger Volksmund weiterhin nach „Wandsbecker Recht" geschehen. Zu Zeiten des schnellen Wachstums des Fleckens und der späteren Stadt Wandsbek im 18./19. Jahrhundert verlor sich der schlechte Ruf. Die Sprüche über das angeblich so wüste Wandsbek hielten sich aber noch eine Weile, und ihr lautes „Kille, kille Wandsbek!" riefen die dort wohnenden Jungs noch im 20. Jahrhundert, wenn sie mit geballten Fäusten zu ihren Unternehmungen losstürmten.

„Kommt, wir gehen ins Variété-Theater!" – „Wo wullt ji hin, wat för'n Thiata?" – „Ins Va-ri-é-té" – „Wat sechstu? Warmtee?" – so ähnlich muss es wohl gewesen sein, jedenfalls war es so dann in der Welt… Das „Variété-Theater" am Spielbudenplatz in den 1880er Jahren. Daneben der Vorgängerbau der heutigen → *Davidwache*.

Warmtee ist kein Getränk, sondern so lautete der gängige volksmundliche Name des Varieté-Theaters (heute St. Pauli-Theater), in dem sich das Publikum ziemlich ausgelassen auf dem „Prüüntje-Böhn" amüsierte (siehe auch → *Prüntje*)

Wassn? ist häufig mehr als Zischlaut, denn als Gesprochenes wahrnehmbar und eigentlich ein faszinierendes Ereignis menschlichen Miteinanders. Es geschieht, wenn jemandes Sprechlust, Stimmung oder Artikulationsfähigkeit so tief herabgesunken sind, dass die Frage „Was ist denn?" dem Druck der Umstände nicht mehr standhält und im Grunde vollständig zerquetscht wird. Bei Darbietung in Reinkultur (also durch einen übellaunigen Menschen) zuckt während des nur Sekundenbruchteile dauernden Kommunikationsaktes das Kinn kurz nach oben. Und verbunden mit der Tatsache, dass ein „Wassn" das Lüften der Oberlippe erfordert, kann der Sprechvorgang im Grunde auch gleich ganz entfallen: besagtes Kopfzucken und das Entblößen der oberen Schneidezähne (womit auch schon der halbe Weg zu einem abwehrenden Naserümpfen geschafft ist) reichen vollständig aus.

Wettern heißen Entwässerungsgräben im Alten Land (→ *Meile...*). Sie sind teilweise für kleine Lastkähne („Äppelkähne") und Boote schiffbar.

wie wenn *Wie wenn's das nomaalste vonne Welt wär*, ist „wie wenn" anstelle von „als ob" manchmal im Hamburger Hochdeutsch (→ *Missingsch*) zu hören, und in spektakulären Sprachfällen heißt es auch schon mal „als wie wenn". Im Plattdeutschen wird mit „as" verglichen, z. B. in: „He freut sich as so'n → *Stint.*"

Willkomm Höft → *dippen*

Wippsteert wird im gesamten plattdeutschen Sprachraum das Kind genannt, das selten ruhig ist und besonders dann nicht stillhält, wenn es soll. Zugleich ist es ein Vogelname, nämlich der der Bachstelze, *die immerzuh so fein mit ihrn Steert wippt.*

Wisch ist plattdeutsch und bezeichnet eine Wiese. In ehemals ländlichen Stadtteilen findet sich der Begriff häufig als Bestandteil von Straßennamen. Stehen Tiere *drauf oder issn Zaun umzu,* sehen nur Laien eine Wiese, Kundige sprechen von Weiden oder Koppeln.

Wittkittel hießen nach ihren weißen Mänteln die Hamburger Feuerwehrleute früherer Zeiten. Chef der Brandbekämpfer war im 19. Jahrhundert der „Obersprützenmeister".

WL Wilder Landmann

Zwei Wittkittel in voller Montur. Der Name leitete sich ab von den weißen Leinenmänteln der Hamburger Feuerbekämpfer. Bis Mitte des 19. Jahrhunderts trugen sie weiß angestrichene Filzhüte dazu. Auf den vorn hochgeschlagenen Krempen war Platz für Kennzeichen der Einheiten und Funktionsbezeichnungen. Die ungeraden Nummern auf den Mänteln wiesen die „Drücker" an den handbetriebenen Feuerspritzen auf die linke Seite, die geraden an die rechte. Kupferstich von Peter Suhr, 1808

W   **Wucht in Tüten** ist neben „frech wie Oskar" vermutlich der berühm-teste → *Schnack* aus dem scheinbar unerschöpflichen Repertoire des Straßenhändlers Fritz Krüger (1902–69), besser bekannt als „Oskar vom Pferdemarkt". Aufgewachsen auf St. Pauli, wurde er durch seine markigen Sprüche Hamburgs ungekrönter „König der Straßenhändler". Bis 1940 war er die Attraktion auf dem Pfer-demarkt, dem heutigen Gerhart-Hauptmann-Platz, wo er seinen Verkaufsstand unterhielt. Die Passanten drängten sich oft wie vor einer Bühne und waren begeistert, wenn er mal wieder das an-grenzende Karstadt-Gebäude abschätzig als „seine Filiale" bezeich-nete oder seine Ware mit Witzen oder in kleinen Geschichten an-pries. Die Arbeiterin und Schneiderin Meta Rötting überlieferte einiges davon in ihren autobiografischen Aufzeichnungen, so auch, wie Oskar z. B. mit einem Stück Seife in der Hand loslegen konnte: „Sonntags willst du dich mal schön gemütlich büschen ausruhn. Denn kommt die Alte und sagt: ,August, hol mir mal 'n paar Eimer Kohl'n rauf!' Denn knurrst du, gehst aber doch runter in Keller und pustest mit deiner Last die drei Treppen wieder rauf. Hast dir bei deine schwere Arbeit schwarze Pfoten geholt. Denn nimmst du diiieese Seife, und sie werden weiß wie Alabaster, weich wie Samt und duften wie ein Veilchen!" Paul Möhring notierte Oskars Schnacks zu Rasierklingen („Oskar-Klingen") und Blut-stillern: „Erst in die Backe schneiden und dann auftupfen!" – „Klingen sind das, ich sag' euch, der Bart läuft einfach weg, wenn er die sieht! Na, Muddi, mal probiern?" – „Wer kein Geld hat, langt dem Nebenmann in die Tasche, vielleicht hat der noch was!"

Wuhling Durcheinander, Unordnung, z. B. in einem Zimmer oder speziell auf eine Sache bezogen. In der Seefahrt steht heute in erster Linie die Bezeichnung für schlecht aufgerolltes, unordent-lich aufbewahrtes Tauwerk. Aber ob an Bord oder an Land: „Wuhlings" machen nicht glücklich.

Wurzeln werden im norddeutschen Raum Karotten oder Mohr-rüben traditionell genannt, es sei denn man spricht platt, dann sind's *nemmich Wuddeln*.

Fritz Krüger voll in Aktion. Beim Klopfen seiner Verkaufssprüche, die
für viele wichtiger waren als das Sortiment vor ihnen, half ihm schau-
spielerisches Talent. Krügers Hilfsbereitschaft wurde ihm dagegen zum
Verhängnis: Als er 1951 als Streitschlichter selbst angegriffen wurde,
verlor er durch einen Schlag auf den Kehlkopf fast seine gesamte
Stimmkraft.

Z

Zampelbüdel oder einfach „Zampel" ist der Name des Beutels, in dem die Hafenarbeiter ihre Mahlzeiten und gegebenenfalls auch Werkzeug oder Ausrüstung bei sich trugen. Vielleicht fand sich in dem einen oder anderen auch ein Probenzieher oder Musterstecher. Die wörtliche Erklärung des Begriffs „Zampel" soll nämlich zum englischen Wort „Sample" für Muster führen. Mit einem Musterstecher ließen sich z. B. bei Kaffeesäcken, ohne sie zu beschädigen, unauffällig *ganz paar* Bohnen in den Zampel abzweigen, denn schließlich mussten ja die Kleinröstereien in St. Pauli und Altona etwas zu tun haben! „Resterkaffe" nannte sich das Sortengemisch unbekannter Herkunft, das noch in den 1930er Jahren angeboten wurde. Uraltes Hamburger → *Döntje* um *K'nickenfutter* (= Kaninchen-futter): Am Freihafenzoll weckt ein Zampelbüdel das Interesse eines Beamten. „Was ist da drin?", fragt der Zöllner – *„K'nicken-futter"* – „Bitte öffnen! … Hören Sie mal, das ist ja Kaffee!!" – *„Wenn se dat nich freet, kricht se gornix!"*

Zippelhaus Aus dem mittelniederdeutschen Wort „Sipele" (= Zwiebel) leitet sich das plattdeutsche Wort „Zippel" ab. Der Hamburger Straßenname „Zippelhaus" lautete vor 1899 „Bei dem Zippel-haus" und erinnerte an das hier am Zollkanal gegenüber der Speicherstadt gelegene Haus der Bardowicker Gemüsehändler (1888 abgerissen). Seit 1535 lagerten und verkauften sie hier nahe der Katharinenkirche ihr Gemüse, und vor allem eben Zwiebeln, die sie über den Wasserweg in die Stadt brachten.

Zisslaweng Das Hamburgische Wörterbucharchiv zählt mindes-tens 19 belegte Bedeutungen für dieses merkwürdige, auch „Schisslaweng" und ähnlich gesprochene Wort. Es meint im Grunde einen geschickt ausgeführten Kniff, einen eleganten Dreh, so leicht wie ein Fingerschnippen (das übrigens eben-falls als „Zisslaweng" bezeichnet werden kann) oder sonst eine schwungvolle Angelegenheit. Die wahrscheinlichste Er-klärung führt einmal mehr ins Französische und vielleicht zur selbstbewussten Kommentierung eines Gauklers während sei-ner flinken Fingerzaubereien: Einem kurzen „Voilà" könnte „Ainsi, cela vint!" (so schnell ging das!) folgen. Ebenfalls französisch ist: „C'est le vin" (das ist der Wein), der einer anderen Variante nach dem „Zisslaweng" seinen unabdingbaren Schwung verleiht.

Zitronenjette gehört zusammen mit → *Aalweber* und → *Hummel, Hummel* in die erste Reihe „Hamburger Originale". Die Frau, die ihre Lebensgeschichte dafür herlieh, wurde 1841 in Dessau als Henriette Johanne Marie Müller geboren und kam als Kind mit ihrer Mutter nach Hamburg. Die spätere Berühmtheit der Figur Zitronenjette erwuchs aus Henriette Müllers besonderen Lebensumständen. Kleinwüchsig und vermutlich geistig etwas zurückgeblieben, ernährte sie sich kümmerlich durch Kleinverkauf von Zitronen. Unter dem Ausruf *„Zitroon, Zitroon!"* bot sie ihre Früchte tagsüber aus einem Henkelkorb in der Innenstadt an und abends in Kneipen auf St. Pauli. Nebenbei nahm sie gern einen Schluck aus der → *Köm*buddel, was ihr zum Verhängnis wurde. Das nur 1,32 Meter große und häufig torkelnde Persönchen wurde immer wieder von Horden Straßenjungs (→ *Briet*) verfolgt. Mehrfach betrunken in den Rinnstein gefallen, wurde sie 1894 in die Irrenanstalt Friedrichsberg eingewiesen, wo sie bis zu ih-

„Zitronenjette": Auffälliger Kleinwuchs und Sichtbarkeit als Straßenverkäuferin zusammen mit offenbar sehr einfacher Wesensart und zu starkem Alkoholkonsum machten Henriette Müller bekannt – und zwei Theaterstücke sie bis heute legendär.

Witwe Reimers (Mitte) und ihrem Untermieter Jonni Klatt ist es
völlig klar: Jette kann vom → *Köm nich laten.* Doch *den letzen Ahmd,*
bevor sie nach Friedrichsberg zur anstaltsgemäßen Abgewöhnung
muss, werden die drei es sich noch einmal richtig gemütlich machen,
und zwar zusammen mit allen Freunden in ihrer Lieblingskneipe
auf St. Pauli. Von links: Joachim Wolff (1920–2000) als „Jonni",
Gerda Gmelin (1919–2003) als „Anna Reimers" und rechts Henry Vahl
(1897–1977) als Henriette („Zitronenjette") Müller in seiner letzten
Paraderolle. Er spielte sie 1974/75 in insgesamt 168 Vorstellungen zur
Freude des begeisterten St. Pauli-Theater-Publikums.

rem Tod 1916 mit kleineren Arbeiten beschäftigt wurde. Legendär wurde ihre Person durch zwei Theaterstücke: 1900
kam Theodor Franckes „Citronenjette oder Ein weibliches
Original" auf die Bühne, und in den 1920er Jahren verfasste
Paul Möhring mit „Zitronenjette" ein dreiaktiges Volksstück.
Es sollte mit mehr als tausend Vorstellungen zum größten Erfolg des St.-Pauli-Theaters werden und bescherte dem beliebten Hamburger Schauspieler Henry Vahl (1897–1977) als berühmteste Obsthändlerin der Hansestadt seine letzte Erfolgs-
und Paraderolle.

Zollenspieker ist ein Ortsteil im Stadtteil Kirchwerder in den → *Vierlanden.* Der Name entstand im 16. Jahrhundert für die dort an der Elbe errichtete Zoll- und Wehranlage. Schon zuvor lag mit dem Eislinger Zoll an dieser Stelle eine Zolleinnahmestelle. Von hier ließ sich weit über den Strom und die Landstraße ausspähen (Späher = „Spieker"). Zugleich diente der Zollenspieker als Fährstelle. 1620 wurde die Anlage in kriegerischen Auseinandersetzungen mit Braunschweig-Lüneburg geplündert und zerstört. Der Neubau blieb auch nach dem Ende der Zollerhebung 1821 Fährstelle und Gasthof. Nach aufwendiger Sanierung und Freilegung von Renaissance- und Barockfresken ist das Fährhaus Zollenspieker seit 1998 wiedereröffnet und lädt als eines der ältesten Hamburger Kulturdenkmäler zu einem Besuch nach Hamburgs Südosten ein. Seit 1988 besteht das 80 Hektar große „Naturschutzgebiet Zollenspieker".

Das Naturschutzgebiet ist rund 80 Hektar groß. Es erstreckt sich am Norufer der Elbe östlich des Zollenspieker Fährhauses im Stadtteil Kirchwerder. Seine Außendeichsflächen sind bis zu 400 Meter breit und werden vor allem im westlichen Bereich von Auwaldresten und Süßwasserwatten geprägt. Im östlichen Bereich dominieren Wiesenflächen, auf denen unter anderem Glatthafer, Heidenelke und Wiesenstorchenschnabel wachsen.

zu und zu Wenn z. B. eine Sache noch merkwürdiger ist als ein einfaches *„Meerkwürch!"* zum Ausdruck bringen kann, dann wird mit dem Wörtchen „zu" gesteigert *(„Is ja zuh meerkwürch!")*. Erscheint etwa ein Gesprächsgegenstand des Kaffeekränzchens besonders „s-panisch" *(„spohnsch")* oder einfach nur lustig, dann lässt sich mit *„zuh un zuh lustich"* auch der Grad der geäußerten Empfindung verdoppeln. Eine wunderbare Sprachperle erklingt dann, wenn es heißt: *„Dascha zuh un zuh!"* Die Redewendung wird rhythmisch von leichter Kopfdrehung begleitet und jegliches weitere Wort überflüssig.

Zurückbleim bidde → *Piep, piep, piep*

Zwutsch Der Begriff ist in allen drei großen Hansestädten verbreitet. Wer auf den „Zwutsch" (oder „Swutsch") geht, verlässt des Abends seine Wohnung und begibt sich, zumeist in Gesellschaft, auf die Suche nach *„Amüsemang"*. Aber auch wer allein oder zu zweit nach getaner Arbeit oder abendlicher Lektüre zum Luftschnappen noch einmal → *büschen* bummeln möchte, geht dann „auf'n Zwutsch".

Wo Hamburg besonders gern „auf ’n Zwutsch" geht? Einst und jetzt ist
es der Kiez links und rechts von Reeperbahn und Spielbudenplatz mit
vielen Klubs, Kneipen, Theatern und Musicals. Laisser-faire und
„Amüsemang" bis zur Bordsteinkante finden Hamburger und Touristen aber auch in der → *Schanze* (Foto vom → *Schulterblatt*/Ecke Susan-
nenstraße) oder in Ottensen, wo die Bierbänke regelmäßig bis zur
Straße reichen.

Verwendete Literatur

1000 Worte Marinedeutsch.
Ein derbes, aber lustiges
Wörterbuch nach Hannes
Brummküsel. 2. Aufl.,
Wilhelmshaven 1950

K. Heinrich Altstaedt: Schauermann
im Hamburger Hafen.
Hamburg 1999 (mit umfang-
reichem Wortverzeichnis aus
der Arbeitswelt des Hamburger
Hafens im Anhang)

Lars Amenda: „Tor zur Welt".
Die Hafenstadt Hamburg in
Vorstellungen und Selbst-
darstellung 1890–1970.
In: Ders. und Sonja Grünen:
„Tor zur Welt". Hamburg-Bilder
und Hamburg-Werbung im
20. Jahrhundert. Hamburg 2008
[= Hamburger Zeitspuren,
hg. von der Forschungsstelle
für Zeitgeschichte, Bd. 5],
S. 8–98, Anmerk. S. 158–174

Marilen Andrist: Das St. Pauli-
Theater. 150 Jahre Volkstheater
am Spielbudenplatz,
herausgegeben von der
Kulturbehörde der Freien
und Hansestadt Hamburg,
Hamburg 1991

Stefan Bargstedt: Platt! Wo und wie
Plattdeutsch ist. Bremen 2008

Horst Beckershaus unter Mitarbeit
von Hans Otto Möller: Die
Hamburger Straßennamen.
Woher sie kommen und was
sie bedeuten, Hamburg 1997

Conrad Borchling: Sprachcharakter
und literarische Verwendung
des sogenannten „Missingsch".
In: Wissenschaftliche Beifhefte
zur Zeitschrift des Allgemeinen
Deutschen Sprachvereins,
5. Reihe, Heft 37 (1916),
S. 193–222

Walter Deppisch: 99 Wörter
Hamburgisch, Hamburg 1972

Christoph Drösser: Wie wir
Deutschen ticken. Wer wir
sind. Wie wir denken. Was wir
fühlen, hg. von Holger Geißler.
Hamburg 2015

Willi H. Dwenger: Hamburger
Rummelputt am Faßnachts-
morgen. In: Hamburgische
Geschichts- und Heimatblätter,
7. Jahrgang, Heft 3 (Juni 1933),
S. 64 f.

Curt W. Eichler: Vom Bug zum
Heck. Seemännisches
Hand- und Wörterbuch,
4. Aufl., Bielefeld, Berlin 1964

Ernst Finder: Hamburgisches
Bürgertum in der Vergangenheit, Hamburg 1930

Hans W. Fischer: Hamburger
Kulturbilderbogen. München
1923

Hans-Jürgen Fründt: Hamburgisch,
die Sprache an Elbe und
Alster – Wort für Wort.
2. Aufl., Bielefeld 2017
[= Kauderwelsch, Bd. 227]

Erwin Garvens: Der fröhliche
Jungfernstieg. Hamburger
Anekdoten. Zeichnungen von
Paul Helms. Unbezeichnete
Aufl., Hamburg 1956
(1. Aufl. 1940, 14. Aufl. 1987)

Berend Goos: Erinnerungen aus meiner Jugend. Aus der Familienausgabe von 1880. 3 Bände, Hamburg 1896/97 [= Hamburgische Liebhaber-bibliothek, Bd. 3]

Antjekathrin Graßmann (Hg.): Das neue Lübeck-Lexikon. Die Hansestadt von A bis Z. 2. völlig überarbeitete Neuaufl., Lübeck 2011

Kurt Grobecker (Hg.): Hamburg amüsiert sich. Aus der Sendereihe Stichtag auf der NDR Hamburg-Welle 90,3. Hamburg 1996

[Elke Groenewold, Gunhild Ohl:] Bönhasen – Pfuscher – Frei-meister. Die „handarbeitende Classe" St. Paulis im 19. Jahr-hundert, Hamburg 1990 [Beiträge zur Sozial- und Kulturgeschichte St. Paulis, herausgegeben vom St. Pauli-Archiv e.V., Heft 1]

Hamburg. Porträt einer Weltstadt. Hamburg 1970, 1971, 1972 (In den ersten drei der 1970 vom „Hamburger Abendblatt" begonnenen und von 1989 an unter wechselnden Titeln bis 2010 fortgeführten Reihe reich bebilderter Jahrbände der Stadt findet sich im Anhang ein A–Z-Teil.)

Hamburg und seine Bauten unter Berücksichtigung der Nachbar-städte Altona und Wandsbek, herausgegeben vom Architekten- und Ingenieur-Verein. 1914. Band 1, Hamburg 1914

Hamburg von Altona bis Zollen-spieker. Das Haspa-Handbuch für alle Stadtteile der Hanse-stadt, herausgegeben anlässlich des 175-jährigen Bestehens der Hamburger Sparkasse von der Hamburger Sparkasse und dem Hoffmann und Campe Verlag (Redaktions-leitung Daniel Tilgner). Hamburg 2002

Hamburgisches Wörterbuch. Aufgrund der Vorarbeiten von Christoph Walther und Agathe Lasch herausgegeben von Beate Hennig und Jürgen Meier, bearbeitet von Beate Hennig, Jürgen Meier und Jürgen Ruge. Neumünster 1985 (Bd. 1, A–E), 2000 (Bd. 2, F–K), 2004 (Bd. 3, L–R), 2005 (Bd. 4, S) und 2006 (Bd. 5, T–Z, Nachträge zu A–S) [zur Biografie von Agathe Lasch siehe im Internet: https://zflprojekte.de/ sprachforscher-im-exil/ den Beitrag über sie und ihre Bedeutung als erste deutsche Germanistikprofessorin]

Christian Hanke: Hamburgs Straßennamen erzählen Geschichten, Hamburg 1997

Hans ut Hamm siehe Hans Reimer Steffen

Hans Harbeck: Das Buch von Hamburg. Mit Originalzeichnungen von Eugen Denzel, Hans Leip, Kurt Löwengard und Gabriele von Lüttwitz, München. 1930 [= Hamburg. Was nicht im „Baedeker" steht, Band 8]

Günter Harte: Lebendiges Platt. Ein Lehr- und Lesebuch. Hamburg 1977

Heinrich Heine: Schöne Wiege meiner Leiden. Hamburgische Miniaturen, zusammengestellt und erläutert von Walther Vontin. 2. Aufl., Hamburg 1981 (1. Aufl. 1956)

Carl Heins: Mit'm Zisslaweng. Mit Illustrationen von Wilhelm Hartung, Hamburg 1964

Beate Henning und Jürgen Meier: Kleines Hamburgisches Wörterbuch. Plattdeutsch-Hochdeutsch. Hochdeutsches Register, 2. Aufl., Neumünster 2006

Hermann Hipp: Freie und Hansestadt Hamburg. Geschichte, Kultur und Stadtbaukunst an Elbe und Alster. 3. Aufl., Köln 1996 [= DuMont-Kunstreiseführer]

Hermann Joachim: Hamburgische Straßennamen. In: Kulturgeschichtliche Studien und Skizzen aus Vergangenheit und Gegenwart, herausgegeben von Max Nonne und Fritz Ulmer. Hamburg 1929 [= Festschrift zur Vierhundertjahrfeier der Gelehrtenschule des Johanneums zu Hamburg 1529–1929], S. 265–288

Peter Kämpfert: Französisch im Küstenplatt. Ein sprachgeschichtliches Wörterbuch aus dem Lande Hadeln. Selbstverlag Peter Kämpfert, Neuhaus (Oste) o.J. [1997]

Jakob Kinau (Hg.): Gorch Fock. Sämtliche Werke in fünf Bänden. Hamburg 1925 (Worterklärungen am Ende jeden Bandes)

Werner Kloos und Reinhold Thiel: Ein Schlüssel zu Bremen. 3. Aufl., Bremen 1997.

Franklin Kopitzsch, Dirk Brietzke (Hg.): Hamburgische Biografie. Personenlexikon, die ersten zwei der bisher sieben vorliegenden Bände erschienen in Hamburg, 2001/03, die folgenden in Göttingen 2006/08/10/12/20

Franklin Kopitzsch, Daniel Tilgner (Hg.): Hamburg-Lexikon, 4. Aufl., Hamburg 2010

Ernst Krös: Streifzüge durch die hamburgische Haus- und Kindersprache. In: Festschrift zur Begrüßung der 18. Hauptversammlung des Allgemeinen Deutschen Sprachvereins in Hamburg, Pfingsten 1914, dargebracht von Mitgliedern des Hamburgischen Zweigvereins des Allgemeinen Deutschen Sprachvereins. Hamburg 1914, S. 49–69

Gisela Kühn: J.A. Schlüter Söhne 1807–1957. Hamburg 1957 [= Veröffentlichungen der Wirtschaftsgeschichtlichen Forschungsstelle e.V. Hamburg, Bd. 18]

Heinz Küpper: Illustriertes Lexikon der deutschen Umgangssprache in 8 Bänden. Stuttgart 1982–84

Hans Leip: Jan Himp und die Kleine Brise. Hamburg 1952 (Im Anhang des 1934 erschienenen und größtenteils in Övelgönne spielenden Romans finden sich Worterklärungen.)

Fabian Lith (Zeichnungen von Volker Ernsting): Rundstück, Rauchfleisch, Rote Grütze. Eine fröhliche Verklärung der Hamburger Küche. Bremen 1983

Konrad Lorenz: Der Dwarsläufer oder wie ich meine Mutter aus dem Fenster warf. Bremen 2013

Lovis H. Lorenz: Hein und Fiete. Hamburger Dööntjes, Gütersloh o.J. [1969]

Otto Mensing (Hg.): Schleswigholsteinisches Wörterbuch (Volksausgabe). 5 Bände, Neumünster 1927–35

Bernhard Meyer-Marwitz: Großer Hamburg Spiegel. Ein Querschnitt durch die Freie und Hansestadt. Hamburg 1978

Bernhard Meyer-Marwitz: Das Hamburg Buch. Eine umfassende „Gebrauchsanweisung" für die Freie und Hansestadt Hamburg. Hamburg 1981

Paul Möhring: Das andere St. Pauli. Kulturgeschichte der Reeperbahn. Hamburg o.J. [1965]

Paul Möhring: Hamburg mit Herz und Humor. Hamburg 1971

Paul Möhring: Mein buntes Hamburg-Buch. Hamburg 1972

[Vera Mohr-Möller:] Klein Erna. Ganz dumme Hamburger Geschichten. Nacherzählt und gezeichnet von Vera Möller, vierbändige Ausgabe mit dem Titel: Klein Erna. Ein, zwei drei ... und vier in Tüte. Hamburg 1950, 1964 Band 5 und fünfbändige Ausgabe mit dem Titel: Klein Erna. Nun sind es fümf

Ilse Möller. Hamburg. Hamburg 1985 [= Länderprofile – Geographische Strukturen, Daten, Entwicklungen]

Franz Th[eodor]. Mönckeberg: Hamburger Kaleidoskop. Hamburger Schnurren und Denkwürdigkeiten. Ein frisch aufgebügelter und bedeutend vermehrter „Grabbelbüdel". Hamburg 1954 (Grabbelbüdel. Hamburger Schnurren und Denkwürdigkeiten. Hamburg 1950)

Edith Oppens: Meine lieben Hamburger. Mit Zeichnungen von Hildegard Hudemann. Hamburg 1973

Edith Oppens: Hamburg zu Kaisers Zeiten. Mit historischen Fotos aus dem Archiv Lachmund. Hamburg 1976

Reinhold Pabel: Alte Hamburger Straßennamen, Bremen 2001

Dirks Paulun: Missingsch. Studien in Hamburger Hochdeutsch. Hamburg 1950 (in etwas veränderte und erweiterte Zusammenstellung erneut erschienen Hamburg 1951)

Dirks Paulun: Hömmazuh. Studien in Hamburger Hochdeutsch. Hamburg 1951

Dirks Paulun: Wommasehn. Studien in Hamburger Hochdeutsch. Hamburg 1952

Dirks Paulun: Is doch gediegen. Ein heiterer Streifzug durch das Dickicht des Hamburger Hochdeutsch. Zugleich eine kleine „Sprachlehre" für Zugereiste. Mit Zeichnungen von Wilhelm M. Busch. Hamburg 1973

Dirks Paulun: Platt auf deutsch. Herkunft und Bedeutung plattdeutscher Wörter. München 1974

Udo Pini: Zu Gast im alten Hamburg: Erinnerungen an Hotels, Gaststätten, Ausflugslokale, Ballhäuser, Kneipen, Cafés und Varietés. München 1987

Jürgen Rath: Arbeit im Hamburger Hafen. Eine historische Untersuchung. Hamburg 1988 [= Hamburger Studien zur Geschichte der Arbeit, Band 1]

Jürgen Rau: Hamburg, deine Perlen: die einzigartige Musikszene der Hansestadt. Bremen 2011

Konrad Reich, Martin Pagel: Himmelsbesen über weißen Hunden. Wörter und Redensarten, Geschichten und Anekdoten – ein Lesebuch für Halbmänner und erwachsene Leute, die sich vom Schiffsvolk und dem Seewesen deutlicher Begriffe verschaffen wollen – neu ins Gespräch gebracht und erkläret. (Ost-)Berlin 1981

Heinrich Reincke: Hamburg. Ein Abriß der Stadtgeschichte von den Anfängen bis zur Gegenwart. 2. Aufl., Bremen 1926

Carl Reinhardt: Der 5. Mai. Ein Roman aus dem alten Hamburg. Mit 59 Holzschnitten des Verfassers. Hamburg 1967

Michel Richey: Idioticon Hamburgense. Wörterbuch zur Erklärung der eigenen, in und um Hamburg gebräuchlichen Nieder-Sächsischen Mund-Art, 2. stark erweiterte Ausgabe, Hamburg 1755

Georg-Wilhelm Röpke: Zwischen Alster und Wandse. Stadtteil-Lexikon des Bezirks Wandsbek. 2. Aufl., Hamburg 1985

Meta Rötting. Die Hausangestellte, Arbeiterin, Schneiderin. Erinnerungen. Bearbeitet von Renate Hauschild-Thiessen. Hamburg 1997 [= Hamburgische Lebensbilder in Darstellungen und Selbstzeugnissen, herausgegeben vom Verein für Hamburgische Geschichte, Band 11]

Johannes Saß: Plattdeutsches Wörterverzeichnis mit den Regeln für die plattdeutsche Rechtschreibung gemäß Erlaß der Reichsschrifttumskammer von 2. Juli 1935, der Reichspressekammer vom 14. August 1935 und des Reichsministers für Wissenschaft, Erziehung und Volksbildung vom 20. September 1935. Hamburg 1935

Käthe Scheel: Hamburgische Wörter, die mit p anlauten. In: Korrespondenzblatt des Vereins für niederdeutsche Sprachforschung, Jahrgang 1974, Heft 81, S. 23–28

Jörn Scheer: Hambuich – einz un jetz. Eine pesönliche Heimatkunde. Hamburg (Selbstverlag in der Edition Ardetta) 2018

Karl Schiller, August Lübben: Mittelniederdeutsches Wörterbuch. 6 Bände, Bremen 1875–81

Peter Schmachthagen: Sprechen Sie Hamburgisch? Allerlei Begriffe aus der Zeit, als Großmutter 'n lütt Deern weer. Hamburg o.J. [2009]

Peter Schmachthagen: Sprechen Sie Hamburgisch? Noch mehr Begriffe aus der Zeit, als Großvater die Großmutter nahm. Hamburg 2010 [= Sprechen Sie Hamburgisch Bd. 2]

Peter Schmachthagen: Hamburger Wortschatz. Schnacks und Begriffe aus Stadt und Land, herausgegben vom Hamburger Abendblatt, Lars Haider. Hamburg 2014

Helmut Schmidt: Glückwunsch für Wilhelm Kaisen. O.O. [Bremen] und o.J. [1977] (Als Broschüre gedruckte Rede von Bundeskanzler Helmut Schmidt, gehalten zur Feierstunde aus Anlass des 90. Geburtstags des aus Alsterdorf stammenden Bremer Bürgermeisters Wilhelm Kaisen in der oberen Halle des Bremer Rathauses (hier benutzt wurde das Exemplar aus dem Helmut Schmidt-Archiv, EA137)

Percy Ernst Schramm: Hamburger Biedermeier – mit 122 Karikaturen eines Dilettanten aus den Jahren 1840/50. Hamburg 1962

Ernst Christian Schütt u. a.: Die Chronik Hamburgs. Dortmund 1991 (Die 2. erweiterte und um den Anhang gekürzte Auflage erschien 1997 als Chronik Hamburg.)

Klaus Siewert: Die Kedelkloppersprook. Geheimsprache aus dem Hamburger Hafen. Mit einer CD. Hamburg (Selbstverlag) 2002

Günther Silvester: Nachtjargon von A–Z. Hamburg 1968

[Hans Reimer Steffen unter Pseudonym] Hans ut Hamm: Hamborg lacht. Quietschfidele Döntjes. Hamburg 1936

Theo Sommer: Hamburg. Porträt einer Weltstadt, 3. überarbeitete und erweiterte Aufl., Hamburg 2007

Bernhard Studt, Hans Olsen: Hamburg. Die Geschichte einer Stadt. Mit einem historischen Verzeichnis von Straßen- und Ortsnamen und zahlreichen Zeichnungen und Photos. Hamburg 1951

Daniel Tilgner: Das Bremer Schnackbuch. Begriffe, Redensarten und 'n büschen Tünkram. 5. Aufl. Bremen 2017

Daniel Tilgner: Hamburg von 1888 bis 1945. Eine Filmchronik [DVD mit historischen Filmdokumenten und Interviews mit Rudolf R. Amsinck, Loki Schmidt und Henning Voscherau, erstmals 1999 auf VHS erschienen], 3. Aufl., Bremen 2014

Daniel Tilgner: Kleines Lexikon Hamburger Begriffe. 11. Aufl., Hamburg 2012

Carl Tinius: Damals in St. Pauli. Lust und Freude in der Vorstadt. Hamburg 1975

Erik Verg: Das Abenteuer das Hamburg heißt. Der weite Weg zur Weltstadt. 2. überarb. und erg. Aufl., Hamburg 1997

Roland Vinx: Der Elbfindling von Hamburg-Övelgönne. In: Geschiebekunde aktuell, Band 15, Heft 4 (1999), S. 107–110 (Die älteren Jahrgangsbände sind online auf den Seiten des Internetauftritts der Gesellschaft für Geschiebekunde verfügbar.)

Karl Friedrich Wilhelm Wander (Hg.): Deutsches Sprichwörter-Lexikon. Ein Hausschatz für das deutsche Volk. 5 Bände, Leipzig 1867–1880

Jochen Wiegandt (Hg.): An de Eck steiht 'n Jung mit 'n Tüdelband. Hamburger Liederbuch Band 1: Noten und Lieder. Hamburg 1993

Jochen Wiegandt (Hg.): An de Eck steiht 'n Jung mit 'n Tüdelband. Hamburger Liederbuch Band 2: Lexikon. Hamburg 1993

Jochen Wiegandt: Singen Sie Hamburgisch? 2. Aufl., Hamburg 2014

[Paul Wriede:] Hamburger Volkshumor in Redensarten und Döntjes, aufgeschrieben von Paul Wriede. Hamburg o.J. [= Quickborn-Bücher, 30. Bd.] (Im Anhang finden sich Worterklärungen.)

Jan Zimmermann (Hg.): Hamburg in frühen Fotografien. Hamburg 2019

Klein Erna
Ganz dumme Hamburger Geschichten
Nacherzählt und gezeichnet von Vera Möller
128 Seiten mit 108 Abbildungen
978-3-8319-0591-1

Wer kennt sie nicht, die Hamburger Göre Klein Erna? Die Geschichten und Witze um das Mädchen werden seit Jahrzehnten von Generation zu Generation weitergegeben. Die Klein Erna-Bücher haben in den letzten fünfzig Jahren eine millionenfache Verbreitung gefunden, auch über die Grenzen der Hansestadt hinaus, und sind bis heute beliebt. Nun sind die „dummen" Hamburger Geschichten in einer Neuausgabe verfügbar.
„Missingsch" – das ist Hamburger Volksmund pur. Lokalkolorit zum Lesen – oder zum Hören, wenn Ihnen ein waschechter Hamburger die Geschichten von Klein Erna vorliest. Vera Möller hat die Geschichten nicht erfunden, sie hat sie gesammelt, nacherzählt und liebevoll illustriert. Viel Vergnügen!

Alexandra Brosowski / Karin Lubowski
Schleswig-Holstein für Klookschieter
176 Seiten mit 40 Abbildungen
978-3-8319-0668-0

Wer weiß, was ein Plüschmors ist und woher unser Moin kommt? Die Sylter Royal ist keine Adelige, aber was denn dann? Was sind Donnerkeile und Duckdalben? Schwarzsauer und Mehlbüdel sind keine Schimpfwörter und was hat Alfred Nobel in Schleswig-Holstein zu schaffen?
Warum der Klabautermann heißt, wie er heißt?
Schönes, Seltsames, Verblüffendes, Typisches: Im Norden gibt es – für Auswärtige wie für Einheimische – vieles zu erkunden. Nord- und Ostsee, Wind und weiter Himmel haben Land und Leute, das Miteinander, die Sprache und die Küche geprägt – und gelegentlich zu regionalen Rätseln geformt. Viele Wörter benutzen wir täglich, kennen aber nicht ihre Herkunft. Wer bei den Nordlichtern mithalten will, findet hier viele Erklärungen zu landestypischen Besonderheiten – auf das er zum „Klookschieter" (plattdeutsch für Besserwisser) werde.

365 Tipps für einen schönen Tag in Hamburg
224 Seiten mit 121 Abbildungen
978-3-8319-0703-8

Selbst ausgewiesene Hamburg-Kenner werden in diesem Buch
Neues entdecken. Der Ellert & Richter Verlag hat in Zusam-
menarbeit mit dem Hamburger Abendblatt für Sie – ohne An-
spruch auf Vollständigkeit – 365 Tipps für einen schönen Tag
in Hamburg ausgewählt – also einen für jeden Tag des Jahres.
Sie erfahren zum Beispiel:
Von wo haben Sie den schönsten Blick auf die Stadt?
Wo findet man die urigste Kneipe?
Und wer bietet zur Zeit den besten Burger und das coolste Eis
der Stadt an?
Wo ist es am hippsten?
Und was bietet unsere Kulturszene?
Und so weiter, und so weiter …..
Ein Buch für all jene, die Hamburg gut zu kennen glauben,
aber immer wieder von Neuem überrascht sind. Und für die,
die neugierig auf die Stadt und ihre geheimen, aber auch be-
kannten Orte sind und die es genießen, diese schöne Stadt aus
allen Blickwinkeln zu erobern.

Karin Baron
Wo Hamburg am schönsten ist
240 Seiten mit 190 Abbildungen und 1 Karte
978-3-8319-0711-3

Das Wasser ist es, was Hamburg ausmacht, was sonst? Zu
jeder Tages- und Jahreszeit bildet es ein Ziel, Licht und viel
frische Luft gibt's gratis dazu. Auf ihren Streifzügen an Alster
und Elbe – per Rad, Schiff und zu Fuß – begegnet Karin Baron
Schrillem und Stillem, Industrieromantik und Hausbootidylle,
Frau Hedi und den Freaks vom Gängeviertel. Spannende Orte
von HafenCity bis Reeperbahn, von Speicherstadt bis Blanke-
nese stellt sie in diesem Buch vor. Mit Geschichte und
Geschichten, mit Weitblick und mit Innenansichten, die vom
Bismarckstein ohne Bismarck bis zum Gartenzwergparadies
Billerhuder Insel reichen, vom hanseatisch-imposanten
Kontorhausviertel bis zum szenigen Ottensen und vom
Pinguin-Palaver im Stadtpark bis zur Honigfabrik in Wil-
helmsburg. Neben vielen unterhaltsamen und informativen
Texten gibt es anregende Tipps und Adressen.
Für alle Hamburger, die mal wieder richtig hingucken möch-
ten. Und für all diejenigen, die nicht das Glück haben, in die-
ser unaufgeregt aufregenden Stadt zu leben.

Karl-Heinz Groth
So snackt Schleswig-Holstein
168 Seiten mit 37 Abbildungen
978-3-8319- 0778-6

Schleswig-Holstein ist ein Mehrsprachenland. Neben dem
Hochdeutschen wird das vor allem an dem in diesem Buch gesammelten Wortschatz deutlich, der vorwiegend Niederdeut-
sches (Plattdeutsches) und in Teilen Friesisches und Dänisches
enthält. Über dreihundert Begriffe und Redewendungen, von
Leserinnen und Lesern aus allen Teilen unseres Landes „tos-
tüert" (beigesteuert), vermitteln einen nachhaltigen Eindruck
von Originalität, Witz, Sprachkraft und Metaphorik im All-
tagsleben Schleswig-Holsteins.
Wenn „Holland in Not" oder dat „Hööchste Iesenbahn" is,
versteht jeder, dass nun schleunigst etwas geschehen müsse.
Und wenn einem „Hol di stief, hol di fuchtig oder hol de Ohren stief" hinterhergerufen wird, schwingt dabei die Ermuti-
gung mit, man solle gesund bleiben, bis bald, man schaffe es
schon, man solle sich nicht unterkriegen lassen.

Rolf Kiesendahl
Komma bei den Oppa
Sprache des Potts
160 Seiten mit 40 Abbildungen
978-3-8319-0779-3

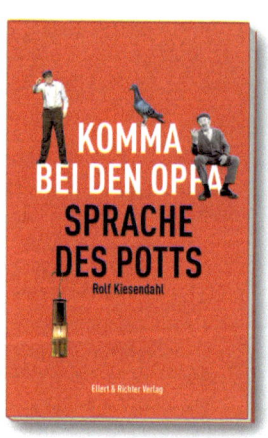

Mit Witz und Humor, selbstironisch, offen und ehrlich
kommt die Sprache des Ruhrgebiets daher. Hier sagt man
gleich, watt Sache is, ein Wort-Gebräu mit Wurzeln in den är-
meren Regionen Deutschlands, in Polen, den Niederlanden
und sonst wo.
Stopp! Sind im Ruhrgebiet überhaupt noch diese sprachlichen
Petitessen zu hören? Wo die letzten Zechen dicht machten
und die Kumpel von damals heute Touristen durch Anschau-
ungs-Bergwerke führen? Wo es kaum noch die berühmten
Eckkneipen gibt, mit dem Solei-Glas auf der Theke? Doch,
dieRuhrpott-Sprache lebt weiter.Datt Buch will Sie dat ma
verkasematuckeln, zum Beispiel durch ein kleines Ruhri-
Alphabet und den lebenswichtigen Sprachführer durch den
Alltag. Ebenso der Versuch, die wichtigsten Grammatikregeln
zu erläutern. Erfolgreiches Scheitern ist vorprogrammiert.
Dazu Kurz-Portraits von Protagonisten, die das Revier und
seine Sprache aus dem Kohlenkeller geholt und bundesweit
bekannt gemacht haben – von Anton und seinem
Kumpel Cervinski bis Herbert Knebel.

Bibliografische Information der Deutschen Nationalibliothek
Die Deutsche Nationalbibliothek verzeichnet diese Publikation in
der Deutschen Nationabibliografie; detaillierte bibliografische Daten sind im Internet über http://dnb.d-nb.de abrufbar.

ISBN 978-3-8319-0780-9

© Ellert & Richter Verlag GmbH, Hamburg 2020
3. Auflage 2021

Trotz aller Bemühungen ist es uns nicht gelungen, den/die Rechts-
nachfolger von Dirks Paulun (1903–1976) zu ermitteln. Deshalb
wurde aus seinem Werk nur unter Namens- und Literatur-
nennung zitiert (siehe „Brehm", „furchtbar, „Missingsch" und
„Schangs").

Text- und Bildlegenden:
Daniel Tilgner, Bremen

Gestaltung: BrücknerAping, Büro für Gestaltung GbR, Bremen
Gesamtherstellung: CPI books GmbH, Leck

www.ellert-richter.de
www.facebook.com/EllertRichterVerlag